TERRE FERTILE:

Généraliser l'Agroécologie en Partant du Terrain

TERRE FERTILE:

Généraliser l'Agroécologie en Partant du Terrain

STEVE BRESCIA
Groundswell International, Editor

Publié par Food First/ Institut pour la Politique Alimentaire et de Développement

Publié en partenariat avec Groundswell Internation, www. groundswellinternational.org

Food First Books
Institut pour la Politique Alimentaire et de Développement
398 60th Street, Oakland, CA 94618 USA
Tel (510) 654-4400
foodfirst@foodfirst.org
www.foodfirst.org

Design de la couverture et des pages internes par Marites D. Bautista
Traduire par Coline Charrasse, David Charrasse, et Emma Guillon

Pour informations du catalogue de la bibliothèque du Congrès des États-Unis d'Amérique rendre visite à www.foodfirst.org/fertileground

ISBN 978-0-9970989-0-7 | ISBN 978-0-9970989-1-4

Les livres de Food First sont distribués par:
Ingram Publisher Services - Perseus Distribution
210 American Drive
Jackson, TN 38301
1-800-343-4499
www.perseusdistribution.com

TABLE DES MATIERES

REMERCIEMENTS

L'élaboration de ce livre est issue de la conférence globale de Groundswell International qui s'est tenue en Septembre 2014 dans la région du Plateau Central d'Haïti. Nous avons demandé aux ONG internationales partenaires d'y présenter leurs efforts de diffusion de l'agroécologie visant à transformer les systèmes agricoles et alimentaires. EkoRural d'Equateur ; *Partenariat pour le Développement* Local (PDL) d'Haïti, *Vecinos Honduras* d'Honduras ; *Association Nourrir Sans Détruire* (ANSD) du Burkina Faso ; Center for Indigenous Knowledge and Organizational Development (CIKOD) du Ghana, et Sahel Eco du Mali ont tous participé, accompagnés par le personnel et les membres du conseil de Groundswell International, ainsi que d'autres personnes-ressources dont Roland Bunch et Janneke Bruil.

Nous avons partagé des stratégies, échangé des commentaires, appris les uns des autres, et discuté sur la manière de renforcer ce travail. Deux ans et plusieurs chapitres plus tard, un court rapport de la conférence a évolué vers l'écriture de ce livre (avec les contributions supplémentaires de *Assessoria e Serviços a Projetos em Agricultura Alternativa* (AS-PTA) du Brésil ; Steve Gliessman des Etats-Unis ; et Leonardo van den Berk, Henk Kieft, et Attje Meekma des Pays-Bas). Ce processus a contribué à notre apprentissage personnel et nous espérons qu'il contribuera aux stratégies des organisations paysannes, des ONG, des organisations philanthropiques, des agences de développement, des acteurs gouvernementaux qui ont pour même objectif de créer des systèmes alimentaires et agricoles plus sains à la fois pour les populations et pour la planète.

Nous aimerions remercier, avant tout, toutes les femmes et les hommes des milieux ruraux avec qui nous avons travaillé partout dans le monde, les agriculteurs-paysans qui promeuvent des solutions agroécologiques et qui construisent tous les jours un avenir et un présent meilleurs. Ils sont pour nous une inspiration et une motivation, et ce livre leur est dédié.

Nous remercions également les principaux auteurs des grandes contributions qui constituent la matière de chaque chapitre. Qu'ils acceptent notre reconnaissance, à la fois pour leur travail créatif et assidu permettant de déboucher sur des changements positifs sur le terrain, et pour les avoir également relatés et partagés dans ce volume.

Nous aimerions exprimer des remerciements particuliers à ILIEA/ AgriCultures Network, et spécialement à Edith Van Walsum, Janneke Bruil, et Jessica Milgroom. Elles ont été des alliées essentielles et des partenaires éclairées, et leurs visions et modifications nous ont été très bénéfiques. Elles nous ont également aidés à identifier et à éditer les contributions des Pays-Bas, ainsi que d'AS-PTA au Brésil.

À l'intérieur de Groundswell International, Peter Gubbels a joué un rôle majeur dans le développement des chapitres sur l'Afrique de l'Ouest en particulier, ainsi que sur la structure générale, et les messages à transmettre. Le travail de Cristina Hall dans la coordination de la production a été essentiel. Nous aimerions remercier Eric Holt-Giménez et Justine MacKesson Williams de Food First pour leurs conseils et leur travail concernant l'édition et la publication du livre.

Enfin, nous désirerions remercier les fondations et les agences qui ont apporté leur soutien à notre conférence initiale à Haïti, et à bien d'autres initiatives depuis : la fondation Swift (*Swift Foundation*), la fondation McKnight (*McKnight Foundation*), la fondation Vusta Hermosa (Vista Hermosa Foundation), la fondation W.K Kellogg, MISEREOR, et Ansara Family Fund.

- Steve Brescia y Groundswell International

PREFACE

Miguel A. Altieri
Professeur d'Agroécologie
Université de Californie, Berkeley
Sociedad Científica Latino Americana de Agroecología (SOCLA)

Ce livre est un témoignage de la progression mondiale de l'agroécologie. Les expériences partagées ici démontrent que les principes intrinsèques de l'agroécologie -utilisés pour concevoir des systèmes agricoles diversifiés, résilients et productifs- sont profondément ancrés dans la science, le savoir et les pratiques des petits agriculteurs. Mais ce livre est bien plus qu'un simple catalogue de techniques ; il transcende les approches technologiques en plaçant l'agroécologie au cœur des mouvements sociaux progressistes. Il révèle comment ces mouvements utilisent l'agroécologie afin de forger de nouvelles voies vers la souveraineté alimentaire, l'autonomie locale, et le contrôle communautaire de la terre, de l'eau et de l'agrobiodiversité.

Cela est important puisque l'agroécologie est parfois retirée de son contexte politique en étant définie simplement en tant que science, en tant que mise en pratique de principes permettant de concevoir et d'organiser des fermes durables. Cette simplification donne lieu à une multitude de récits contradictoires — ceux de la lutte antiparasitaire intégrée, de l'agriculture biologique, de l'agriculture de conservation, de l'agriculture régénérative, de l'intensification écologique, de l'agriculture intelligente face au changement climatique — le tout décentrant l'agroécologie structurellement pour la cantonner finalement à des ajustements mineurs apportés à l'agriculture industrielle.

Pour de nombreux agroécologistes, y compris les auteurs de ce livre, tous les systèmes développés par les agriculteurs traditionnels à travers les siècles constituent un point de départ dans le développement de nouveaux systèmes agricoles. Ces systèmes agricoles fort complexes, adaptés aux conditions locales, ont aidé les petits agriculteurs à produire durablement dans des environnements difficiles, en répondant à leurs besoins de subsistance sans dépendre de la mécanisation, des intrants chimiques, des pesticides, ou d'autres technologies agricoles modernes. Guidés par une profonde connaissance de la nature, les agriculteurs traditionnels ont inscrit résistance et résilience dans les gènes et la biologie de systèmes agricoles diversifiés. Ces caractères sont essentiels si l'agriculture doit être capable de s'adapter à un changement climatique rapide, aux parasites et aux maladies. De manière tout aussi importante, cela aide les petits agriculteurs à faire face à des marchés mondiaux volatils, au monopole technologique, et à la concentration des entreprises.

L'une des caractéristiques principales des systèmes agricoles traditionnels est leur grande biodiversité qui se déploie sous la forme de polycultures, d'agroforesterie, et d'autres systèmes agricoles complexes. Guidés par une observation minutieuse de la nature, de nombreux agriculteurs traditionnels ont reproduit intuitivement la structure des systèmes naturels dans leur manière d'agencer leurs cultures. En agroécologie, les exemples de ce «biomimétisme» sont abondants. Des études de systèmes agricoles de petits paysans montrent que sous certaines conditions biophysiques et socio-économiques, il existe une large série de systèmes agricoles d'une grande biodiversité (culture intercalaire, agroforesterie, systèmes culture/élevage intégrés, etc.) qui apportent aux écosystèmes d'importants bienfaits — par exemple en matière de lutte antiparasitaire, de santé du sol, et de conservation de l'eau — et renforcent à la fois la productivité et la résilience climatique. Les agriculteurs ne créent pas d'espèces compagnes simplement et au hasard ; la plupart des associations sont testées depuis des décennies, si ce n'est des siècles. Les agriculteurs les conservent car elles permettent d'établir un juste équilibre entre productivité agricole, résilience, santé des agroécosystèmes, et moyens de subsistance.

Les agroécosystèmes modernes ont besoin d'un changement systémique, mais de nouveaux systèmes agricoles, réaménagés, n'apparaîtront que par l'application de principes agroécologiques bien définis. Ces principes peuvent s'appliquer à travers différentes pratiques et stratégies, et chacun d'entre eux aura des effets différents sur la productivité, la stabilité, et la résilience au sein du système agricole. La gestion agroécologique conduit au recyclage optimal des substances nutritives et au renouvellement de la matière organique, à des flux énergétiques circulaires, à la conservation de l'eau et des sols, et à un équilibre dans la population des ravageurs et des ennemis naturels — autant de processus fondamentaux pour la préservation de la productivité et de la capacité d'autonomie des agroécosystèmes.

Le défi visant à relier les systèmes agricoles modernes à des principes écologiques est colossal, en particulier dans le contexte actuel de développement agricole au sein duquel la spécialisation, la productivité à court terme, et l'efficacité économique sont des forces motrices. En présentant des exemples de réhabilitation et d'innovation agroécologiques tirés du terrain, *Terre Fertile* apporte la preuve qu'il existe des alternatives performantes qui sont réalisables.

PREFACE

Million Belay
Directeur, Alliance pour la Souveraineté Alimentaire en Afrique

Pendant des siècles, l'Afrique a été le champ de bataille des intérêts, des initiatives, et des idées des pays du Nord. La «Nouvelle Révolution Verte» qui se trouve actuellement encouragée par des entreprises internationales afin de transformer l'agriculture africaine en un modèle industriel à haut niveau d'intrants, pourrait être extrêmement dévastatrice. Le secteur agroindustriel, de puissants gouvernements et lobbyistes occidentaux, et des philanthro-capitalistes, soutenus par des académiciens agressifs ainsi que des bureaucrates nationaux mal informés, ont amené au développement d'un récit simple mais puissant de «science» et de «technologie». L'idée est la suivante: *«En dépit du progrès, un Africain sur quatre a faim, et un enfant africain sur trois souffre d'un retard de croissance. La demande alimentaire dans le monde augmentera d'au moins 20% au cours des quinze prochaines années, et la croissance la plus importante est prévue en Afrique subsaharienne. Les technologies agroindustrielles sont la solution. Il est essentiel de les promouvoir avec l'aide des agriculteurs partout dans le continent.»*[i]

Un jour je suis allé à une réunion à laquelle participait un haut fonctionnaire du Marché Commun de l'Afrique australe et orientale (COMESA). Il a déclaré: «En Afrique, la vente de semences certifiées représente seulement 5% de la production, alors qu'elle représente 80% en Europe. L'Europe est auto-suffisante sur le plan alimentaire alors que l'Afrique ne l'est pas, et le commerce des semences y joue un rôle très important». Sa déclaration avait pour objectif de susciter un sentiment de scepticisme au sein des gouvernements africains, et d'encourager des lois sur les semences qui profitent aux entreprises, ainsi que la commercialisation des semences comme point de départ de la transformation de l'agriculture. Je lui ai demandé : «Tenez-vous compte du commerce des semences réalisé dans les dizaines de milliers de

---

[i] Comme l'écrit la Banque Mondiale in *Boosting African Agriculture : New AGRA-World Bank Agreement to Support Farming-Led Transformation*, Dossier de Presse, 20 avril 2016.

marchés ruraux ? Ne s'agit-il pas de commerce de semences ? Est-ce que les semences doivent être commercialisées par une entreprise pour que cela soit considéré comme du commerce ?» Je voulais lui faire remarquer que l'amélioration et la commercialisation des semences sont prospères et actives en Afrique, et l'ont été pendant des siècles. Il ne m'a donné aucune réponse.

L'ouverture du récit par la scène du sous-développement africain permet d'introduire rapidement les recommandations en faveur d'une agriculture orientée par le marché, intensive, faisant usage de semences hybrides et génétiquement modifiées, ainsi qu'un ensemble d'idées très compliquées visant à gérer l'information liée à l'agriculture. L'objectif est de remplacer le savoir des agriculteurs africains concernant les systèmes alimentaires par des formes de connaissance nouvelles et commerciales.

Lors d'un meeting conclu récemment à l'heure où j'écris, et organisé par le Forum pour la Révolution Verte Africaine (AGRF) — dirigé par l'Alliance pour une Révolution Verte en Afrique (AGRF) — des entreprises, des philanthro-capitalistes et des banques se sont engagés à donner 70 milliards de dollars afin de transformer l'agriculture africaine. La transformer en quoi ? Pourquoi investir tant d'argent ? La réponse est simplissime : pour transformer l'agriculture africaine en un secteur favorable aux entreprises étrangères. Mais pourquoi placer au cœur de la solution les intérêts des entreprises agrochimiques et semencières, plutôt que ceux des agriculteurs africains ?

L'Alliance pour la Souveraineté Alimentaire en Afrique (AFSA) est une organisation regroupant 25 réseaux d'organisations paysannes africaines, d'ONG, et de groupes de consommateurs actifs dans 40 pays. Nous représentons exactement des centaines d'initiatives pratiques à travers le continent qui ont toutes pour but de renforcer et de défendre les intérêts de l'agriculture africaine. Nous sommes à la recherche d'un autre type de transformation : une transformation pour la *souveraineté alimentaire* et pour le concept agricole d'*agroécologie*.

Un certain nombre de pays africains se sont orientés vers une agriculture industrielle et intensive. Ce sont les Afriques du sud et de l'ouest, où les agriculteurs dépendent de semences hybrides et de pesticides pour produire leurs aliments, qui sont les plus frappées. Une fois entraînés dans ce modèle, pour de nombreux agriculteurs le passage vers une agriculture fondée sur des pratiques agroécologiques, est un véritable défi. Leur sol est déjà contaminé par les pesticides ; leurs graines ne pourront plus être cultivées sans engrais ; et le système nécessite une grande consommation d'eau. Par conséquent, les agriculteurs se trouvent profondément endettés. Tandis qu'il est relativement simple de commencer à appliquer les paquets technologiques de l'agriculture industrielle — et personne n'a envie de rendre la vie des agriculteurs plus difficile — cette commodité est de courte durée. Beaucoup de paysans se plaignent des prix croissants des semences et des engrais, de la mort de leur sol due à l'usage d'engrais, et de la grande consommation en eau. En période de sécheresse, les récoltes sont pauvres et sont suivies d'un sévère endettement. Dans bien des cas, les paysans perdent à la fois la propriété de leurs semences et de leur terre.

Afin de démontrer que la connaissance agroécologique est la solution permettant de faire face à la croissance démographique, mais aussi l'insécurité alimentaire, l'érosion culturelle, l'urbanisation, la dégradation environnementale, et même le changement climatique, l'AFSA a rassemblé des exemples probants de fermes agroécologiques partout en Afrique. Les cas étudiés, tout comme ceux présents dans ce volume, démontrent quelque chose de très intéressant : l'agroécologie augmente la productivité tout en améliorant le sol. Cela permet d'augmenter le revenu des agriculteurs puisque les producteurs en agroécologie n'ont pas à dépenser d'argent dans l'achat de pesticides. La diversité des cultures est élevée, ce qui réduit les risques et renforce la résilience. Cela améliore également la nutrition et la santé. Au contraire de l'agriculture industrielle, l'agroécologie intègre l'élevage au sein du système agricole, ce qui a pour avantage d'augmenter l'alimentation et de protéger les agriculteurs lors des mauvaises récoltes. Le fumier est réintroduit dans le sol, optimisant la production. Mieux encore, les cas étudiés démontrent qu'il est possible de remplir la fonction de l'agriculture, qui est de nourrir la population, tout en soutenant le bien-être à la fois des humains et de la planète en travaillant avec le savoir des agriculteurs, et non en le remplaçant par autre chose.

Ce livre, *Terre Fertile*, dévoile des stratégies indispensables pour faire de l'agroécologie une réalité universelle en Afrique et au-delà, et pour sauver nos vies ainsi que celle de notre planète. Nous devons encourager le savoir indigène et l'innovation. Nous devons intégrer l'agroécologie dans tous les domaines politiques. Nous devons sensibiliser les consommateurs sur l'origine de leurs aliments et l'importance d'une alimentation saine et équilibrée. Nous devons incorporer cet aspect à tous les niveaux d'éducation afin d'éviter que se crée une armée d'académiciens désinformés nous imposant un modèle d'agriculture industrialisée. L'agroécologie n'est pas opposée à la science et à la technologie, mais nous devons faciliter des innovations techniques qui améliorent réellement la vie des agriculteurs de manière durable. Nous devons encourager l'activité économique des petits agriculteurs afin qu'ils s'engagent dans l'agroécologie.

Je pense que le changement arrive. Les institutions académiques, les gouvernements, les organisations confessionnelles, et les entreprises discutent de l'agroécologie et la promeuvent. Les organes des Nations Unies sont ouverts au concept et à la pratique. Les mouvements sociaux mondiaux s'organisent de plus en plus sous l'égide de l'agroécologie.

L'agriculture est la force la plus puissante qui n'ait jamais été lancée sur notre planète depuis la fin de l'âge de glace. Si nous ne faisons rien pour contrecarrer l'impact sur notre planète de l'agriculture actuelle, nous aurons de sérieux ennuis. La bonne nouvelle, comme le montre la collection de cas présentée dans ce volume, c'est que nous sommes en train de faire de l'agroécologie notre propre récit, notre solution, et notre avenir.

De la Crise aux Solutions

Par Steve Brescia

Les Défis Auxquels nous Sommes Confrontés

De façon générale, nous pensons qu'il est possible d'éradiquer la faim grâce à l'augmentation de la production alimentaire. La modernisation agricole est souvent présentée comme la solution. En réalité, la production alimentaire mondiale actuelle permet de nourrir 10 milliards d'habitants : cela est amplement suffisant pour les sept milliards de personnes qui peuplent aujourd'hui la planète, ainsi que pour les neuf milliards attendus en 2050.[1] Toutefois, malgré cette surproduction alimentaire, la plupart des estimations officielles démontrent que près de 800 millions de personnes souffrent de la faim et qu'une quantité encore plus importante — environ 2 milliards de personnes — sont sous-alimentées.[2] Ce sont malheureusement les petits exploitants agricoles et producteurs alimentaires originaires des pays du Sud qui sont majoritairement concernés.

Pire encore, il semble que ces données sur la faim soient en fait sous-estimées. La FAO considère qu'un individu souffre de la faim à partir du moment où son apport calorique passe en dessous des « besoins énergétiques nécessaires au maintien d'une activité physique minimale », besoins compris entre 1 651 à 1 900 calories/jour en fonction des pays. Toutefois, la plupart des populations pauvres n'ont pas une vie sédentaire et effectuent des travaux physiques éprouvants, ce qui signifie qu'elles ont besoin d'un apport calorique supérieur au niveau établi par la FAO. Par exemple, un chauffeur de pousse-pousse en Inde a besoin de 3 000 à 4 000 calories par jour. D'après certaines recherches, si l'on tient compte du niveau plus précis de calories requis par les individus pour maintenir une activité physique « normale », le nombre de personnes souffrant de la faim grimpe à 1,5 milliard. Ce nombre dépasse 2,5 milliards[3] lorsqu'on le mesure en fonction du niveau de calories nécessaire au type d'activité intense effectuée par la plupart des agriculteurs paysans et des populations pauvres dans le monde. Parallèlement aux personnes n'ayant pas accès à une alimentation suffisante, 1.9 milliard de personnes sont en surpoids ou obèses, ce qui est dû à une dépendance aux produits alimentaires transformés, et au manque d'accès à une alimentation saine.[4]

Les statistiques deviennent plus troublantes lorsqu'on se demande qui nourrit la planète, et avec quelles ressources. Alors que l'agriculture industrialisée utilise 70% des ressources mondiales disponibles pour l'agriculture (terre, eau, intrants, énergie, etc.), elle ne produit que 30% du total des aliments consommés. La majeure partie de la production issue de l'agriculture industrialisée est dédiée aux biocarburants et aux aliments des animaux. À l'inverse, les agriculteurs paysans utilisent environ 30% de ces ressources, et produisent plus de 70% des aliments consommés dans le monde.[5] Par ailleurs, le système agricole industrialisé est à l'origine de 25 à 40% des émissions mondiales de gaz à effet de serre.[6]

Le système mondial actuel de l'industrie agro-alimentaire est rempli de contradictions qui l'empêchent d'assurer le bien-être des humains ou la gestion durable des ressources de notre planète. Nous devons changer ce système. Maintenir le « statu quo », ou travailler uniquement en vue d'étendre ce système d'agriculture industrialisée aux agriculteurs disposant de peu de ressources qui n'en font pas encore partie, ne résoudra pas ces problèmes.

Les Véritables Coûts de Notre Système Alimentaire

Une étude de 2012 réalisée par le cabinet de conseil international KPMG sur les tendances en matière de développement durable met en lumière les coûts réels de notre système alimentaire actuel. Ses auteurs ont constaté que, la production alimentaire possédait « l'empreinte la plus élevée en termes de coûts environnementaux externes » (200 milliards de dollars) parmi les 11 secteurs analysés dans ce rapport ; même les productions minière et pétrolière n'avaient pas une empreinte aussi importante. En fait, la production alimentaire était le seul secteur dans lequel la valeur totale des externalités (coûts supportés par la société) excédait les bénéfices totaux.[7]

Ces externalités environnementales (22 impacts environnementaux dont les émissions de gaz à effet de serre, les prélèvements d'eau, et la génération de déchets)[8] ne tiennent même pas compte d'autres coûts réels de notre système alimentaire, tels que la perte de vies et de potentiels humains due à la malnutrition, le coût de l'aide humanitaire permettant de maintenir les personnes en vie (près de 2 milliards de dollars par an juste pour neuf pays dans la région du Sahel en 2014-2016)[9], ou les frais de soins mondiaux dus aux maladies associées au surpoids et à l'obésité (diabètes, maladies

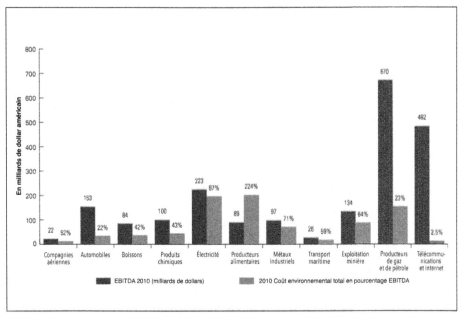

GRAPHIQUE 1 : Les véritables coûts de notre système alimentaire. Source : KPMG International, « *Expect the Unexpected : Building business value in a changing world.* » 2012

cardio-vasculaires, cancers, etc.), estimés à 2 000 milliards de dollars.[10] De nombreux efforts sont en cours afin d'améliorer la « comptabilité des coûts réels », permettant alors de rendre visibles et d'évaluer ces coûts, ainsi que de les intégrer dans la prise de décisions.[i] Ainsi, les irrationalités de notre système alimentaire actuel seront sous la lumière des projecteurs et cela encouragera les décideurs à soutenir des solutions plus durables.

Deux Voies de Progression Possibles

Il est clairement nécessaire de mettre en œuvre de meilleures solutions. Heureusement, elles existent déjà. Bien qu'un nombre grandissant de recherches et de nombreux témoignages de paysans présentent l'agroécologie comme la voie à emprunter la plus productive, durable et juste, le débat entre les responsables politiques se poursuit intensément, opposant agroécologie et agriculture industrialisée comme deux visions concurrentes pour l'avenir de nos systèmes alimentaires. La voie que nous choisirons aura des répercussions profondes sur les personnes et notre planète.

---

[i] Par exemple, l'Économie des Écosystèmes et de la Biodiversité (EEB) pour l'Agriculture et l'Alimentation est une initiative mondiale qui vise à « mettre en relief les valeurs de la nature », en introduisant cela à l'intérieur d'un processus de prise de décision à tous les niveaux. . http://www.teebweb.org

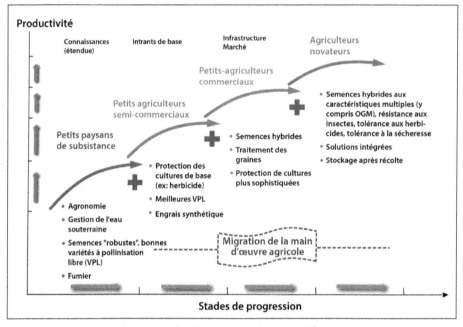

GRAPHIQUE 2. La logique de Syngenta. Source: Zhou, Yuan. "Smallholder Agriculture, Sustainability and the Syngenta Foundation" Fondation Syngenta pour l'Agriculture Durable, Avril 2010, p.4.

La vision d'une agriculture hautement industrialisée est très bien représentée par la logique de Syngenta (illustration 2), l'un des plus grands semenciers et fabricants de produits agrochimiques au monde.[ii] Comme le montre le schéma, l'objectif premier du paradigme est d'augmenter la productivité et de maximiser les profits des producteurs agricoles, ainsi que des entreprises commerciales et des multinationales qui interviennent dans la chaîne de production alimentaire. La majorité des profits revient à ces dernières. Les paysans qui pratiquent l'agriculture vivrière ont deux options: « migrer vers des secteurs autres que l'agriculture », ou devenir des « agriculteurs modernes ». Dans ce paradigme, un «agriculteur moderne » adopte des semences hybrides ou génétiquement modifiées avec des caractéristiques multiples, des engrais chimiques, des pesticides, des herbicides et toutes autres pratiques complémentaires, et il opère à grande échelle. Cette vision suppose que le rôle principal des personnes restant dans le secteur agricole est d'adopter et d'acheter chaque année les nouvelles technologies vendues par Syngenta et d'autres

---

[ii] Syngenta est l'une des plus grandes entreprises agroalimentaires, produisant des produits agrochimiques (herbicides, fongicides, insecticides et traitements de semences) et des graines (y compris hybrides et génétiquement modifiées).

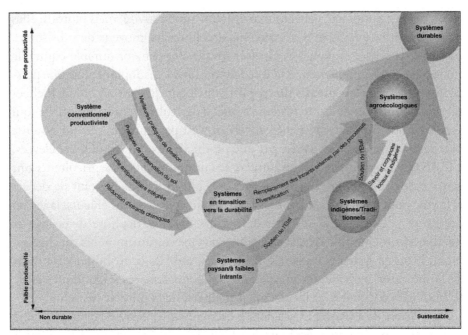

GRAPHIQUE 3. Vision de l'IAASTD. Source: IAASTD. "Vers une Agriculture Multifonctionnelle Soutenable Environnementalement, Socialement et Economiquement."

entreprises similaires. Rien n'est dit sur le sort des centaines de millions de personnes qui « migreront » hors de l'agriculture vers d'autres secteurs et comment ils survivront. Selon divers rapports — dont le présent rapport — nombre des individus concernés seront privés de la terre et des ressources élémentaires indispensables à leur survie. Ils deviendront plus vulnérables en migrant vers des bidonvilles urbains ou au-delà des frontières, ou sombreront davantage dans des cycles d'endettement, de dépendance et de pauvreté.

La vision alternative est représentée par l'Expertise Internationale des Connaissances, des Sciences et des Technologies pour le Développement (en anglais *International Assessment of Agricultural Knowledge, Science and Technology for Development*, IAASTD), une expertise internationale menée de 2005 à 2007 et impliquant 110 pays et 900 experts du monde entier.[iii] L'expertise de l'IAASTD part du principe que l'agriculture est multifonction-nelle. Les chercheurs ne se demandent pas seulement comment le savoir, la

---

[iii] Le rapport IAASTD a été sponsorisé par les Nations Unies, la Banque Mondiale et les Fonds pour l'Environnement Mondial (FEM). Cinq agences des Nations Unies se sont engagées : l'Organisation pour l'Alimentation et l'Agriculture (FAO), le Programme des Nations Unies pour le Développement (PNUD), le Programme des Nations Unies pour l'Environnement (PNUE), l'Organisation pour l'Éducation, la Science et la Culture des Nations Unies (UNESCO) et l'Organisation Mondiale de la Santé (OMS)

science et la technologie peuvent maximiser la productivité, mais plutôt si elles peuvent «réduire la faim et la pauvreté, améliorer les moyens de subsistance ruraux et la santé humaine, et faciliter un développement durable équitable sur le plan environnemental, social et économique» . Adoptant ainsi une perspective plus large, les auteurs du rapport concluent qu'il est nécessaire d'effectuer une transition de notre système actuel d'agriculture conventionnelle, qui privilégie une productivité élevée, mais qui n'est pas durable, vers un système plus agroécologique, caractérisé par une productivité et une durabilité élevées. L'IAASTD a également mis en lumière le fait que si tous les agriculteurs ont certes besoin de créer des systèmes agricoles plus durables, le point de départ et la voie pour y parvenir varient en fonction du contexte. Par ailleurs, la vision décrite par l'IAASTD et d'autres défenseurs d'une agriculture diversifiée et durable accorde un rôle crucial aux petits paysans comme moteurs du changement. Dans ce système, ils sont considérés comme les contributeurs centraux de l'innovation agricole, les producteurs de connaissances scientifiques et de technologies adéquates, et les acteurs principaux de la prise de décision.

La vision de l'IAASTD est déjà à l'œuvre sur le terrain, dans plusieurs initiatives concrètes agro-écologiques. Dans le monde, environ 2,5 milliards de personnes vivant dans 500 millions d'exploitations agricoles sont impliquées dans une agriculture familiale et une production alimentaire de petite échelle[12]. Leur aptitude à cultiver de manière productive et durable *avec* la nature, et non *contre* elle, est sans doute la force la plus puissante capable de vaincre les problématiques liées que sont la famine, la pauvreté, le changement climatique et la dégradation de l'environnement. C'est l'essence de l'agroécologie.

L'agroécologie peut être définie comme : «l'application de concepts et de principes écologiques en vue de concevoir et d'organiser des écosystèmes agricoles durables».[13] Il est pour cela fondamental que les gens innovent et cultivent *avec* la nature, et non *contre* elle, qu'ils s'appuient sur le savoir local, l'innovation, et l'organisation paysanne, et qu'ils mettent l'accent sur les processus biologiques, plutôt que sur les intrants externes et chimiques.

Avant même que le terme d'*agroécologie* ne soit utilisé, de nombreux agriculteurs et professionnels connaissaient cette stratégie efficace et prometteuse permettant d'améliorer la production, la biodiversité et la sécurité alimentaire, de responsabiliser les communautés et les organisations paysannes, et de gérer de manière durable, voire de régénérer, les ressources naturelles. Trois «courants» convergent pour faire de l'agroécologie une force grandissante permettant un changement social positif aujourd'hui :

L'agroécologie comme Pratique — Les agriculteurs innovent continuellement avec la nature, en utilisant des principes et des pratiques permettant d'améliorer la résilience et la durabilité éco-logique, socio-économique et culturelle des systèmes agricoles.

L'agroécologie comme Sciences — L'étude holistique des agroé-cosystèmes, associant l'écologie à agronomie, et intégrant des élé-ments humains et environnementaux.

L'agroécologie comme Mouvement — L'agroécologie en tant que méthode agricole et processus de transformation continue des systèmes agricoles, est centrale dans le mouvement social plus large de la *souveraineté alimentaire.*

La souveraineté alimentaire telle que définie par le mouvement paysan mon-dial *Via Campesina*, désigne le «droit des peuples à une alimentation saine et culturellement appropriée, produite avec des méthodes durables, et le droit des peuples de définir leurs propres systèmes agricoles et alimentaires».[14]

TABLEAU I : La Logique de l'Agroécologie et de l'Agriculture Industrialisée

Sujet d'étude	Agroécologie	Agriculture industrialisée
Objectifs	Optimiser les avantages liés à la nature multifonctionnelle de l'agriculture, y compris la production, la gestion envi-ronnementale, la résilience, la nutrition, le bien-être familial et communautaire, et les cultures de subsistance.	Maximiser la production et les profits
Coûts	Saisit les coûts réels, régénère les ressources naturelles, atténue le changement climatique.	Externalise environ 200 milliards de dollars de coûts environnementaux chaque année.
Sources de connaissance et d'innovation	Agriculteurs paysans qui expérimentent et travaillent avec la nature. En association avec des scientifiques, des agences gouvernementales et des ONG, ils allient les connais-sances traditionnelles aux connaissances scientifiques modernes.	Grandes entreprises agricoles, de plus en plus concentrées, et qui fabriquent des intrants achetés par les agriculteurs.

TABLEAU I: *(suite)*

	Agroécologie	Agriculture industrialisée
Modes de partage des innovations (stratégies d'extension)	Apprentissage, partage et extension de paysan à paysan ; co-création de connaissances ; organisations et réseaux paysans.	Extension et formation contractuelles ; promotion de paquets technologiques (semences, engrais chimiques, herbicides et pesticides) à travers des entreprises privées ou des Ministères.
Fertilité du sol	Conservation et amélioration des sols au sein des exploitations agricoles à l'aide de processus physiques (ex. : barrières de protection) et de processus biologiques (cultures de couverture, engrais verts, agroforesterie, compostage, etc.)	Engrais chimiques acquis auprès de fournisseurs non agricoles.
Graines	Systèmes de semences fermières et conservation des semences. Sélection améliorée, stockage et gestion de variétés de semences locales biologiquement diversifiées.	Semences hybrides et génétiquement modifiées qui sont brevetées. Restrictions légales pour les agriculteurs concernant la conservation ou l'échange de semences. Dépendance des agriculteurs aux fournisseurs.
Gestion de l'eau	Conservation de l'eau et des sols ; amélioration de la capacité de rétention d'eau grâce à l'augmentation de la matière organique dans les sols ; collecte de l'eau de pluie ; technologies appropriées comme la micro-irrigation.	Infrastructures à grande échelle, comme les barrages et les réseaux d'irrigation.
Biodiversité	Systèmes agricoles diversifiés (semences, cultures, bétail, poissons, arbres). Diverses variétés de semences.	Monoculture et variétés de semences limitées, achetées auprès de fournisseurs.
Marchés	Priorité aux besoins alimentaires locaux, liens commerciaux locaux renforcés.	Priorité aux marchés d'exportation et à la création de valeur pour les entreprises, aux biocarburants et à l'alimentation du bétail.

Dans les exemples présentés dans ce livre, certains acteurs combinent les différents courants de l'agroécologie afin de déployer ce concept à plusieurs niveaux. Le fort contraste existant entre l'agroécologie et la vision de l'agriculture industrielle promue par les agents économiques plus puissants est représenté ci-dessous dans le tableau 1.

Pourquoi l'Agroécologie ?

Dès lors que les gens ont commencé à cultiver des céréales et à domestiquer des animaux dans le Croissant Fertile, il y a environ 11 500 ans, le but de l'agriculture a été d'innover avec la nature afin de produire des aliments. Les agriculteurs ont sélectionné, amélioré, et conservé des variétés de semences. Ils ont développé différents systèmes de cultures, ont préservé le sol, maintenu et amélioré sa fertilité. Ils ont également capté et utilisé l'eau, créé des outils, contrôlé les parasites, les maladies végétales et les mauvaises herbes, cuisiné et stocké les aliments, ainsi que consommé, partagé, échangé ou vendu leur production. Les cultures et l'agriculture ont ainsi évolué de concert à travers les siècles, partout dans le monde. L'expansion spectaculaire du modèle d'agriculture industrialisée s'est opérée en grande partie ces 70-100 dernières années.

L'objectif premier de tout système politique et économique est de s'assurer que les gens qui le composent sont nourris, et que les ressources environnementales dont il dépend sont préservées. Au cours de l'histoire, les systèmes agricoles et les sociétés ont dû s'adapter du fait de changements circonstanciels, parfois à cause de l'activité humaine. Certains n'y sont pas parvenus et se sont effondrés. Dans ce livre figurent des exemples où les circonstances ont changé : des agriculteurs d'Afrique de l'Ouest et d'Amérique Centrale qui ont dû trouver de nouvelles manières de gérer la fertilité des sols, étant donné que leurs cycles traditionnels de défrichage et de jachère ne sont plus viables à cause de la baisse de disponibilité des terres ; le changement des habitudes des consommateurs en Équateur et en Californie ; et les impacts du changement climatique et de la disponibilité de l'eau tels que vécus dans différents contextes autour du monde.

Les petits exploitants agricoles possèdent la capacité créatrice d'innover et de proposer de réelles solutions à ces défis. Toutefois, tout au long de l'histoire et aujourd'hui encore, ils ont été marginalisés ou exploités au sein des systèmes politiques et économiques, et leurs contributions potentielles ignorées. Ce livre inclut des exemples d'agriculteurs familiaux présentés comme agents du changement, plutôt que comme simples bénéficiaires et consommateurs d'intrants, et qui peuvent contribuer à la création de systèmes agro-alimentaires plus sains, et de sociétés plus démocratiques, justes et durables.

Pour les auteurs des cas présentés dans ce livre, l'agroécologie est un processus d'innovation agricole et de développement rural centré autour des individus et des agriculteurs. Il s'agit d'un processus qui, à la fois, requiert et renforce la capacité d'agir, la créativité et le pouvoir des agriculteurs et de leurs organisations

Pourquoi ce Livre ?

De nombreux rapports ont déjà rendu compte des avantages et des techniques de l'agriculture agro-écologique. D'autres rapports se sont concentrés sur les recommandations politiques nécessaires pour la soutenir (voir Appendice 2: *Bibliographie sur l'agroécologie* pour une liste sur les deux sujets). Malgré tout cela, l'agroécologie n'est pas aussi répandue qu'elle le devrait. Comment changer cette réalité de manière à ce que l'agroécologie fasse partie intégrante de nos systèmes locaux et mondiaux d'alimentation et d'agriculture ? En se fondant sur cet ensemble de pratiques et de recherches, ce livre aborde deux questions essentielles :

1. Quelles stratégies permettent de diffuser plus fortement la production agro-écologique ?
2. Comment cela peut-il contribuer à des changements systémiques au sein de nos systèmes agricoles et alimentaires ?

Nous traitons ces questions à l'aide d'une approche de terrain, à travers des études de cas basées sur des expériences pratiques. Nous proposons des cours et des exemples aux associations d'agriculteurs, aux organisations non gouvernementales (ONG), aux décisionnaires et aux universitaires qui travaillent dans ce même objectif.

Même les défenseurs et les professionnels déjà convaincus des avantages de l'agroécologie sont confrontés à de nombreux défis lorsqu'il s'agit de soutenir et de diffuser ses principes et ses pratiques, ainsi que de créer des politiques favorables. Ce ne sont pas des tâches faciles. Afin de les accomplir, il est nécessaire de partir d'une évaluation réaliste d'où nous nous trouvons actuellement.

Trop souvent, les pratiques de production agro-écologique efficaces agissent comme des oasis de succès au milieu d'un désert de stratégies et de politiques d'agriculture conventionnelle. Dans d'autres situations, certains agriculteurs ont réussi à développer une ou deux techniques agro-écologiques sur leur terrain, mais n'ont pas encore eu les opportunités ou le soutien leur permettant de reproduire pleinement les bienfaits de l'agroécologie en continuant d'innover et d'ajouter des pratiques complémentaires. Par ailleurs, les politiques et les programmes gouvernementaux négligent trop souvent les agriculteurs familiaux, minimisent leurs pratiques agricoles, ou cherchent intentionnellement à les pousser hors du secteur agricole.

Pour comprendre où en sont les différents paysans et communautés, et quelles sont leurs capacités à migrer vers une production agro-écologique, à la renforcer et à la diffuser, il faut évidemment spécifier le contexte au sein duquel des individus et des organisations créent des voies particulières dans leurs milieux locaux. Afin de souligner cette diversité et ce changement, nous avons tiré des enseignements de neuf cas issus de différents contextes autour du monde. Ces cas mettent en évidence le travail des agriculteurs et de leurs organisations, mais également celui d'organisations non gouvernementales (ONG) et de scientifiques qui travaillent avec eux et les soutiennent. Chaque cas a pour point commun de représenter des individus et/ou organisations qui construisent un chemin permettant d'évaluer l'agriculture agro-écologique en reconnaissant l'importance de l'innovation au sein des exploitations agricoles, en soutenant l'autonomie des communautés agricoles, et en visant la transmission de connaissance horizontale et la création de politiques plus favorables.

Les stratégies décrites dans chaque cas ont leurs forces, mais aussi leurs limites. Nous sommes convaincus que ces deux aspects sont instructifs. Certains cas représentent un travail de 30 ans ou plus, tandis que d'autres ont une existence plus récente. Certains sont plus orientés vers la communauté, tandis que d'autres visent à un changement politique et systémique plus large. Bien qu'il n'existe pas de modèle unique, nous pensons que nous pouvons tirer des leçons et des principes essentiels de ces expériences et d'autres expériences similaires. Grâce à ces enseignements, nous pouvons ensuite alimenter et consolider notre travail dans différents contextes et environnements dans le monde.

Depuis les années 1950, on a observé une concentration croissante des entreprises concernant la propriété des connaissances agricoles, du développement technologique, des intrants, des semences et des chaînes d'approvisionnement. Cette expansion commerciale de l'agriculture industrialisée remplace trop souvent la logique de l'agroécologie centrée autour de l'agriculteur. Les êtres humains et la nature ne se trouvent plus au centre de l'équation et l'espace de développement de l'agroécologie ainsi que la capacité d'action des agriculteurs et de leurs organisations, sont réduits ou fragilisés. Les structures nécessaires au développement agro-écologique, ainsi que les pratiques agro-écologiques doivent être associées stratégiquement afin d'inverser cette tendance destructrice.

Encadré 1: Groundswell International

Groundswell International est un partenariat mondial d'ONG, d'organisations de la société civile locale, et de groupes populaires qui renforcent les communautés rurales en Afrique, en Amérique, et en Asie afin de construire une agriculture et des systèmes alimentaires sains à partir de zéro. Nous travaillons avec des communautés locales en vue d'améliorer leurs vies en soutenant et en diffusant les pratiques agro-écologiques et les systèmes alimentaires locaux durables. Nous soutenons l'innovation agricole et la diffusion de solutions efficaces de paysan à paysan ; nous défendons les organisations paysannes et de femmes ainsi que les mouvements populaires ; nous fournissons de l'information pour des cours ; et nous faisons entendre nos voix localement et mondialement afin de forger des politiques et des discours permettant de nourrir les gens et la planète. Groundswell a actuellement des partenaires au Burkina Faso, au Ghana, au Mali, au Sénégal, en Equateur, à Haïti, au Honduras, au Guatemala, au Népal et aux Etats-Unis.

Groundswell International collabore directement avec les organisations et les programmes décrits dans ce livre, développés au Burkina Faso, Ghana, Mali, en Haïti, au Honduras, et en Equateur. D'autre part, nous avons invité des partenaires du Brésil, des Etats-Unis, et des Pays-Bas afin de partager également leurs précieuses expériences.

Encadré 2: Mesurer l'Agroécologie: Pourquoi et Comment

Nous pensons qu'il existe un besoin urgent de rendre l'agroécologie centrale et généralisée au sein de nos systèmes alimentaires et agricoles, autrement dit de la "mettre à l'échelle". La principale raison de renforcer et de diffuser l'agroécologie est sans doute liée au fait que c'est une pratique qui marche, particulièrement pour les petites exploitations familiales. Cela permet d'améliorer les multiples fonctions de l'agriculture, comme la production alimentaire, la génération d'un revenu, l'emploi, la préservation culturelle, les services environnementaux, la biodiversité et la résilience. Une fois de plus, de nombreuses études ont déjà documenté et démontré de façon convaincante l'efficacité de l'agroécologie, comme l'illustre par exemple l'encadré 3 ci-dessous.

Encadré 3: Résultats de l'Étude : Démonstration Scientifique Appuyant le Modèle d'Agriculture Agro-écologique

« *Aujourd'hui, les preuves scientifiques attestent que les méthodes agro-écologiques sont plus efficaces que le recours aux engrais chimiques pour stimuler la production alimentaire dans les régions difficiles où se concentre la faim. De récents projets menés dans 20 pays africains ont même démontré un doublement des rendements des cultures sur une période de 3 à 10 ans... Nous ne réglerons pas les problèmes de la faim et du changement climatique en développant l'agriculture industrielle sur de grandes plantations. La solution consiste à miser sur la connaissance des petits agriculteurs et sur l'expérimentation, et à améliorer les revenus des paysans afin de contribuer au développement durable. Un soutien énergique aux mesures identifiées dans le rapport permettrait de doubler la production alimentaire dans les 5 à 10 ans dans des régions où la faim sévit.* »

—Olivier de Schutter[15]
Rapporteur Spécial du Droit à l'Alimentation de l'ONU, 2010

En plus d'analyser l'agroécologie en tant que pratique, science et mouvement social, les cas présentés dans ce livre soutiennent l'importance de soutenir des stratégies afin d'étendre l'agroécologie sur trois dimensions : profondeur, horizontalité et verticalité. Dans la pratique, les dimensions se chevauchent et sont interdépendantes, et les stratégies sur chaque axe sont liées ; toutefois, il est nécessaire d'accorder une attention particulière à chacun des trois pour que l'agroécologie soit adoptée et diffusée plus largement. Le cadre de mise à l'échelle" suivant peut aider à tirer des leçons de chaque cas et est également utile pour comprendre d'autres expériences :

- **Profondeur :** permettre à des agriculteurs ou à des groupes d'agriculteurs d'innover continuellement au sein de leurs propres fermes, en passant d'une utilisation parfois limitée de pratiques agricoles à la création de systèmes agricoles entièrement agroécologiques qui renforcent le bien-être de la famille.
- **Déploiement horizontal (ou étendue) :** diffuser les principes et les pratiques de l'agroécologie dans les foyers et communautés agricoles.
- **Verticalité :** créer un contexte favorable en renforçant des mouvements et des réseaux plus vastes, en associant les agriculteurs à des marchés locaux de manière plus avantageuse, et en créant des politiques de soutien.

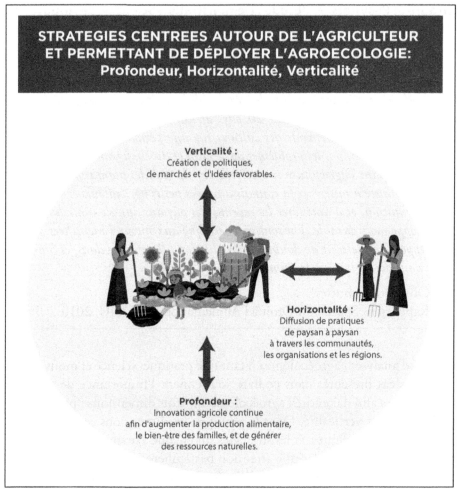

GRAPHIQUE 4. Stratégies de Déploiement

Transition vers des Systèmes Alimentaire et Agricole plus Sains

Lors de la réalisation de ce recueil de cas, le concept de « déploiement » (*scale*) a suscité de nombreux débats. Comment est-il possible de déployer le processus selon lequel des hommes travaillent avec la nature de manière créative et productive, de telle manière que celui-ci soit adapté à chaque contexte local ? Et qui est responsable du déploiement ? Les agences de développement et les multinationales utilisent souvent la notion de « déploiement » afin de décrire la création de technologies et de pratiques, et leur promotion en vue d'une adoption plus vaste par plusieurs personnes. Cela implique souvent homogénéisation et uniformité. L'agriculture industrialisée est adaptée à ce type de déploiement étant donné qu'elle est intrinsèquement destinée à la production et aux intrants standardisés et homogènes qui peuvent être promus grâce à des ensembles technologiques uniformes. Ceux-ci évincent la biodiversité et la prise de décision, le contrôle local.

Lorsque nous parlons du « déploiement de l'agroécologie » dans ce livre, nous nous référons à l'action de diffuser *un accès à l'agriculture ainsi qu'un processus permettant de supporter l'innovation agricole continue,* plutôt qu'un simple ensemble de technologies. Nous considérons que l'agriculture est multifonctionnelle, et que de nombreuses pratiques agricoles sont basées sur des pratiques et un savoir ancestraux développés par des peuples indigènes et de petits agriculteurs, et qui ne sont donc pas adaptés aux processus uniformes de diffusion. Cela implique que nous devrions changer non seulement les méthodes agricoles, mais également *les manières dont les Ministères agricoles, les organisations philanthropiques, les ONG et les scientifiques soutiennent l'agriculture,* afin que les agriculteurs puissent poursuivre leurs processus d'innovation adaptés à des contextes différents. Nous parlons d'une transition fondamentale, menant vers des systèmes agricole et alimentaire plus sains.

Nous invitons les lecteurs à réfléchir aux expériences et aux enseignements apportés par les organisations et les personnes présentées dans ce livre, puisqu'ils travaillent dans le but de construire des alternatives agro-écologiques adaptées à leurs propres contextes. Au Brésil, l'organisation territoriale brésilienne Polo Borborema s'appuie sur l'innovation agricole afin de créer un nouveau paradigme de «vie dans les régions semi-arides» ; au Honduras, un mouvement agro-écologique vieux de quarante ans se bat pour créer un espace dédié au changement positif face à un gouvernement non démocratique ; un groupe d'associations paysannes en Haïti construit des processus démocratiques et régénère des communautés rurales ; en Equateur, un collectif d'organisations réunit les communautés rurales et urbaines afin d'investir leur budget alimentaire local dans une production saine et agro-écologique ; le binôme entre un agriculteur et un scientifique de Californie crée un modèle pour rendre la production des fraises aux États-Unis biologique et équitable ; l'association Barahogon au Mali reprend son rôle traditionnel de régénération des arbres afin d'améliorer le paysage sahélien ; au Burkina Faso, Tani Lankoandé analyse des stratégies afin de restaurer la matière organique de son sol, dur comme du roc, en tentant de le rendre de nouveau productif, et en enseignant à d'autres femmes à faire de même ; des agriculteurs, des associations de femmes, des chefs traditionnels, et des organisations de la société civile se rassemblent au Ghana afin de protéger les droits des paysans à produire et à conserver des graines ; enfin, les agriculteurs néerlandais du

Nord des Bois Frisons travaillent en collaboration avec des scientifiques en vue de développer « l'agriculture en circuit fermé ».

En tant que sociétés, nous faisons des choix qui forment nos systèmes agricoles et alimentaires. Afin de lutter contre la pauvreté, la faim et le changement climatique, nous devons faire des choix qui nous permettent de passer du *statu quo* à un nouveau paradigme renforçant le pouvoir créatif des agriculteurs familiaux et de leurs organisations et diffusant l'agroécologie afin de promouvoir une agriculture, des économies et des systèmes alimentaires plus sains.

Références

[1] Food and Agriculture Organization of the United Nations. "The state of food insecurity in the world." Rome: FAO, 2009.

[2] FAO, IFAD, and WFP. "The State of Food Insecurity in the World 2015, Meeting the 2015 international hunger targets: taking stock of uneven progress." Rome: FAO, 2015.

[3] Hickel, Jason. "The True Extent of Global Poverty and Hunger: questioning the good news narrative of the Millenium Development Goals." *Third World Quarterly*, 37(2016): 749-767.

[4] WHO. "Obesity and Overweight." Fact Sheet, June 2016. Accessed November 7. http://www.who.int/mediacentre/factsheets/fs311/en/.

[5] ETC Group. "Twenty things we don't know we don't know about World Food Security." September 2013. Accessed November 7, 2016. http://www.etcgroup. org/sites/www.etcgroup.org/files/Food%20Poster_Design-Sept042013.pdf.

[6] Gilbert, Natasha. "One-third of our greenhouse gas emissions come from agriculture." *Nature*, October 31, 2012.

[7] KPMG International. *"Expect the Unexpected: Building business value in a changing world."* 2012, 56.

[8] Ibid, 55.

[9] OCHA on Behalf of Regional Humanitarian Partners. "2015 Humanitarian Needs Overview-Sahel Region." December 2014. Accessed November 7, 2016. http://reliefweb.int/report/ mali/2015-humanitarian-needs-overview-sahel-region.

[10] Dobbs, Richard, Corinne Sawers, Fraser Thompson, James Manyika, Jonathan Woetzel, Peter Child, Sorcha McKenna, and Angela Spatharou. "How the world could better fight obesity." McKinsey Global Institute, November 2014.

[11] IAASTD. "Towards Multifunctional Agriculture for Social, Environmental and Economic Sustainability." Accessed November 7, 2016. http://www.unep.org/ dewa/agassessment/docs/10505_Multi.pdf

[12] FAO. "Family Farmers: Feeding the world, caring for the earth." 2014. Accessed November 7, 2016. http://www.fao.org/docrep/019/mj760e/mj760e.pdf.

[13] Altieri, Miguel. Agroecology: The Science of Sustainable Agriculture. Boulder CO: Westview Press, 1995.

[14] Vía Campesina. "Declaration of the Forum for Food Sovereignty." Nyeleni, Mali, February 2007. Accessed November 7, 2016. https://nyeleni.org/spip.php?article290.

[15] De Schutter, Olivier. "Report Submitted by the Special Rapporteur on the Right to Food." United Nations, December 2010.

Régions mentionnées dans le chapitre

CHAPITRE 1

Innovation Paysanne et Agroécologie dans la Zone Semi-aride du Brésil

Par Paulo F. Petersen

Résumé: Pendant des années, des paysans de la zone Semi-Aride du Brésil ont développé des modes de « vie en communion avec le climat semi-aride », au lieu de « lutter contre la sécheresse ». L'exemple d'une citerne inventée par un agriculteur, et étendue à des centaines de milliers de familles dans la région, permet d'illustrer les processus d'innovation agricole qui sont en cours. Ce chapitre, écrit par le directeur exécutif de Agricultura Familiar e Agroecología (AS-PTA), décrit comment les organisations de la société civile ont travaillé en vue d'associer les innovations paysannes - comme celle-ci - à de nouvelles formes d'organisation locale, afin de créer des alternatives locales aux programmes de développement issus de l'État et de ses politiques descendantes (du haut vers le bas).

Un Agriculteur Innovateur

Manoel Apolônio de Carvalho, plus connu sous le nom de Nel, est un paysan propriétaire d'une ferme familiale dans l'État de Sergipe, au Nord-Est du Brésil. Sa vie ressemble à celle des dizaines de milliers d'autres villageois vivant dans la région semi-aride du Brésil. Cherchant à échapper à la pauvreté et à la sécheresse de la campagne, nombre d'entre eux ont tenté leur chance en migrant vers le sud du Brésil afin de gagner un peu d'argent, avant de finalement retourner chez eux pour gagner leur vie en tant que paysans. Nel a trouvé du travail comme maçon à São Paulo au milieu des années 90, et a appris à faire des dalles de béton pré-moulées et destinées à la construction de piscines. De retour à Sergipe, où il a dû de nouveau faire face aux défis d'une agriculture assujettie à la sécheresse, il a pris la décision de tester sa technique de construction afin de confectionner des citernes en dalles permettant de capter et de stocker l'eau de pluie. Résultat : la citerne s'est avérée moins chère et plus résistante que les citernes en briques traditionnelles utilisées dans la région. Sa technique a vite attiré l'attention. Rapidement – au sein et à l'extérieur de la communauté – des gens ont demandé à Nel de leur construire des citernes, ce qui lui a donné

Le type de citerne inventé par Nel à Sergipe, Brésil.
Crédit Photo : Paulo Petersen.

l'opportunité de perfectionner progressivement son invention, tout en permettant à d'autres agriculteurs-maçons d'apprendre et de se former avec lui. Les citernes de Nel sont constituées de ciment et de fer, construites par des maçons locaux et à l'aide de matériaux achetés sur des marchés locaux et régionaux. Le type de citerne proposé par Nel a renforcé l'économie locale et accru l'emploi. Dans la mesure où l'installation de citernes nécessite un processus d'excavation, les gens s'entraident dans la construction de leurs citernes, ce qui renforce les liens sociaux. La démarche était flexible ; les citernes ont pu être conçues et adaptées en fonction des conditions, des besoins et des ressources locales.

Nel ne se rendait pas compte que l'adaptation d'une technique de construction de piscines qu'il avait apprise dans la ville la plus grande et la plus riche du pays, toucherait finalement des millions d'habitants pauvres de la région semi-aride du Brésil et les aiderait à satisfaire l'un de leurs besoins les plus vitaux. L'innovation de Nel n'était qu'une graine parmi tant d'autres, qui a finalement pris racine et donné lieu au *One Million Rural Cisterns Program* (1MRC, ou 1MCR en portugais). Le 1MRC est une initiative régionale conçue et menée à bien par l'Alliance Brésilienne Semi-Aride (ASA), un réseau de la société civile composé de plus de 1000 organisations actives dans les onze États de la région. L'ASA promeut un paradigme de « vie en communion avec le climat semi-aride » au lieu de « lutte contre la sécheresse ». Grâce à des financements sécurisés à travers des partenariats avec le gouvernement fédéral, des entreprises privées et des agences internationales, le 1MRC a construit plus de 585 000 citernes pour plus de 2 500 000 personnes entre 2003 et début 2016. Le programme a remporté des concours nationaux et internationaux pour avoir amélioré la qualité de vie de la région semi-aride du Brésil.

Le bilan de 1MRC a été positif puisqu'il a reproduit les procédures adoptées par Nel et ses compagnons,

- tout en *renforçant les capacités* des maçons de la région, de manière à ce que la connaissance soit mise en pratique indépendamment et adaptée par plusieurs communautés ;

- tout en stimulant la *réciprocité paysanne* autour des travaux physiques (tels que l'excavation du sol permettant d'installer la citerne) ;

- tout en achetant les matériaux de construction (ciment, sable, etc.) à des *marchés locaux.*

Les effets positifs combinés de ces procédures vont bien au-delà des impacts directs du programme sur la sécurité alimentaire et la santé des familles rurales. D'autant plus que cela a permis de convaincre la population locale qu'elle pouvait elle-même puissamment contribuer au développement de sa région, au lieu de considérer le développement comme un cadeau provenant d'ailleurs.

Une Contradiction Nouvelle

Malgré l'efficacité des citernes en dalles et de la méthodologie communautaire du Programme 1MRC, en 2010 le gouvernement fédéral a tenté d'accélérer l'impact de la diffusion des citernes en utilisant une toute autre approche : un programme massif de construction pour la région semi-aride, de dizaines de milliers de nouvelles citernes à eau en polyéthylène. Mais à la différence des citernes de Nel, ce nouveau type de citerne n'était pas construit sur place. Le programme a détruit l'emploi des maçons de la région tout en réduisant l'achat local de matériaux, produisant ainsi un effet multiplicateur négatif sur les économies locales. L'État a tout payé, rendant le travail volontaire superflu et supprimant le catalyseur social qu'était la construction de citernes entre voisins. Ironie du sort, cela a aussi rendu les nouvelles citernes plus onéreuses. D'autre part, le nouveau programme de citernes en plastique manquait de flexibilité puisque les agriculteurs ne pouvaient adapter ces citernes préfabriquées aux conditions locales.

Les nouvelles citernes ont une fois de plus transformé le «développement» en un cadeau tombé du ciel. Parmi les mouvements sociaux qui ont aidé à diriger le programme 1MRC, ce nouveau programme gouvernemental a été immédiatement perçu comme une expropriation, non seulement du modèle de citerne créé par Nel, mais surtout des espaces politiques communautaires qu'ils avaient construits. Après des années de travail réalisé par des groupes de paysans, des groupes de femmes, des ONG, la société civile et des acteurs publics, l'ASA et le programme PIMC avaient créé des alternatives de développement positives, et amélioré la participation démocratique régionale. Alors que la citerne de Nel avait fonctionné comme une graine d'évolution sociale soutenant le travail de l'ASA, les nouvelles citernes ont plutôt agi comme un herbicide.

En réponse à cela, en décembre 2011, environ 15000 paysans en provenance de toute la zone semi-aride se sont déplacés vers la ville de Juazeiro, à Bahia, pour s'associer à une manifestation de grande ampleur contre le nouveau programme de citernes. Cette démonstration de force collective a conduit le gouvernement à revoir sa position. Dès lors, le programme 1MRC a coexisté avec le nouveau programme. Ceci n'est qu'un exemple de l'action de mouvements sociaux et agricoles, qui soutiennent l'innovation conçue localement et basée sur un paradigme alternatif.

Développement Étatiste Versus Innovation Communautaire

L'histoire de Nel et de son innovation reflète une situation extraordinaire qui, en même temps, est commune au monde rural. C'est une situation courante dans la mesure où les agriculteurs et leurs organisations ne restent généralement pas passifs face à la coercition oppressante. Ce sont des acteurs qui bénéficient d'une organisation sociale, et ils en font usage. Cette histoire est aussi extraordinaire car les politiques publiques et la pratique du développement ont généralement tendance à négliger cette organisation agricole. L'innovation de Nel, au contraire, a été largement reconnue et valorisée à travers un programme public, le 1MRC, conçu et mis à exécution par un réseau de la société civile jouissant d'une vaste implantation dans la zone semi-aride du Brésil.

Le programme mêle les deux aspects complémentaires de l'innovation de Nel : les citernes en dalles (le matériel), et l'organisation sociale autour de la construction de citernes (l'humain). À l'opposé, de par son approche mécaniste et descendante, le gouvernement perçoit les agriculteurs en tant que bénéficiaires individuels et passifs de programmes publics. Cela minimise les capacités créatives des agriculteurs à combiner leurs ressources locales, à la fois matérielles et immatérielles, et à résoudre localement des problèmes bien définis. Cette approche descendante renforce leur dépendance vis-à-vis de solutions externes et ignore les innovations agricoles tout en négligeant leur potentiel d'organisation sociale en faveur du développement rural.

Vivre en Communion avec le Climat Semi-Aride Versus Lutter Contre la Sécheresse

Parmi les régions similaires, la zone semi-aride du Brésil est l'une des plus vastes et des plus peuplées de la Terre. Elle couvre une aire géographique de 980 000 km², et s'étend sur 11 états du Nord-Est du Brésil. Environ 22.5 millions de personnes vivent dans cette région – ce qui représente 12% de la population nationale – et 44% d'entre eux vivent dans des régions rurales, faisant de cette localité la moins urbanisée du pays[2]. La région semi-aride contient plus de la moitié de la population brésilienne vivant dans la pauvreté (58%).

En raison de ses indices sociaux épouvantables et des sécheresses récentes, cette zone semi-aride a acquis l'image d'une région «historiquement destinée» à être pauvre et arriérée. Dans certains cercles politiques intellectuels et conservateurs, cette région est considérée comme «problématique». Ces perspectives incitent la population à être passive et agit comme un levier idéologique puissant autorisant des interventions publiques visant à *lutter contre la sécheresse*.

Depuis le début du vingtième siècle, la stratégie du gouvernement pour combattre la sécheresse a principalement consisté à construire de vastes infrastructures hydrauliques afin de capter, de stocker et de transporter de larges volumes d'eau. C'est pourquoi les ressources en eau se trouvent concentrées dans seulement quelques localités, souvent dans de larges domaines agricoles, et ne parviennent pas à répondre aux besoins en eau des communautés rurales géographiquement diffuses. La concentration de la propriété terrienne et de l'accès à l'eau renforce les inégalités structurelles de pouvoir dans la région, en rendant les populations les plus pauvres plus vulnérables aux aléas climatiques.

En contredisant la perspective fataliste de lutte contre la sécheresse, porteuse de solutions externes, plusieurs générations de familles de paysans et de communautés rurales en provenance de la région semi-aride ont développé des stratégies de gestion et d'organisation sophistiquées et viables pour leurs agrosystèmes. Ils font preuve de créativité en innovant et en améliorant leurs systèmes agricoles tels qu'ils sont, fondés sur la coexistence intime avec les «codes tacites de la nature» plutôt que sur leur affrontement. Ils ont formé des mosaïques d'agro-biodiversité semblables à des écosystèmes naturels, et ont reproduit des fonctions environnementales nécessaires à la préservation de la fertilité. Leurs pratiques ont permis de créer un paradigme alternatif qui porte dorénavant le nom de «vie en communion avec le climat semi-aride».[3]

Pendant longtemps, le savoir, les technologies, et les processus sociaux créés par ce mouvement d'innovation paysanne sont passés inaperçus ou ont été sous-estimés par les programmes de développement publics. Ce n'est qu'à partir des années 1980, avec le retour de la démocratie au Brésil, que les institutions de la société civile se sont structurées afin de faire des propositions systématiques aux organisations paysannes, en cherchant à associer la critique du modèle historique d'occupation agraire du Brésil et le projet conservateur de modernisation, avec la création de méthodes alternatives de développement rural. Aujourd'hui considérées comme faisant partie du domaine de l'agroécologie, ces organisations de la société civile travaillent de manière intégrée avec les dynamiques décentralisées du développement rural de la région.

Le processus développé au sein du Territoire de la Borborema, situé dans la région agreste de l'État de la Paraíba, en était un exemple notable.

L'Histoire de l'Innovation Paysanne sur le Territoire de la Borborema

A l'intérieur de la vaste région semi-aride du Brésil, le Territoire de la Borborema, considéré comme le grenier de la Paraíba, est caractérisé par une très dense mosaïque de fermes familiales. Situé entre la côte – dominée par de vastes plantations de canne à sucre – et les pâturages secs de la région du *sertão*, ce territoire est marqué historiquement par des périodes de «dépaysannisation» et de «repaysannisation». Ces processus cycliques sont causés par l'évolution de la demande de travail des élites agraires, qui exploitent des parties du territoire en réponse à la demande croissante ou décroissante de produits agricoles.[4]

Dès le début des années 1900, des conflits interminables sont nés entre les paysans et les grands propriétaires terriens au sujet de la possession des terres agricoles. D'autre part, les propriétés des petits agriculteurs étaient constamment fragmentées puisque leurs parcelles étaient subdivisées afin d'être transmises aux générations suivantes. C'est pourquoi pendant des années les propriétaires d'exploitations familiales disposaient de moins en moins de terres pour assurer leur subsistance. Ils ont dû transformer la fertilité de leurs agroécosystèmes pour survivre. Les paysans ont progressivement réduit leurs pratiques de cultures sur brulis et de mise en jachère, pour finalement les abandonner, et adopter des stratégies de gestion centrées sur l'intensification agricole.

Au cours d'une étude effectuée sur une période de 70 ans et analysant les transformations de la gestion technique des agroécosystèmes dans la région agreste de la Paraíba, Sabourin (2002) a identifié et décrit le processus d'innovation endogène ancré dans les réseaux sociotechniques d'agriculteurs fondés sur des relations de savoir partagé, de proximité et de réciprocité.[5] C'est ainsi que les paysans produisent et distribuent à la fois leurs produits et leur savoir. En étudiant la société rurale brésilienne, l'auteur a également observé que plus les communautés de paysans et d'agriculteurs se trouvaient fermées, dominées et marginalisées, plus leurs innovations devenaient isolées, discrètes et invisibles.[6] Ces observations révèlent l'importance de l'action collective intégrée localement à la création de vastes réseaux sociaux d'innovation agricole.

Dans les années 1930 et 1940 le gouvernement brésilien a adopté des lois du travail permettant la création de syndicats. Ces lois ont été étendues dans les années 1960 à la création de syndicats de travailleurs ruraux, qui avaient à l'origine une structure corporatiste, sous un étroit contrôle de l'Etat. Au début des années 1990, alors que le syndicalisme rural se trouvait en déclin,

Agriculteur expérimentant la production agro-écologique de pomme de terre. Crédit Photo :Petersen.

les propriétaires d'exploitations familiales de la région agreste de la Paraíba ont formé des mouvements sociaux de résistance et de lutte. En réponse à cela, les syndicats ruraux Solânea, Remigio et Lagao Seca ont relevé le défi de résoudre les principaux problèmes auxquels sont confrontés les agriculteurs de la région. Ils voulaient connecter leurs programmes politiques traditionnels, jusqu'alors influencés par le mouvement d'union nationale, aux réalités et aux intérêts des familles d'agriculteurs sur le territoire.

L'Emergence du *Polo da Borborema* et le Rôle de l'AS-PTA

Cela a eu pour conséquence le développement de l'Union Borborema et du Pôle d'Organisation de l'Agriculture Familiale (aussi appelé plus simplement le *Polo da Borborema*). Le Pôle a émergé en tant qu'acteur collectif au niveau régional dans l'Agreste afin d'aider à relancer et à renforcer les réseaux d'agriculteurs préexistants pour entreprendre une innovation agricole à la fois technique et sociale. Cette nouvelle dynamique a été encouragée par un nouveau partenariat avec l'AS-PTA qui, à travers une approche de développement rural agro-écologique, a commencé à apporter un soutien et une assistance régionale aux organisations de petits paysans en 1993. Pour lancer le travail, l'AS-PTA a soutenu des syndicats à l'aide d'expertises rurales participatives afin de produire du savoir conjointement avec les agriculteurs sur la réalité de l'agriculture familiale dans la région. Les agriculteurs ont aussi expérimenté des innovations techniques, organisationnelles et politiques.

Au cours d'études analysant les agrosystèmes des fermes familiales de la région, l'AS-PTA a identifié trois principes fondamentaux pour ces processus d'innovation. Premièrement, la préservation d'une biodiversité très élevée au sein des agroécosystèmes, où des espèces de plantes locales et exotiques sont associées dans le temps et l'espace et remplissent différentes fonctions. Des pratiques productives sont conçues expressément en vue d'optimiser la performance écologique et économique du système. Deuxièmement, le stockage et la gestion de certaines ressources, comme l'eau, les semences, le fourrage, la nourriture, le capital, etc. Cela permet aux paysans de la région agreste de la Paraíba de faire face à l'offre irrégulière d'eau de pluie disponible pour l'agriculture dans la région. Et finalement, l'intensification productive d'espaces limités. Les agriculteurs créent des aires de productivité biologique élevée, telles que des jardins et des terres domestiques le long des réservoirs. Malgré leur petite taille, l'intensification productive de ces espaces joue un rôle décisif dans la production d'aliments destinés à la consommation personnelle des agriculteurs, à la vente, ou au fourrage.

La Mise en Œuvre à Travers le Partage de Savoir et des Réseaux d'Expérimentation

Encouragés par les expertises participatives des agroécosystèmes, ainsi que par des visites de paysan à paysan à l'intérieur et en dehors du territoire, environ cinq mille familles paysannes ont mis en œuvre des processus innovants sur leur propre terre et avec leur propre communauté. Ces exercices communs de production de connaissances ciblent à la fois des stratégies de production agricole (telles que la diversité des haricots cultivés, les systèmes d'élevage du bétail, les stratégies de gestion des ressources en eau, l'usage de fruits d'origine locale et de plantes médicinales, la gestion productive des jardins domestiques, et l'usage d'intrants biologiques) et des stratégies politiques et méthodologiques (en incluant la participation des familles pauvres dans les réseaux d'innovation et en considérant l'impact des politiques publiques sur la durabilité de l'agriculture familiale régionale dans son ensemble).

Pour les agriculteurs, les échanges et les réseaux d'expérimentation sont devenus d'importants modes de construction de capacités techniques, orga-nisationnelles et politiques. Ce sont dorénavant des *agriculteurs-expérimenta-teurs* : quelqu'un qui fait face à un problème dont il pense connaître la cause, et décide de tester une manière de le résoudre en utilisant des ressources disponibles localement. Ils ont fait partie d'un mouvement d'innovation agro-écologique émergeant au sein de leurs organisations communautaires et de leurs syndicats de paysans.

En l'espace de quelques années, une grande variété de pratiques inno-vantes ont été développées, adaptées et intégrées dans les agroécosystèmes locaux. L'encadré 1 présente les combinaisons de pratiques agricoles tradi-tionnelles ainsi que les techniques innovantes développées et améliorées à travers des réseaux d'expérimentation agro-écologique.

Organisation du Développement Territorial et Politique

Progressivement, des expériences positives dans la gestion de ressources en eau et dans les banques communautaires de semences se sont répandues, attirant l'attention d'autres syndicats et d'autres organisations d'agriculteurs en provenance d'autres municipalités de la région agreste de la Paraíba. Les gens se sont rendu compte que les familles d'agriculteurs étaient plus en me-sure de résister à la sécheresse de 1998-1999 ; cela a encouragé les syndicats de la région du *Polo da Borborema* à partager leurs expériences innovantes en direction de trois nouvelles municipalités.

ENCADRE 1: Relations entre les Principes de Gestion d'Agroécosystème et les Pratiques Innovantes et Traditionnelles

Principes de Gestion	Pratiques	
	Traditionnelles	*Innovantes*
Maintien d'une biodiversité fonctionnelle élevée	• Consortiums et polycultures • Utilisation du fourrage ou des espèces locales • Utilisation des variétés locales • Plantation de haies	• Rétablissement, amélioration et propagation des variétés locales • Evaluation et introduction de nouvelles races et variétés • Reforestation des fermes • Culture en rang • Systèmes d'agroforesterie • Engrais vert • Plantations en courbe de niveau
Constitution et gestion des réserves	• Investissement du capital en cheptel • Carrières d'argile, citernes, réservoirs en pierres, etc. • Stockage domestique de graines • Stockage de résidus de cultures comme source de fourrage	• Banques communautaires de semences • Barrages souterrains • Réservoirs en pierres • Citernes en dalles et citernes en pavés • Pratiques de l'ensilage et de la fenaison
Valorisation d'espaces limités au potentiel de production biologique élevé	• Jardins domestiques • Plantation intensive dans des zones humides à basse altitude	• Jardins domestiques améliorés • Barrages souterrains • Barrières en pierre

Source: Petersen, Silveira y Almeida (2002)[7]

Pour la première fois, le *Polo da Borborema* se présentait non seulement comme un acteur politique représentant ses membres à travers ses rapports avec l'État, mais également comme un espace de coordination fédérant les organisations paysannes familiales pour le développement rural du territoire. Le Pôle a élaboré une stratégie d'action centrée autour de deux piliers: 1) stimulation de l'innovation locale à travers des réseaux d'agriculteurs ; et

2) élaboration de propositions d'action publique adaptées aux caractéristiques socio-écologiques du territoire.

Le Pôle Comme Niche d'Innovation Paysanne

La légitimation et l'intensification de l'innovation agricole associée aux «agriculteurs-expérimentateurs» était essentielle dans le renforcement de la cohésion entre les organisations membres du Pôle. En coordonnant et en donnant une direction stratégique aux réseaux d'agriculteurs-expérimentateurs sur le territoire, le Pôle les a aidés à acquérir de l'indépendance par rapport aux systèmes de savoir institutionnalisés des secteurs privés et de l'État. Ainsi, le Pôle fonctionne en tant que niche stratégique d'innovation paysanne. D'autres certitudes sont venues s'ajouter en 2012-2013, lorsque la hausse de la productivité et de la résilience de l'agriculture familiale – due à des innovations multiples (dont le type de citerne inventé par Nel) – a permis à des familles de l'Agreste de bien mieux faire face à la sécheresse sévère de la dernière moitié du siècle.

Néanmoins, les agriculteurs du Pôle ne cherchent pas à se distancier complètement de la science institutionnalisée. Sous les conseils de l'AS-PTA, le Pôle a coordonné le processus d'expérimentation agricole, mais a également collaboré progressivement avec des institutions académiques. Certains membres ont désigné des projets de recherche basés sur les intérêts des réseaux d'agriculteurs-expérimentateurs : l'eau, les semences locales, l'élevage de bétail, la production en jardin domestique, l'accès au marché, etc. Un exemple lié aux variétés de semences locales est résumé dans l'encadré 2. Les agriculteurs-expérimentateurs accordent une grande valeur à l'apport de savoir généré localement, ainsi qu'aux ressources méthodologiques de la science objective permettant de faire avancer l'innovation locale. Ces partenariats permettent d'autre part de légitimer l'innovation agricole aux yeux de l'État.

Le Pôle en Tant qu'Acteur Politique

L'une des innovations institutionnelles mises en œuvre par le *Polo da Borborema* a été le développement d'un *objectif territorial*. Cela le distingue des programmes politiques passés du mouvement syndical qui étaient souvent déconnectés de la réalité des demandes, des potentiels et des perspectives de leurs membres. Pour développer cet objectif territorial, le Pôle a notamment agi en connectant des réseaux spécifiques d'agriculteurs innovateurs dispersés *horizontalement* à travers le territoire, et les relations *verticales* établies avec différents organes étatiques, grâce aux pressions politiques qui ont influencé les politiques et les programmes de développement rural.

ENCADRE 2: Graines ou Céréales? Une Expérimentation Agricole sur des Variétés de Maïs Locales

Considérées par l'agronomie conventionnelle comme moins productives par rapport aux variétés soi-disant améliorées – qui sont seulement accessibles à travers les marchés ou les programmes publics –, les variétés locales, connues sous le nom de *sementes de paixão* (« *graines de passion* »), n'ont pas encore été officiellement reconnues en tant que semences, mais simplement comme grain de consommation. Afin de prouver le contraire, une équipe de chercheurs de la Société Brésilienne de Recherche Agricole (EMBRAPA) a été invitée à soutenir le réseau d'agriculteurs-expérimentateurs dans la réalisation d'essais menés sur trois ans, permettant de comparer les variétés distribuées par les programmes publics et les « graines de passion ». Les résultats ont démontré explicitement la supériorité agronomique des variétés locales pour la production de grain comme de fourrage. Confortés par les résultats de la recherche, les agriculteurs-expérimentateurs ont déclaré aux fonctionnaires publics qu'ils n'accepteraient plus que les organes gouvernementaux réduisent les « graines de passion » au statut de grain de consommation. Avec pour conséquence pratique que l'offre de graines utilisées par les agriculteurs familiaux devrait être assurée par des réseaux territorialisés, consacrés à l'utilisation, à la gestion et à la conservation de variétés locales, renforçant le rôle des agriculteurs en tant que délégués de l'agro-biodiversité.[8]

Cette innovation institutionnelle et politique s'est avérée être d'une importance fondamentale dans la mobilisation de ressources publiques permettant de soutenir le développement local. Son importance est due au fait que, traditionnellement, les mouvements syndicaux sont assez peu sensibles à l'expérimentation et aux stratégies sociales qui en émanent. Les leaders de ces mouvements ont tendance à se professionnaliser dans leurs postes et sont peu à peu coupés des réalités de la communauté. Le Pôle produit du savoir collectif à l'échelle de la communauté, de la municipalité et du territoire. Les réseaux d'agriculteurs-expérimentateurs continuent de générer des enseignements pratiques qui renouvellent continuellement les propositions politiques du Pôle. Les agriculteurs-expérimentateurs travaillent également en tant qu'activistes en promouvant des politiques publiques favorables.

Il est également possible d'observer ce lien entre les agriculteurs innovateurs et les activistes politiques dans la lutte des mouvements sociaux pour la défense de leur campagne One Million Rural Cisterns. D'autres exemples sont les critiques du Pôle contre les politiques publiques qui distribuent des semences améliorées et transgéniques dans la zone semi-aride, la création de programmes et de campagnes de défense des semences locales, et le soutien des agriculteurs dans leur rôle en tant que délégués de l'agro-biodiversité. De plus, le Pôle a déclaré son opposition au projet du gouvernement fédéral imposant la pulvérisation de pesticides contre de nouveaux parasites qui attaquent les plantations d'agrumes de la région, et a suggéré comme alternative l'expérimentation de produits naturels et non toxiques.[9]

Autonomie et Gestion des Ressources Locales

Le Pôle a également travaillé avec des réseaux d'agriculteurs-expérimentateurs afin de promouvoir la gestion et l'utilisation durable des ressources locales indispensables à l'intensification agro-écologique (par exemple : équipement, travail, savoir, argent, capacité organisationnelle, variétés de semences locales, etc.)

Le renforcement des pratiques sociales fondées sur la réciprocité et la confiance mutuelle est essentiel pour identifier, mobiliser, gérer, améliorer, et protéger les biens communs. Cela permet de renforcer et de soutenir les activités économiques régionales en réduisant drastiquement les coûts des transactions, tout en favorisant la qualité des produits et leur montée en gamme.

Nous observons cela par exemple dans la mobilisation de savoir, de travail, d'épargne, et de crédit utilisés dans la construction des citernes en dalles conçues par Nel. La responsabilité gestionnaire des Fonds de Solidarité Renouvelables est assumée et partagée entre des associations communautaires et des groupes informels. De nouvelles familles en bénéficient à mesure que d'autres remboursent les prêts souscrits pour construire les citernes. Depuis 2003, plus de 1380 citernes ont été construites et financées à travers un système de fonds renouvelables ; 656 d'entre elles étaient des citernes «supplémentaires» qui ont été construites grâce à des ressources financières remboursées par les premières familles participantes, et qui n'auraient pas été construites dans le cas contraire. Cela signifie que le mécanisme des Fonds de Solidarité Renouvelables a permis d'augmenter de 90% le nombre des familles qui ont pu bénéficier du budget initialement attribué au territoire. Si on compte que le travail coopératif réalisé par les membres de la communauté réduit le prix unitaire des citernes d'environ 30%, au total le fonds initialement investi a été multiplié par 172%. Si 1MRC avait été implanté par une entreprise privée, les ressources investies auraient été suffisantes pour la construction de seulement un maximum de 506 citernes, à comparer aux 1380 citernes construites à ce jour.[10]

ENCADRÉ 3: De Nouvelles Dispositions Institutionnelles pour la Gestion des Ressources Locales

- **Equipement :** Des syndicats et des associations de paysans appartenant au Pôle ont organisé la gestion collective de 15 machines d'ensilage mobiles. Certains membres ont établi les règles permettant de partager les machines, en leur permettant de traiter de larges volumes de fourrage provenant d'espèces de plantes différentes cultivées sur les fermes familiales. Cela a encouragé la plantation d'espèces fourragères. Environ 150 familles en bénéficient, avec une production annuelle moyenne de 20 tonnes de fourrage par famille.

- **Biodiversité :** Des paysans ont organisé un réseau de 65 banques communautaires de semences permettant de préserver l'agro-biodiversité et de reproduire des semences, qui sont disponibles pour les semis dès les premières pluies. Les variétés locales de très bonne qualité sont adaptées aux conditions de l'environnement local et aux systèmes de culture, et renforcent l'autonomie des familles et leur sécurité dans la production agricole. Les paysans ont également organisé un réseau de pépinières afin de produire de jeunes plants d'arbres (espèces forestières et fruitières).

- **Travail :** Les processus de mobilisation du travail communautaire sont très répandus dans les régions d'agriculture paysanne. Comme mentionné précédemment, cela a été utilisé dans la construction de citernes afin de capter et d'utiliser l'eau de pluie, en améliorant l'accès décentralisé à l'eau pour les familles ainsi que d'autres tâches liées à la gestion des agroécosystèmes.

- **Épargne et prêts :** Les agriculteurs ont développé 150 Fonds de Solidarité Renouvelables afin d'acheter les équipements et les intrants nécessaires pour intensifier la productivité des agroécosystèmes : infrastructure d'approvisionnement en eau, fours écologiques, coupe-vent à utiliser en jardins, fumier, silos en zinc, petit bétail, etc.

- **Marchés :** Un réseau de 13 foires agro-écologiques établies dans les municipalités de la région, ainsi que des ventes collectives dans des marchés institutionnels, en particulier à travers le Programme d'Achat d'Aliments (PAA) et le Programme National de Repas Scolaires (PNAE), ont permis aux petits paysans de vendre leurs différents produits et d'améliorer leur rentabilité financière.

Mobilisation, Reconnexion, et Amélioration des Ressources «Cachées»

Zé Pequeno, un petit paysan de la région Agreste, a déclaré : « Le rôle de nos regroupements est de découvrir les trésors cachés dans nos municipalités ». C'est bien là l'essence de l'histoire des agriculteurs-innovateurs et des activistes de la zone semi-aride du Brésil, qui sont devenus les principaux acteurs d'un développement rural à grande échelle.

La réussite de ce mouvement régional repose sur la promotion de processus d'innovation paysanne afin d'utiliser les ressources locales préalablement immobilisées, afin de générer de la richesse et de l'autonomie sociales. L'innovation paysanne est conduite et encouragée par des réseaux d'agriculteurs-expérimentateurs, en modifiant les routines de travail préexistantes, en construisant des connexions, et en répondant aux problèmes auxquels sont confrontées les familles et les communautés rurales. Cela permet de créer des connexions horizontales entre les agriculteurs-expérimentateurs sur des échelles géographiques et organisationnelles plus grandes. Ces échelles s'étendent depuis les agrosystèmes – où les fermes familiales sont le lieu central de l'innovation agricole –, jusqu'aux échelles territoriales au sein desquelles les réseaux d'innovation paysanne conduisent à de nouvelles dispositions institutionnelles, afin de construire et de protéger les ressources communautaires. La mutation des paradigmes, troquant la notion gouvernementale de « lutte contre la sécheresse », contre la notion paysanne de « vie en communion avec le climat semi-aride », démontre que les acteurs locaux – dont l'Asa, le *Polo da Borborema*, et l'AS-PTA – peuvent redéfinir leur réalité, augmenter leur capital politique, et aider à construire une nouvelle voie de développement basée sur l'intensification, grâce au travail paysan et aux principes agro-écologiques.

L'histoire des citernes de Nel décrite au début de ce chapitre offre un exemple emblématique du type de défi auquel doivent se confronter les paysans et les organisations de la société civile afin de se reconnecter avec la culture, la nature et l'organisation locale, dans l'objectif du développement rural. Alors que les programmes publics étouffent les organisations locales, l'innovation, et le changement social, les expériences de 1MRC et du Pôle démontrent que le renforcement de l'expérimentation, l'innovation, et l'échange, à travers un processus d'organisation et de développement social établi localement, ouvrent une voie vers le développement rural plus efficace, équitable et durable.

Références

[1] Tout en réduisant le prix unitaire d'une citerne de 16000 litres d'eau de 690 à 240 dollars, la citerne cylindrique inventée par Nel a permis de supprimer les points faibles présents à l'angle des murs des citernes en brique rectangulaires, où les fractures et les fuites étaient fréquentes. Petersen, P.; J.C. Rocha. 2003. Manejo ecológico de recursos hídricos en el semiárido brasileño; lecciones del agreste paraibano. *Leisa: Revista de Agroecologia*. Vol. 19:2, p. 16-18.

[2] IBGE. 2010. Censo Demográfico Brasileiro. Brasília.

[3] Silva, Roberto Marinho Alves da. 2006. Entre o combate à seca e a convivência com o Semi-Árido: transições paradigmáticas e sustentabilidade do desenvolvimento. Brasília – DF [Doctoralthesis – UNB]. http://repositorio.bce.unb.br/bitstream/Roberto/Marinho/Alves/da/Silva.pdf. Accessed January 2014; Galindo, W. (ed.) 2013. Vozes da Convivência com o Semiárido. Recife, Centro Sabiá; Conti, L.I.; E. Pontel. 2013 Transição paradigmática na convivência com o semiárido. In: Conti, L.I.; E.O. Schoroeder, Convivência com o semiárido brasileiro; autonomia e protagonismo social. Brasília, Ed. IABS. p. 21-30.

[4] Silveira, L.; A. Freire; P. Diniz. 2010. Polo da Borborema: ator contemporâneo das lutas camponesas pelo território. Agriculturas. Rio de Janeiro, AS-PTA. v. 7:1, p. 13-19.

[5] Sabourin, E. 2002. Manejo da inovação na agricultura familiar do Agreste da Paraíba; o sistema local de conhecimento. In: Petersen, P.; L. Silveira; E. Sabourin, Agricultura familiar e Agroecologia no Semiárido; avanços a partir do agreste da Paraíba. Rio de Janeiro, AS-PTA. p. 177-199.

[6] Sabourin, E. 2009. Camponeses do Brasil; entre a troca mercantile e a reciprocidade. Porto Alegre, Garamond. (Col. Terra Mater).

[7] Petersen, P.; L.M. Silveira; P. Almeida. 2002. Ecossistemas naturais e agroecossistemas tradicionais no agreste da Paraíba: uma analogia socialmente construída e uma oportunidade para a conversão agroecológica. In: Silveira, L.M.; P. Petersen; E. Sabourin, Agricultura familiar e agroecologia no Semiárido Brasileiro; avanços a partir do agreste da Paraíba. Rio de Janeiro, AS-PTA. p. 13-122.

[8] Petersen, P.; L. Silveira; E. Dias; A. Santos; F. Curado. 2013. Sementes ou grãos; lutas para desconstrução de uma falsa dicotomia. Agriculturas. Rio de Janeiro: AS-PTA. v.10:1.

[9] Ibid, Petersen et al (2013)

[10] Petersen, P.; J.C. Rocha. 2003. Manejo ecológico de recursos hídricos en el semiárido brasileño; lecciones del agreste paraibano. Leisa: revista de agroecologia. Lima, ETC-Andes. p.16-18.

CHAPITRE 2

Honduras : la Constrution d'un Mouvement d'Agroécologie National - Contre Toute Attente

Par Edwin Escoto et Steve Brescia

Résumé: Cette étude de cas décrit le contexte d'évolution d'un mouvement du Honduras qui s'est étendu sur plusieurs décennies, pour créer des systèmes agricoles respectueux de l'environnement, les diffuser à travers les campagnes, et défendre les droits des petits paysans. Elle révèle le travail de Vecinos Honduras, une ONG qui soutient l'agroécologie et le développement pris en charge par la communauté — principalement dans le sud du Honduras qui est exposé à la sécheresse —, et du large réseau auquel elle appartient, l'Association Nationale pour la Promotion d'une Agriculture Ecologique (ANAFAE).

Les Graines d'un Mouvement

Le Hondurien Don Elias Sanchez a déclaré un jour : «Si l'esprit d'un *campesino* (paysan) est un désert, sa ferme ressemblera à un désert». Considéré comme l'un des pionniers du mouvement d'agroécologie quadragénaire au Honduras, Don Elias a cherché à développer l'agriculture en commençant par s'intéresser non pas aux fermes, mais aux personnes. Il était convaincu que si l'on cultivait la créativité innée et la motivation des agriculteurs (ce qu'il appelle «la ferme humaine») cela permettrait de transformer leurs fermes, leurs vies, et leurs communautés.

Don Elias a commencé à travailler en tant qu'éducateur, et a rejoint le Ministère des Ressources Naturelles en 1974 afin de diriger la formation des agents de développement agricole. Il a été contrarié par le fait que, alors que la plupart des Honduriens vivaient dans la pauvreté dans des fermes accrochées à des montagnes escarpées, leur dure réalité était totalement ignorée par les professionnels de l'agriculture. Au lieu de cela, les agents de vulgarisation faisaient la promotion de paquets technologiques inadaptés issus de l'agriculture conventionnelle (semences hybrides, engrais, et pesticides). Il a tenté de leur présenter des modes de penser alternatifs et de les exposer aux réalités de la vie rurale à travers des visites de terrain. «Le transfert de technologie est un concept offensif, pensait-il, il faut transformer les gens».[1]

En 1980, Don Elias a quitté le Ministère afin de tenter une approche différente, en développant sa Granja *Loma Linda*, et en enseignant l'agriculture dans la banlieue de la capitale Tegucipalga. Il a transformé une terre de mauvaise qualité, inclinée en pente raide et traversée par un ravin, en une ferme productive, diversifiée, et disposée en terrasses. C'est devenu un espace d'innovation constante au travers des ressources locales, qui a attiré l'attention de plusieurs centaines de *campesinos* et d'organisations non-gouvernementales (ONG) pour ses enseignements pratiques de développement personnel et de production agro-écologique. Autour de la même période, Don Elias a travaillé en collaboration avec l'ONG World Neighbors afin d'importer dans des programmes honduriens les méthodologies de *paysan à paysan* en matière d'expérimentation et de méthodologie d'extension,

L'apprentissage de l'agroécologie de paysan à paysan se poursuit de nos jours.
Crédit Photo: Alejandra Arce Indacochea

développées avec succès au cours des décennies précédentes au Guatemala. De 1980 jusqu'à sa mort en 2000, on estime que Don Elias a permis d'aider 30 000 paysans des coteaux à passer d'une agriculture sur brûlis à des approches plus agro-écologiques, qui se sont montrées productives et leur ont apporté de bons moyens d'existence.[2]

Puis, en Octobre 1998, l'ouragan Mitch a ravagé une grande partie de l'Amérique Centrale, provoquant des glissements de terrain et des grandes pertes de sol et de terres agricoles. Touchant 6,4 millions de personnes, ce désastre naturel a été le pire des deux cents dernières années pour la région. A la *Granja Loma Linda*, un glissement de terrain a dévalé jusqu'au centre du ravin et a enseveli le centre de formation et la maison de Don Elias, même si certaines de ses parcelles en terrasse ont survécu. «Mitch est une leçon que, j'espère, nous n'oublierons jamais», a déclaré Don Elias à l'époque. Morale de cette histoire : même une ferme modèle ne peut être protégée si les paysans ne pratiquent pas la préservation des sols en amont. Il est nécessaire d'amplifier l'agroécologie en en faisant bien plus qu'une pratique appliquée par des agriculteurs isolés, pour la transformer en une approche adoptée en amont et en aval. Don Elias est mort en 2000 alors que la reconstruction de son centre de formation était sur le point d'arriver à son terme, mais son rêve subsiste.

L'Agriculture au Honduras

L'agriculture sur coteaux, la pauvreté, et la marginalisation politique ont été longtemps liées en Amérique Centrale. Comme dans toute l'Amérique Latine, lorsque les colonisateurs espagnols sont arrivés au Honduras, ils se sont emparés des meilleures terres agricoles dans les vallées, ont forcé les peuples indigènes à les travailler, et les ont relégués sur les pentes pour produire leurs propres aliments. Ce fut le début d'une longue histoire douloureuse d'exploitation et d'oppression politique.

Dans les années 1960, «la Révolution Verte» est arrivée en Amérique Centrale. Elle a contribué à la création de systèmes dédiés aux petits producteurs de la région, combinant à la fois la culture itinérante traditionnelle (culture sur brûlis), et l'usage d'intrants chimiques modernes, de pesticides, d'herbicides et de semences hybrides. Etant donné que la terre est devenue plus rare et les périodes de jachère plus courtes, les paysans ont extrait les nutriments du sol, aggravant ainsi l'érosion des sols, la dépendance aux intrants chimiques, et la baisse régulières des rendements.

Dans les années 1970, les conditions de pauvreté et de marginalisation ont conduit les organisations paysannes à réclamer une réforme agraire, avec un succès mitigé.[4] A l'origine leur objectif premier était d'obtenir l'accès à la terre, ainsi qu'aux intrants agricoles. Puis leur intérêt s'est tourné vers les alternatives agro-écologiques à l'agriculture conventionnelle.

Dans les années 1980, les politiques néolibérales menées au Honduras et partout en Amérique Latine ont favorisé la «modernisation» du secteur agricole. Des Programmes d'Ajustement Structurels (PAS), exigés par le FMI, la Banque Mondiale, et les États-Unis, ont affaibli le rôle de l'État, réduit le budget dédié au développement agricole, dérégulé le commerce et l'investissement international, et encouragé la privatisation et l'investissement dans les entreprises. Le soutien aux réformes agraires a décliné. Le modèle agricole à l'honneur reposait sur la promotion de monocultures intensives dédiées à l'exportation. En général, les paysans propriétaires de petites exploitations familiales n'étaient pas considérés comme étant économiquement viables, à cause des théories néolibérales qui soutenaient que la croissance du Produit Intérieur Brut ruissellerait, créant ainsi plus de travail pour eux dans d'autres secteurs. Cela ne s'est pas réalisé.

Après l'Ouragan Mitch, nombreux sont ceux qui espérèrent que les preuves claires de la vulnérabilité de l'agriculture conventionnelle, par opposition à la résilience supérieure du mode de production agro-écologique, amèneraient un changement dans les priorités et les politiques nationales, et à un soutien accru.[5] Au lieu de cela, les politiques et les investissements néolibéraux se sont renforcés. Par exemple, en 2001, le Plan Puebla Panama a été lancé en tant qu'initiative Méso-Américaine afin de promouvoir des infrastructures, telles que les autoroutes, les ports et les télécommunications, et en particulier pour l'agriculture d'exportation et le tourisme. Cela s'est poursuivi en 2005 avec l'application de l'Accord de Libre Echange de l'Amérique Centrale (CAFTA), qui prolongeait le modèle de l'Accord de Libre Echange d'Amérique du Nord (NAFTA, 1994) entre les États-Unis, le Canada, et le Mexique.

En 2009, un coup d'état militaire a affaibli l'Etat de droit au Honduras et y a renforcé la violence et l'impunité.[6] La violence des gangs, le trafic de drogue, le crime ordinaire, ainsi que la persécution politique, ont fait du Honduras en 2012 le pays atteignant le plus haut taux d'homicides au monde. Dans ce contexte, le gouvernement hondurien a confirmé la précédente trajectoire de politique néolibérale : en accordant aux entreprises minières et hydroélectriques internationales de larges concessions qui leur permettent de déposséder de leurs terres les communautés rurales ; en édictant des lois pour privatiser la propriété des semences et introduire les OGM ; en promulguant les Zones pour l'Emploi et le Développement Economique (ZEDE), qui sont essentiellement des enclaves de libre échange à l'intérieur du pays, avec leurs propres lois et leur propre gouvernance.

De façon prévisible, les intérêts de l'élite économique sont prédominants dans la formation de politiques nationales, tandis que les petits paysans et leurs intérêts sont totalement ignorés. Les petits paysans qui cherchent à promouvoir l'agroécologie ou à protéger leur terre et leur territoire n'ont pas de voix sur le plan politique. Ces dernières années, des douzaines de dirigeants *campesinos* impliqués dans la lutte pour la terre ont été tués. Figurait tragiquement parmi eux, la militante des droits de l'homme indigène et environnementaliste Berta Caceres — la coordinatrice générale du Conseil National des Organisations Populaires et Indigènes du Honduras (COPINH, *Consejo Cívico de Organizaciones Populares e Indígenas de Honduras*), tué par balle le 3 Mars 2016.

Cette situation perpétue les conditions d'extrême pauvreté et le déclin social des populations du Honduras. En 2013, 64,4% des honduriens vivaient dans la pauvreté (avec 2 US \$/jour), dont 36% vivaient dans l'extrême pauvreté (avec 1,25 US \$/jour). Dans les régions rurales, le taux de pauvreté extrême est de 50%. Ces chiffres n'ont pratiquement pas changé depuis 2004. Les inégalités de salaires sont très aiguës, et pires qu'au Salvador, au Guatemala, ou au Mexique. En 2015, la malnutrition chronique a affecté 23% des enfants de moins de cinq ans, et 48% dans les zones rurales vulnérables. Parallèlement, l'obésité liée à une alimentation non équilibrée est un problème croissant, avec 46% des Honduriens de plus de 15 ans considérés en surpoids ou obèses en 2008. Dans l'espoir de survie, l'émigration vers les Etats-Unis est montée en flèche depuis 2000, et les transferts d'argent des expatriés ont représenté en 2012 jusqu'à 15,7% du PIB hondurien de 3 milliards de dollars.[11]

EN REPONSE : Un Mouvement en Faveur de l'Agroécologie

Croissance et Résilience

Dans ce contexte de tension extrême, le mouvement en faveur de l'agroécologie s'est déclenché avec Don Elias Sanchez et de nombreux autres leaders qui ont continué à chercher des voies pour le faire évoluer et prospérer. Les agriculteurs et les dirigeants de la société civile qui ont témoigné des contributions économique, sociale, culturelle et environnementale de l'agroécologie ont cherché à étendre son grand potentiel afin d'apporter un avenir meilleur à leur pays. Depuis la fin des années 1970, de nombreuses organisations paysannes et ONG ont soutenu les approches de paysan à paysan, favorisant la participation et le leadership des paysans dans toutes les activités de recherche et de diffusion. Les principales techniques agricoles durables comprenaient la préservation des sols, la culture en rang, la gestion des résidus de culture, les cultures de couverture, l'agroforesterie, la culture associée, et l'usage d'engrais biologiques. Au moment de l'Ouragan Mitch à la fin des années 1990, on estime que 10 000 paysans et promoteurs de l'agriculture utilisaient des approches agro-écologiques sur leurs fermes partout en Amérique Centrale. Toutefois, cela ne représentait qu'une fraction des plus de quatre millions d'agriculteurs alors actifs sur les coteaux de la région.[12,13]

Après l'Ouragan Mitch, une étude a été menée afin de mesurer la résistance et la résilience de l'agriculture durable face aux désastres naturels, par rapport aux pratiques conventionnelles.[14] Quarante organisations internationales et locales, qui travaillaient en étroite collaboration avec des communautés d'agriculteurs au Honduras, au Nicaragua, et au Guatemala, étaient impliquées. Elles ont formé 96 équipes de recherche locales qui ont comparé côte-à-côte 902 parcelles agro-écologiques au même nombre de parcelles conventionnelles.

Les résultats principaux de cette étude ont été :

1. Les parcelles cultivées agro-écologiquement ont affiché de meilleurs résultats que les parcelles cultivées conventionnellement, en ce qui concerne les indicateurs clés de l'agriculture écologique.
2. Les parcelles agro-écologiques avaient 28 à 38% de couche arable en plus (38% au Honduras).
3. La terre des parcelles agro-écologiques était 3 à 15% plus humide (3% au Honduras).
4. L'érosion de surface était 2 à 3 fois plus importante sur les parcelles conventionnelles. Les parcelles agro-écologique étaient 58% moins abîmées au Honduras, 70% au Nicaragua, et 99% au Guatemala.
5. Certains indicateurs variaient de manière significative selon les pays. Les glissements de terrain étaient 2 à 3 fois plus sévères dans les fermes conventionnelles que dans les fermes agro-écologiques au Honduras et au Guatemala, mais pires dans les fermes agro-écologiques du Nicaragua.
6. Lorsque les dégâts concernent des pentes ou des bassins versants non-protégés en amont, il se peut que les méthodes agro-écologiques ne soient pas plus résilientes. Il est nécessaire de travailler au niveau d'un bassin versant plus large ou au niveau de tout un coteau.

7. Il se peut que certaines terres, telles que les pentes escarpées et boisées, ne soient tout simplement pas adaptées à l'agriculture, et on devrait donner aux agriculteurs l'accès à des terres meilleures et plus appropriées. Au Honduras, environ 15% de la terre seulement sont considérés appropriés à l'agriculture, une grande partie du reste étant plus adaptée à la sylviculture.[15]

Des Stratégies Ascendantes, l'Indifférence du Gouvernement, et de l'Opposition

Malgré ces preuves claires de l'efficacité de l'agroécologie appliquée à des fermes familiales, suite à l'Ouragan Mitch le gouvernement hondurien n'a pas augmenté son soutien, ou réduit ses politiques peu favorables. Toutefois, des organisations et des ONG d'agriculteurs honduriens, ainsi que des ONG internationales, ont poursuivi plusieurs démarches afin de diffuser la production agro-écologique et de créer un mouvement plus large. Leurs principales stratégies ont été :

Les Fermes Pédagogiques : Le travail de Don Elias Sanchez et d'autres ONG a contribué à la prolifération de fermes modèles, qui ont fonctionné en tant que Centres d'Enseignement de l'Agriculture Durable (CEAS, *Centros de Enseñanza de Agricultura Sostenible*). Des agriculteurs *campesino* exerçant l'agroécologie partout dans le pays transforment leurs fermes en centres d'enseignement et d'apprentissage à destination d'autres personnes intéressées par l'agroécologie. Un groupe de 30 fermes a formé le Réseau CEAS (RED-CEAS) afin d'aider à promouvoir ce modèle et à partager des enseignements.[16]

Réseaux et Plaidoyer : en 1995, de nombreuses organisations se sont réunies pour former l'Association Nationale pour la Promotion de l'Agriculture Ecologique (ANAFAE, *Asociación Nacional de Fomento de la Agricultura Ecológica*). Le réseau est actuellement composé de 32 organisations d'agriculteurs, d'ONG, et d'écoles secondaires. Ces organisations travaillent avec environ 20 000 familles paysannes partout dans le pays afin de soutenir la production agro-écologique.

L'ANAFAE promeut le partage et la gestion du savoir en vue de propager l'agroécologie parmi ses membres et d'autres partenaires à travers des échanges, des conférences, des ateliers, et des initiatives communes de recherche. Elle a aussi un rôle d'espace politique permettant d'articuler des positions et d'influencer les autorités nationales sur des sujets ayant trait à l'agriculture, la protection de la biodiversité et des semences, et la souveraineté alimentaire. Par exemple, lors des campagnes présidentielles, il est fréquent que les candidats s'engagent dans des initiatives permettant de créer un million d'emplois, qui ne sont jamais créés par la suite. Lors des dernières campagnes, l'ANAFAE a diffusé des résultats d'études démontrant qu'un fort soutien dans la diffusion de l'agroécologie pourrait facilement générer un million d'emplois dans le pays sur une période de quatre ans. Dans le pire des scénarios envisageables, cela pourrait garantir aux familles une alimentation durable.[17] Au niveau municipal, l'ANAFAE et ses membres ont soutenu l'élaboration de politiques publiques afin de promouvoir l'agroécologie ainsi que des réglementations municipales permettant de protéger les ressources naturelles. L'ANAFAE a aussi analysé et proposé des modifications du Droit Minier national à la commission du Congrès national, et notamment au sujet des concessions foncières attribuées aux entreprises minières dans plusieurs communautés rurales.[18]

Organisations Paysannes : Comme mentionné précédemment, le Honduras possède une longue histoire d'organisations et de coalitions *campesino*, telles que la CNTC (Union Nationale des Travailleurs Ruraux/*Central Nacional de Trabajadores del Campo*) et le COCOCH (Conseil Coordinateur des Organisations Paysannes de Honduras /*Consejo Coordinador de Organizaciones Campesinas de Honduras*) qui sont engagées dans les combats pour les réformes agraires et les droits territoriaux depuis les années 1970. Rafael Alegria, un des leaders de ces organisations, était également l'un des premiers dirigeants de *Vía Campesina*, un mouvement paysan international, et est devenu son Coordinateur Général entre 1996 et 2004. En 1996 *Vía Campesina* a élaboré le concept de «souveraineté alimentaire» au niveau global, et a progressivement promu l'agroécologie comme l'un de ses éléments centraux. Etant donné le contexte du Honduras, le combat essentiel reste lié à l'accès à la terre et à la défense du territoire contre la diffusion des mines et des barrages hydroélectriques, face à l'intimidation généralisée et à l'assassinat de dizaines de leaders agriculteurs dans des régions telles que la Vallée de l'Aguan et parmi les communautés de Lenca dans les départements de Santa Barbara et de Intibuca.[i,19]

Programmes Communautaires : de nombreuses ONG soutiennent des efforts communautaires afin de renforcer et de diffuser l'agroécologie. *Vecinos Honduras* en fait partie, et fait également partie des 32 organisations membres de l'ANAFAE.

---

[i] Dans le contexte du conflit agraire à Aguán, on a enregistré la mort d'au moins 53 leaders paysans entre Septembre 2009 et Aout 2012.

Le rôle de Vecinos Honduras dans le Soutien de l'Agroécologie Communautaire

Des leaders et des professionnels de l'agriculture, engagés dans le mouvement d'agroécologie au Honduras depuis longtemps, ont fondé *Vecinos Honduras* en 2009. L'organisation s'est développée sans relation avec le travail préalable de World Neighbors, lorsque des programmes ont été fermés dans le pays.

La stratégie principale du programme de *Vecinos* est de renforcer la capacité des organisations communautaires afin de mener des processus de développement local pour permettre aux gens d'améliorer leur propre vie. Si les programmes mettent l'accent sur l'agriculture durable et la souveraineté alimentaire, ils portent aussi un intérêt à d'autres sujets : santé communautaire, participation citoyenne, genre, jeunesse, régénération environnementale, résilience face au changement climatique, et gestion du risque.

Edwin Escoto, de *Vecinos*, a décrit l'organisation comme suit :

«Nous commençons les programmes à travers le dialogue avec les communautés qui demandent habituellement notre soutien. Puis nous menons des processus de planification participative tous ensemble, pour pouvoir comprendre collectivement leur réalité, identifier les priorités, et développer les premiers plans d'action. En se fondant sur les difficultés prioritaires identifiées par les paysans, nous aidons ensuite les paysans à mener des expériences, en les accompagnant. Les premiers à intervenir dans le programme sont souvent des paysans expérimentés et performants dans leur domaine, pratiquant l'agroécologie dans d'autres communautés. Des paysans locaux testent quelques pratiques agro-écologiques, telles que l'amélioration de la préservation des sols, l'utilisation de cultures de couverture et d'engrais vert, et la diversification des cultures, afin d'améliorer leurs stratégies agricoles. L'essentiel est que les paysans eux-mêmes observent des résultats, et idéalement identifient les résultats et les bénéfices reconnaissables. Après un an, alors qu'ils continuent d'apprendre et d'innover, les organisations communautaires sélectionnent des paysans motivés en tant que promoteurs et enseignants pour qu'ils transmettent leurs connaissances à d'autres, de paysan à paysan. Ils organisent des déplacements sur le terrain, consistant à visiter des fermes agro-écologiques productives et à échanger des connaissances entre communautés, sans négliger d'apporter eux-mêmes des conseils et du suivi à d'autres paysans intéressés par les bénéfices qu'offrent les approches plus agro-écologiques.»[21]

Témoignages d'Agriculteurs

Olvin Omar Mendoza Colindres [20] *a 35 ans et vit avec sa femme Nancy Elizabeth Aguierre Lopez, et leurs deux enfants (de 11 et 5 ans) à Los Claveles #1, Azabache, Danlí, El Paraíso. À 1200 mètres au-dessus du niveau de la mer, cette région soumise à un climat pluvieux avec des températures qui varient de 15 à 32 degrés, est propice à la culture du café et à d'autres plantations. Olvin, Nancy, et leur famille ont participé au programme de Michael Newman Danli de Vecinos Honduras.*

«Mon rêve est d'avoir une vie saine et prospère. Nos difficultés ont toujours été de produire assez d'aliments pour notre famille dans l'année, et de générer plus de revenus, malgré les prix faibles que les intermédiaires nous paient pour le maïs, les haricots, et le café.

«J'ai la sensation d'apprendre plein de nouvelles choses en participant aux activités du programme. Je travaille essentiellement sur mes plantations de café, tout en continuant à les diversifier. Avant j'utilisais des produits chimiques, mais je suis passé aux produits naturels, ce qui me permet aussi de produire moins cher. Maintenant je fais du lombricompostage dont j'applique le produit sur mes plantations de café. Nous avons beaucoup diversifié : en plus de café, nous avons maintenant des bananes plantains, des bananes, des avocatiers, des roucous, des papayers, des cédras, des pruniers, des guamas, des piments, des tomatillos, des tomates, des petits pois, de l'épazote, du céleri, des haricots, et du maïs. Je me sens heureux et béni par Dieu. J'applique aussi d'autres intrants biologiques que nous fabriquons nous-même. Nous avons également réduit nos risques d'être empoisonnés par les pesticides ; il y a deux ans j'ai été intoxiqué par le Pirineta, que l'on utilisait pour contrôler les charançons dans nos haricots.

«Ces deux dernières années, j'ai pu produire assez de maïs et de haricots pour nous assurer de quoi manger pendant l'année. Nous avons aussi tiré quelques revenus supplémentaires de la vente de produits agro-écologiques, ce qui nous a permis de nous libérer de la dette que nous avions contractée à cause de notre production agricole. Nous avons pu améliorer la structure physique de notre maison. Il nous reste toujours à trouver des alternatives à la vente aux intermédiaires qui continuent de nous acheter à des prix faibles.

«Ce programme m'a permis de participer à des processus d'expérimentation sur ma propre ferme. Je suis devenu un dirigeant agricole. D'autres paysans me contactent pour que je partage avec eux mon savoir sur les plantations de café. J'ai déjà transmis mes connaissances à 14 autres paysans de la région. Ma femme aussi a participé aux activités agricoles, ainsi qu'à des ateliers pour l'amélioration des relations familiales. Maintenant elle enseigne à un groupe de femmes de la communauté ce qu'elle a appris sur le genre et sur l'accompagnement des jeunes, et elle a même un rôle de promotrice dans le partage de son savoir avec d'autres communautés.

«Mes plantations de café sont plus saines. Mon sol a plus de matière organique et retient l'eau plus facilement. Nous possédons une plus grande diversité de plantes maintenant. Il y a trois ans, dans un quart de *mananza* (d'environ 4 acres), je récoltais seulement 12 *quintales* (2.645 livres). L'année dernière, après avoir respecté des pratiques agro-écologiques pendant deux ans, j'ai récolté 16 *quintales* (3.527 livres, une augmentation de 33%). J'espère en faire autant cette année. Auparavant, beaucoup de gens de notre communauté disaient que ces formations étaient une perte de temps, mais maintenant la plupart d'entre eux appliquent ces techniques. Actuellement nous avons créé une organisation de producteurs et nous avons le projet de commencer à vendre nos récoltes ensemble, collectivement. Nous pensons que c'est la seule manière d'améliorer nos conditions de vie.»

Olvin Mendoza, en train de contrôler ses pièges à insectes sur ses plantations de café agro-écologiques
Photo: Edwin Escoto.

Une femme et sa récolte de mil au sud de Honduras. Crédit photo : Christophe Sacco.

Les organisations communautaires, telles que l'Association d'Agriculteurs Expérimentateurs de San Antonio de Las Guarumas, sont renforcées afin de coordonner le travail privilégié, lié à l'agriculture, la santé et d'autres problématiques. *Vecinos Honduras* travaille avec des membres de communautés afin de former un nombre suffisant de paysans qui expérimentent et adoptent des pratiques agro-écologiques. On suppose que ce nombre important de paysans, engagé dans des organisations locales compétentes, peut créer un effet multiplicateur qui permettra de répandre davantage les pratiques agro-écologiques dans les familles et les communautés. Les organisations communautaires sont liées à des réseaux et des mouvements plus larges, tels que l'ANAFAE, afin d'aborder les causes profondes de la pauvreté et de la dégradation environnementale et de créer des politiques plus favorables.

Outre l'amélioration durable de la production agricole — mettant l'accent sur les céréales de base et la diversification en vue de mieux s'alimenter — les autres activités qui motivent habituellement les membres des communautés sont les suivantes : les groupes d'épargne et de crédit ; l'amélioration des infrastructure essentielles de la communauté et des ménages comme les installations sanitaires, d'hygiène et de santé (latrines, purification de l'eau, fours de cuisine améliorés, gestion des déchets, etc.) ; les banques de semences locales ; les formations au leadership pour les femmes, les hommes et les jeunes. «A *Vecinos* nous accordons de l'importance au travail en communauté pour mieux connecter les agriculteurs aux marchés locaux», a déclaré Escoto. Il a ajouté :

> «Par exemple, en utilisant la radio communautaire et d'autres outils de communication populaires, qui permettent une meilleure compréhension du paysan agro-écologique, et l'importance de manger les aliments locaux et traditionnels produits par les paysans. Nous pensons qu'il existe une opportunité importante pour les jeunes, qui pour la plupart ne se voient pas d'avenir solide au sein de leur communauté. Nous faisons aussi face à une crise de sécheresse insoutenable dans le sud de Honduras. Pour l'affronter, nous accordons une attention particulière à la récolte et à la gestion de l'eau dans la pratique de l'agroécologie. Nous faisons partie d'un réseau d'apprentissage avec six autres ONG et groupes de paysans de la région, qui mettent en commun enseignements et méthodes permettant de faire face à la sécheresse».[22]

Des Résultats au Sud de Honduras

Bien que marginalisée, l'agriculture de famille reste fondamentale pour l'économie et la sécurité alimentaire du Honduras. Environ 50% de la population du Honduras — 8 millions d'habitants — continue de vivre dans des zones rurales. Peu d'Honduriens se rendent compte que les exploitations agricoles familiales produisent encore 76% des aliments consommés dans le pays, dont les cultures vivrières de maïs et de haricots. Au total, le secteur agricole emploie 37% de la population active, et génère 14,3% du produit intérieur brut (PIB).[23]

Quelques Résultats Issus des Programmes de Vecinos Honduras

Bien que les programmes de *Vecinos Honduras* soient encore récents, ils permettent aux gens d'améliorer leurs vies durablement. À la fin de l'année 2015, Vecinos Honduras poursuivait six programmes concernant 65 communautés — avec plus de 1400 familles engagées (environ 7500 personnes) —, dans le but d'améliorer leur bien-être. Plus de 880 paysans (dont 42% de femmes) ont été spécifiquement impliqués dans l'expérimentation agricole et dans l'apprentissage de paysan à paysan, et ont adopté des pratiques agro-écologiques améliorées. Ces paysans sont en train de régénérer 980 hectares (2,421 acres) de terres dégradées. Dans un contexte de sécheresse chronique, atteindre la sécurité alimentaire à travers l'augmentation de la production des ménages est un objectif de long terme. Les premières évaluations montrent que 20% des familles impliquées ont atteint la sécurité alimentaire grâce à leur propre production agricole (avec assez de nourriture pour l'année), tandis que 40% d'entre elles produisent assez d'aliments pour 8 mois ; et les 40% restants produisent seulement assez pour trois mois.

> «Nous avons vu des preuves de l'amélioration des relations hommes-femmes et de l'autonomisation des jeunes également», dit Escoto. «Cela implique une réduction de la violence conjugale, une augmentation du partage des tâches domestiques entre l'homme et la femme, et une augmentation du leadership féminin. Par exemple, 58% des membres des organisations communautaires spécialisées dans les activités économiques sont des femmes et des jeunes, qui occupent 41% des positions de leadership. Toutefois, on observe que les femmes ne détiennent toujours que 30% des postes supérieurs de direction au niveau de la communauté. Donc il reste encore du travail à faire.»[24]

Recherche Participative Réalisée par l'ANAFAE

En 2013, l'ANAFAE a travaillé en collaboration avec Vecinos Honduras ainsi qu'avec d'autres membres du réseau actif dans le corridor méridional de Honduras — qui est sujet à la sécheresse — afin d'étudier l'impact de la production agro-écologique familiale dans la région.[25] L'étude a confirmé l'importance majeure de l'agriculture paysanne pour les gens de la région, ainsi que les résultats supérieurs des méthodes de production agro-écologique.

Au moins 80% des aliments consommés chaque semaine par les familles rurales ou semi-urbaines de la région sont produits sur leur ferme. Plus de 50% du salaire mensuel moyen de ces familles rurales, soit environ 275 US $, provient également de leur production agricole. L'étude a démontré que les producteurs agro-écologiques sont plus aptes à répondre aux besoins alimentaires des familles et à résister aux pénuries alimentaires, que les agriculteurs conventionnels ou les familles urbaines à faible revenu. Selon les familles rurales interrogées, les fermes agro-écologiques produisent des réserves alimentaires de plus en plus variées, et d'avantage que sur les fermes conventionnelles. En termes de création d'emploi au niveau national, comme mentionné précédemment, l'ANAFAE a déterminé que

Témoignage d'Agriculteur

Juan Ángel Gutiérrez[27] a 38 ans et sa femme Alba Luz en a 36. Ils ont six enfants, âgés de 18, 16, 14, 8, 2 ans, et 2 mois. Ils vivent dans la communauté de Caserío del Mal Paso, à San Antonio de las Guarumas, dans la Vallée de Nacaome, au Honduras. La région se trouve dans le corridor sec du sud du Honduras, caractérisé par des sécheresses fréquentes. Sa communauté se trouve à 70 mètres au-dessus du niveau de la mer, avec huit mois de saison sèche et des températures qui varient entre 28 et 42 degrés. Juan, Alba Luz, et leur famille participent au programme de Las Guarumas de Vecinos Honduras.

«Je suis né et j'ai grandi ici, à Caserío del Mal Paso. Je cultive du maïs et du sorgho à l'aide de techniques conventionnelles depuis mon plus jeune âge. J'ai arrêté ces pratiques car j'ai réalisé les impacts négatifs qu'elles avaient sur l'environnement et sur ma famille. Ma famille a changé depuis que nous sommes entrés dans ce fonctionnement, même si je ne l'ai adopté que depuis deux ans. Nous impliquons toute la famille dans les activités agricoles et nous utilisons des techniques agro-écologiques qui ont de grands bénéfices pour notre famille et la communauté. Maintenant nous avons plus de nourriture qu'avant. Mais je suis aussi plus occupé qu'avant, puisqu'avant je ne cultivais que du maïs et du sorgho, et je passais la plus grande partie de mon temps à jouer au billard. Maintenant nous cultivons aussi des haricots, du concombre, du manioc, des patates douces, et de la courge destinés à la consommation domestique. Je suis en train de réfléchir à intégrer des arbres fruitiers à nos fermes pour le plus long terme. J'ai beaucoup appris sur le compostage organique que j'utilise maintenant, et j'ai appris à savoir quelle culture donne les meilleurs résultats en situation de sécheresse. Nous avons vu beaucoup de changements positifs. Nous avons un jardin familial qui produit des aliments, un poêle à bois amélioré, et des latrines.

«Nous faisons face à un grand défi : nous manquons d'eau pour boire, réaliser nos tâches domestiques, et irriguer nos cultures. Nous avons eu beaucoup de difficulté à produire assez d'aliments pour notre famille. Nous nous sommes construit un réservoir à partir de matériaux recyclés afin de collecter l'eau de pluie. Et maintenant nous traitons et nous gérons plus facilement cette eau rationnée. Mais nous faisons partie de l'organisation communautaire afin de mieux connaître les opportunités en matière d'agroécologie et de santé.

«La communication et les relations entre les membres de ma famille se sont aussi améliorées. Je pense que l'unité de notre famille est ce qui me rend le plus fier. Maintenant il y a plus de communication et de respect. Nos enfants font partie des groupes de jeunesse. Nous avons diversifié notre production, et nous collectons plus d'eau, que nous utilisons mieux. Avant, nos enfants souffraient constamment d'infections respiratoires. Maintenant nous avons une meilleure santé et nous tombons rarement malades».

si le gouvernement soutenait sérieusement la production agro-écologique, cela pourrait générer l'équivalent d'un million d'emplois dans le pays, sur une période de quatre ans.[26]

Les banques et réserves de semences communautaires sont des mécanismes efficaces mis au point par les communautés rurales afin de faciliter l'accès à l'alimentation face aux conditions récurrentes de sécheresse et de pénurie alimentaire. Les familles propriétaires de fermes agro-écologiques bénéficient généralement d'une meilleure santé puisqu'elles sont moins exposées aux produits chimiques à travers leur alimentation et ont une alimentation plus saine et plus équilibrée, avec une consommation importante de fruits et légumes. Les participants de cette étude ont aussi remarqué que l'agroécologie est mieux pratiquée lorsqu'il s'agit d'un projet familial. Elle nécessite de la collaboration, et peut contribuer à l'amélioration des relations homme-femme ainsi qu'aux relations de famille s'il elle est accompagnée d'une réflexion complémentaire et de stratégies éducatives. La production agro-écologique a renforcé l'intérêt que les jeunes portent à leur ferme. Contrairement à ce qui a lieu dans les familles d'agriculteurs conventionnels, nombre de ces jeunes voient un intérêt à l'héritage et à la gestion des fermes familiales.

Une découverte intéressante a été de constater que les familles d'agriculteurs produisant agro-écologiquement atteignaient un meilleur niveau d'éducation en moyenne, lorsqu'on les compare aux familles conventionnelles de leur communauté, en raison de leur plus grande motivation et de leur meilleure estimation des opportunités de développement personnel.

Enfin, l'étude réalisée par l'ANAFAE a démontré que, en réponse à la série de lois adoptées en faveur des industries extractives, un mouvement social grandissant a émergé afin de protéger les droits fonciers et territoriaux des communautés et des familles. Les producteurs agro-écologiques s'unissent à d'autres acteurs sociaux afin de défendre leurs droits territoriaux.

Leçons Essentielles

Le mouvement pour diffuser l'agroécologie et contribuer à la souveraineté alimentaire s'est développé au Honduras pendant 40 ans dans des circonstances particulièrement difficiles. Pourtant, de nombreux paysans pratiquent l'agroécologie, et de multiples organisations d'agriculteurs et ONG — aussi bien des ONG internationales — soutiennent ce mouvement. Alors que les preuves documentées démontrent la résilience de l'agroécologie et ses bénéfices pour les personnes qui la pratiquent, ses qualités et son potentiel exacts sont sous-estimés par la société et négligés ou sapés par le gouvernement. De la même façon qu'en 1998 l'Ouragan Mitch a fait la preuve du potentiel et des limites de l'agroécologie, la vague de politiques néolibérales depuis les années 1980, et l'affaiblissement de l'état de droit depuis le coup d'état de 2009, ont rendu les Honduriens plus vulnérables. Un soutien généralisé en faveur de l'adoption de l'agroécologie pourrait renforcer la résilience face au changement climatique, à la sécheresse, et aux désastres ; améliorer le bien-être et la santé de millions de personnes ; générer de l'emploi ; et contribuer à la création d'une société plus démocratique et juste.

De nombreuses leçons peuvent être tirées de l'expérience du mouvement d'agroécologie au Honduras. Premièrement, l'expérimentation agricole et l'apprentissage de paysan à paysan sont essentiels pour la diffusion de l'agroécologie. Les premiers outils d'apprentissage utilisés par les agriculteurs sont leurs propres parcelles, leur savoir, et leurs propres mots. D'autre part, les producteurs agro-écologiques produisent d'abord des aliments destinés à la consommation domestique, puis à la vente ou à l'échange lorsqu'il y a un excédent de production.

Deuxièmement, les fermes agro-écologiques sont plus résilientes face au changement climatique et aux désastres naturels, mais l'agroécologie doit être adoptée à travers des espaces plus larges afin d'en réduire la vulnérabilité. Les systèmes de production agro-écologiques renforcent la diversification des fermes et dépendent à la fois de la biodiversité des systèmes de semences locaux. Cette diversité génétique est menacée par la promotion des OGM qui transforme la biodiversité et crée une dépendance à des intrants chimiques inappropriés. La production agro-écologique améliore également le bien-être des familles et réduit les motifs de migration.

Edwin Escoto déclare :
«L'agroécologie est réellement un mode de vie. La plupart des expériences agro-écologiques positives ne visent pas simplement à modifier les pratiques agricoles, mais sont enracinées dans les valeurs des populations. Pour certains paysans, c'est une mutation de

leur vision du monde. C'est le passage d'une vision extractive, de court terme, à une vision plus régénérative et de long terme. Le problème, c'est que cela peut prendre sept ans avant que les paysans qui opèrent cette transition en observent pleinement les bénéfices. On constate que, pour beaucoup de personnes, l'engagement dans l'agroécologie comporte aussi un engagement spirituel dans un développement personnel, familial et communautaire. C'est plus que technique. Puisque l'agroécologie est un projet de famille, elle offre des opportunités permettant de refléter — et d'agir sur — l'amélioration des relations entre les hommes, les femmes et les jeunes. On remarque également que de nombreux paysans pratiquant l'agroécologie deviennent des leaders locaux et des citoyens plus engagés. Ils travaillent pour des communautés plus saines. Ils travaillent pour des sociétés plus justes et démocratiques. Tout cela est lié.» [28]

Prochaines Étapes

En faisant la promotion des industries minières extractives, des projets de monoculture à grande échelle et des projets hydroélectriques, les politiques néolibérales du gouvernement et les agences internationales menacent les droits fonciers et territoriaux des paysans, qui en dépendent pour vivre. Des alliances se forment entre les organisations communautaires, les ONG, et les organisations paysannes, dans l'objectif de défendre leurs droits à la terre et de modifier ces politiques. Au Honduras, il est nécessaire que les organisations rendent le public, les consommateurs et les politiciens plus conscients des réalités et des bénéfices de l'agriculture paysanne et de l'agroécologie. La plupart des Honduriens ne se rendent pas compte qu'environ 76% des aliments consommés dans le pays proviennent de l'agriculture paysanne, et que la diffusion du mode de production agroécologique peut générer de nombreux bénéfices en matières économique, sociale, environnementale et culturelle. Cela pourrait aussi signifier sensiblement plus d'emploi, et un revenu supplémentaire pour les familles de paysans.

À la suite de l'Ouragan Mitch, malgré les preuves claires qui démontrent l'efficacité de l'agroécologie, les organisations paysannes et les ONG n'ont toujours pas réussi à influencer les politiques de manière adéquate. [29] Cela restreint sérieusement les possibilités de diffusion de l'agroécologie, et fait perdurer la pauvreté et la vulnérabilité. Des politiques de soutien, ainsi qu'un état de droit et une démocratie renforcés, doivent être élaborés afin de permettre la création de mouvements et de stratégies agroécologiques, qui contribueront pleinement à la création d'un avenir bénéfique pour le Honduras.

Références

1. Smith, Katie. 1994. *The Human Farm: A Tale of Changing Lives and Changing Lands.* West Hartford, CT: Kumarian Press.
2. Breslin, Patrick. 2008. "The Agricultural Gospel of Elías Sánchez." *Grassroots Development* 29/1. Accessed November 7, 2016. http://thegoodgarden.org/pdf/Don_Pedro.pdf.
3. Nelson, Melissa. 1998. "Hope Renewed in Honduras Mitch Teaches Lesson About Deforesting Land." *The Oklahoman*, December 16, 1998.
4. Boyer, Jefferson. 2010. "Food security, food sovereignty, and local challenges for transnational agrarian movements: the Honduras case." *The Journal of Peasant Studies,* 37(2010):323-4.
5. Holt-Giménez, Eric. 2001. "Measuring Farmers' Agro-ecological Resistance to Hurricane Mitch in Central America." *International Institute for Environment and Development, IIED.* Gatekeeper Series No. SA102.
6. Frank, Dana. 2013. "Hopeless in Honduras? The Election and the Future of Tegucigalpa." *Foreign Affairs*, November 22, 2013. Accessed November 7, 2016. https://www.foreignaffairs.com/articles/honduras/2013-11-22/hopeless-honduras.
7. United Nations Office on Drugs and Crime. 2013. "Global Study on Homicide." Vienna. Accessed November 7, 2016. http://www.unodc.org/documents/gsh/pdfs/2014_GLOBAL_HOMICIDE_BOOK_web.pdf.
8. Gao, George. 2014. "5 facts about Honduras and immigration." Pew Research Center, August 11, 2014. Accessed November 7, 2016. http://www.pewresearch.org/fact-tank/2014/08/11/5-facts-about-honduras-and-immigration/.
9. WFP Honduras. 2015. "WFP Honduras Brief." July 1-Sept. 30, 2015. Accessed November 7, 2016. http://documents.wfp.org/stellent/groups/public/documents/ep/wfp269059-6.pdf.
10. The World Bank. 2011. "Nutrition at a Glance: Honduras." Document 77172, April 1. Accessed November 7, 2016. http://documents.worldbank.org/curated/en/617431468037498125/pdf/771720BRI0Box000honduras0April02011.pdf.
11. Gao. "5 Facts." Op. Cit.
12. Holt-Giménez. "Measuring Farmers'." Op. cit.
13. World Neighbors. 2000. "Reasons for Resiliency: Toward a Sustainable Recovery after hurricane Mitch." *Lessons from the Field.*
14. Holt-Gimenez. "Measuring Farmers'." Op. Cit.
15. World Neighbors. "Reasons for Resiliency." Op. Cit.
16. Breslin. "The Agricultural Gospel." Op. Cit., 15.
17. Espinoza, José Luis, Paola Sánchez, and Efraín Zelaya. 2013. "Fincas agroecológicas en el bosque seco de Honduras." Asociación Nacional para el Fomento de la Agricultura Ecológica, October.
18. ANAFAE. "Violaciones DDHH En Proyectos Extractivistas en Honduras." Al Consejo de Derechos Humanos de Nacionades Unidades 19 Sesión Grupo de

Trabajo EPU, 2-15. Accessed December 6, 2016. https://drive.google.com/file/d/0B1ZA8HzEPi6jbENfM0VpZ2s1S0U/view

[19] Kerssen, Tanya. 2013. *Grabbing Power: The New Struggles for Land, Food and Democracy in Northern Honduras,* 10. Oakland: Food First Books.

[20] Mendoza, Colindres, Olvin Omar. Interview, August 14, 2016.

[21] Escoto, Edwin. 2015. Internal Report to Groundswell International.

[22] Ibid.

[23] Espinoza et al. Op. Cit.

[24] Escoto, Op Cit.

[25] Escoto, Op Cit.

[26] Escoto, Op Cit.

[27] Gutierrez, Juan Ángel. Personal Interview, August 5, 2016.

[28] Escoto, Op. Cit.

[29] Holt-Giménez, Eric. 2001. "Midiendo la resistencia agroecológica contra el huracán Mitch." *Revista LEISA*, July v. 17:1, p. 7-10.

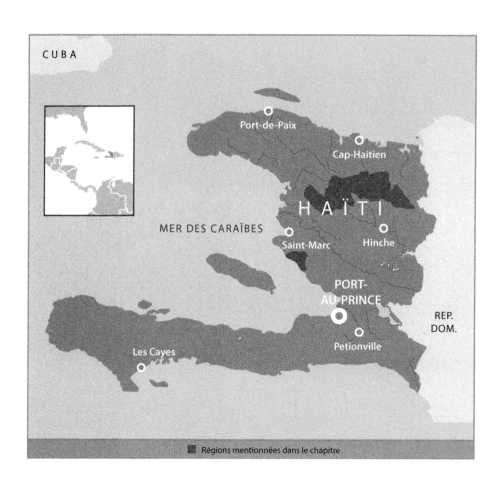

CUBA

Port-de-Paix

Cap-Haïtien

H A Ï T I

MER DES CARAÏBES

Saint-Marc

Hinche

PORT-
AU-PRINCE

REP.
DOM.

Petionville

Les Cayes

Régions mentionnées dans le chapitre

CHAPITRE 3

Une Fondation pour l'Avenir d'Haïti : Associations Paysannes et Agroécologie

Par Cantave Jean Baptiste et Steve Brescia

Résumé: Partenariat pour le Développement Local (PDL) soutient les organisations paysannes depuis la base de l'échelle sociale pour créer une organisation et une participation démocratique permettant de diffuser l'agroécologie. Dans le contexte politique d'un gouvernement dysfonctionnel et de capacité institutionnelle extrêmement faible, cela contribue à la création d'un développement décentralisé et à la régénération des terres dégradées et des moyens de subsistance ruraux. Cette étude révèle l'importance des structures sociales locales pour soutenir la diffusion de l'innovation agro-écologique.

Contexte : Gouvernement Faible, Déforestation, et Exode Rural

«Il y a bien longtemps, à côté de chaque cocotier se trouvait une maison».

Jean Louis Valere, leader communautaire et agricole, contemple les versants de montagnes arides et rocheux de sa communauté Bois Neuf, dans le Département Nord de Haïti. «La vie était réellement belle, dit-il. Mais les gens sont partis, principalement à cause de la terre qui ne produisait plus, en raison du manque d'arbres. Et maintenant il y a l'érosion des sols. Les gens ont dû descendre vers les villes, où les maisons sont entassées les unes sur les autres. Mais avec une amélioration des terres, les gens pourraient revenir et construire leur maison de nouveau dans les villages.»

La déclaration de Jean Louis résume bien la vulnérabilité de la population haïtienne, due à une période d'érosion extrême des sols et de dégradation des ressources naturelles. Cette réalité s'est révélée dramatiquement lorsque, le 12 janvier 2010, en l'espace de quelques minutes, un tremblement de terre d'une magnitude de 7,3 a frappé le pays. Les maisons délabrées et «empilées les unes sur les autres» dans la capitale Port-au-Prince et dans les villes aux alentours — surpeuplées de migrants venus des communautés rurales —, se sont effondrées, tuant plus de 220 000 personnes, et en blessant 300 000 autres.

Si Haïti veut se créer, un jour, un avenir plein d'espoir et plus résilient, le pays doit passer par la refondation de communautés locales prospères. La terre et les moyens d'existence ruraux doivent être régénérés et restaurés, et le flux historique conduisant personnes et ressources vers Port-au-Prince doit être inversé. Suite au tremblement de terre, Partenariat pour le Développement Local (PDL), une organisation non-gouvernementale (ONG) haïtienne, et son organisation partenaire Groundswell International, se sont réengagés dans un projet avec les communautés rurales pour construire cette alternative.

Le tremblement de terre de 2010 a été le dernier désastre — et le plus choquant — à révéler la vulnérabilité d'Haïti et à accentuer sa pauvreté qui était déjà profonde. Suite à l'indépendance d'Haïti en 1804, l'héritage de l'esclavage et des règles coloniales — mêlé à la manipulation internationale et à une longue série de gouvernements corrompus et répressifs — a transformé ce qui était autrefois la fertile «Perle des Antilles» en une terre déforestée à 98%. Depuis la période colonialiste, les gouvernements ont suivi principalement l'objectif d'extraire des ressources plutôt que de promouvoir le développement. De nos jours, les institutions gouvernementales et les processus démocratiques restent extrêmement faibles, et les communautés rurales ne reçoivent presque aucun soutien public efficace. Des inondations, des ouragans, et des sécheresses menacent le pays régulièrement. Bien avant le tremblement de terre et à la suite de celui-ci, aucun des programmes de développement entrepris — grands comme petits — n'a réussi à générer de résultats durables. Beaucoup ont contribué à une dépendance accrue.

Une Réponse Stratégique : Renforcer l'Organisation des Associations Paysannes

«Le premier objectif de PDL est de renforcer la capacité et l'organisation des agriculteurs paysans et des associations paysannes afin qu'ils puissent gérer leurs propres processus de développement, et de manière à ce qu'ils ne soient pas dépendants de programmes externes, a déclaré Cantave Jean-Baptiste,

Rencontre entre Cantave Jean-Baptiste et les membres de gwoupman dans la campagne haïtienne.
Crédit Photo : Steve Brescia.

directeur général de PDL. «Nous voulons que les associations paysannes soient capables de dire : 'nous ne sommes pas des bols vides qui attendent d'être remplis par des âmes charitables. Nous sommes des acteurs. Nous sommes des êtres humains. Nous sommes capables. Voici ce que nous avons déjà fait, et voici ce que nous prévoyons de faire à l'avenir.' Donc cela implique de renouveler constamment et d'élargir la base de leadership local parmi les femmes, les hommes et les jeunes. Cela signifie qu'il faut renforcer les structures organisationnelles démocratiques saines depuis la base de l'échelle sociale. Ce sont ensuite ces associations paysannes qui travailleront en vue de diffuser la production agro-écologique, de renforcer les moyens d'existences des familles, de construire des économies locales, et de promouvoir la santé communautaire.»[1]

PDL a débuté son travail avec des communautés rurales, en commençant par une analyse des organisations communautaires existantes. Dans la plupart des cas, les organisations communautaires agissent essentiellement dans l'objectif d'orienter les donations caritatives, le pouvoir étant placé entre les mains d'un ou deux «grands hommes». Après avoir compris le point de départ, les membres de PDL utilisent des méthodes participatives nécessitant une large représentation des membres de la communauté afin de favoriser la réalisation d'une analyse critique et partagée des atouts des communautés existantes, et de diagnostiquer les problèmes prioritaires ainsi que les opportunités de bien-être viables et accessibles. En se basant sur l'analyse propre des communautés, PDL favorise ensuite la création d'une structure organisationnelle pour l'action coopérative, depuis le bas de l'échelle. Cela a lieu à trois niveaux organisationnels :

1. Les **Gwoupman** sont des groupes solidaires composés de 8 à 15 hommes et femmes, et fondés sur l'action collective, la confiance, et la réciprocité. Chaque *gwoupman* mobilise ses propres ressources à travers l'épargne commune et des fonds de crédit appelés *zepoul*, signifiant littéralement «œuf de poule» en créole haïtien. Au lieu de «consommer leur œuf» les membres travaillent ensemble et investissent ce fonds initial dans la production et les activités économiques durables afin de le multiplier de manière à ce qu'il améliore leur vie. Lors de ce processus, la base du leadership local s'élargit à mesure que les membres acquièrent de nouvelles compétences pratiques et organisationnelles. Comme en témoigne une agricultrice dans l'encadré de la page suivante, faire partie d'un *gwoupman* ne représente pas seulement un avantage pratique et économique pour les membres de la communauté, cela peut également leur inculquer un sens de la fierté et du leadership.

2. Les **Blocks** sont des comités à l'échelle du village, qui réunissent 3 à 4 *gwoupmans* dans une communauté. Ils coordonnent les activités des *gwoupmans*, par exemple la promotion de l'agriculture biologique, l'épargne et les fonds de crédit, ou les initiatives de santé communautaire.

3. Les **Comités de Coordination Centrale** (KKS en créole) relient et coordonnent les activités de 10 à 25 villages, et sont dirigés par des leaders régulièrement élus, qui sont issus des *gwoupman* et des communautés.

Ces blocs de construction organisationnels forment des **associations paysannes**, des organisations inter-villageoises qui sont généralement constituées de 800 à 2000 membres chacune, représentant une population de 6000 à 10000 personnes. Ils portent des noms tels que : *Gwoupman* d'Union Paysanne pour le *Développement de San Yago*. Les associations paysannes tiennent des assemblées annuelles afin de planifier leurs activités, d'en faire le bilan, de rendre compte des actifs mobilisés par la communauté (épargne et fonds de crédit, banques de semences, etc.), et élire leur leaders démocratiquement.

En collaborant au sein des associations de villages, les gens peuvent répondre plus facilement aux besoins qui ne peuvent être pris en charge isolément par les familles (par exemple : prévenir le choléra, générer de l'épargne

Témoignage d'Agricultrice:

Silmène Veillard, mère de famille, chef de famille, et agricultrice, Saint Raphael, Haiti.

«En 2011, on a commencé à travailler avec le *Partenariat pour le Développement Local* (PDL) afin de développer notre organisation locale. Maintenant nous l'appelons le Gwoupman d'Union Paysanne pour le Développement de Mathurin (IGPDM en créole haïtien). Dans l'IGPDM, nous les paysans pouvons nous organiser, partager du savoir et des idées, et coopérer afin d'obtenir des changements positifs.

J'ai commencé en testant des techniques de production simples et peu coûteuses. Petit à petit, ma ferme s'est améliorée. Mon jardin est beau maintenant ! Il produit beaucoup plus et j'ai l'impression de mieux savoir comment travailler la terre. Je peux mieux nourrir mes enfants tous les jours maintenant. En ayant participé à certaines formations et appliqué des pratiques agricoles durables sur ma propre terre, je suis devenue Volontaire Agricole. Actuellement, j'offre des services à d'autres membres de la communauté, sur la façon de mieux aménager leurs fermes grâce à des pratiques productives et durables.

Nous avons pu creuser des latrines, et nous avons aussi un filtre à eau permettant de traiter l'eau potable, comme ça nous ne tombons pas malades aussi souvent. Ça a été important pour prévenir le choléra dans cette région.

En Septembre 2014, j'ai emprunté 2500 gourdes (environ 39$) à notre groupe féminin d'épargne et de crédit, pour pouvoir m'acheter une nouvelle chèvre. La chèvre a déjà donné naissance à dix jeunes, de quatre grossesses différentes, et j'en ai vendu plusieurs pour obtenir un revenu. J'ai actuellement sept chèvres, trois vaches, trois cochons, et dix poulets. J'ai acheté les vaches grâce au profit réalisé en vendant mes cultures. J'ai pu économiser 1300 gourdes (environ 20 US $), ce qui représente beaucoup plus que ce que j'économisais habituellement. Je suis aussi membre de l'association des bénévoles agriculteurs, et ensemble nous avons pu emprunter de l'argent afin d'acheter une charrue pour pouvoir proposer des services de labourage.

Maintenant je peux envoyer à l'école mes trois enfants — deux garçons et une fille. Beaucoup d'autres personnes dans notre communauté travaillent pour envoyer leurs enfants à l'école. J'ai été membre de l'IGPDM pendant plus de cinq ans. Chaque fois que je vais à une réunion, je suis fière de faire partie des membres du *gwoupman*. J'ai l'impression d'avoir plus de valeur dans la communauté… Les gens m'appellent s'ils ont un problème ou s'ils ont besoin de prendre une décision.

En tant qu'organisation, nous travaillons dans l'objectif de réaliser notre vision, et sommes parvenus à faire beaucoup de choses ensemble. Nous nous sommes acheté une terre, nous avons construit un bâtiment pour notre organisation, nous avons amélioré nos routes qui sont difficiles à traverser pendant la saison des pluies, nous sommes en train de constituer un fond d'épargne et de crédit pour la communauté, et nous avons monté une entreprise coopérative. Ces résultats ont beaucoup d'importance pour nous tous, et même pour ceux qui ne sont pas encore membres du gwoupman. L'IGPDM est disposé à collaborer avec qui que ce soit, sans discrimination. N'importe qui peut accéder au crédit, aux graines, et aux formations, ou participer à d'autres activités s'il le désire. En tant que citoyens, nous cherchons même à rencontrer le Maire de Saint Raphaël afin de réclamer l'amélioration des routes de notre région qui sont très difficiles pendant la saison des pluies.»

Interview avec Cantave Jean-Baptiste, le 7 Juillet 2016.[2]

Silmène Veillard dans sa ferme. Crédit Photo : Jean-Cantave Baptiste

et du crédit, prévenir l'érosion du sol, promouvoir la reforestation, contrôler le libre pâturage des animaux, négocier des relations productives avec d'autres acteurs, etc.) À mesure que les capacités et les intérêts des associations paysannes se développent, PDL adapte son rôle de soutien. Généralement, les associations paysannes peuvent fonctionner au bout de cinq à sept ans avec une capacité d'autonomie élevée.

Le Développement des Associations Paysannes

PDL a commencé à travailler avec des associations paysannes en 2009, mais son travail est devenu réellement fructueux à partir de 2012. D'octobre 2012 à juin 2014, le nombre d'associations paysannes est passé de 12 à 17, et le total des adhésions est passé de 14 600 à 24 580 membres, soit une augmentation de 68%.

PDL travaille au sein d'un territoire cohérent (voir carte). Cela facilite la communication et réduit les coûts et le temps liés aux déplacements nécessaires aux échanges, à l'apprentissage, et à la coordination. Chacune des 17 associations paysannes représente une Section Communale différente (unité administrative la plus petite d'Haïti), et elles sont présentes dans quatre des neuf départements d'Haïti. Ce territoire comporte différentes zones agro-écologiques (des coteaux aux plaines), différentes évolutions du régime foncier agricole, et différents systèmes de relations avec les marchés locaux.

TABLEAU 1: Développement Organisationnel des Associations Paysannes

Des adhésions en Augmentation	Total (avril 2012)	Total (juin 2013)	Total (juin 2014)
Nb. de membres	14,600	19,901	24,580
Nb. de membres Femmes	*Répartition par genre non disponible*	10,866 (55%)	13,994 (57%)
Nb. de membres Hommes	*Répartition par genre non disponible*	9,035 (45%)	11,091 (43%)
Nb. de *Gwoupman* formés	956	1,296	1,548
Nb. de blocs formés (comités à l'échelle d'un village)	128	169	203
Nb. d'Associations Paysannes (coordination entre plusieurs villages)	12	14	17

Stratégies pour le Renforcement et le Déploiement de la Production Agro-écologique

Haïti est caractérisé par une quasi-absence de services gouvernementaux de développement. Au lieu de cela, le gouvernement national et les programmes des donateurs internationaux développent par intermittence leurs projets et services dans les campagnes, avec une coordination limitée. Bien souvent, leurs approches sapent les moyens d'existence des familles, et l'agroécologie paysanne, plutôt qu'elles ne les renforcent. Les paysans ont dû s'auto-organiser afin de gérer leur propre innovation agricole et leurs propres programmes de vulgarisation.

«Les Associations Paysannes établissent des comités à l'intérieur et à travers les villages afin de coordonner l'expérimentation et la diffusion des pratiques d'agriculture durable, dit Jean-Baptiste Cantave, directeur de PDL. C'est ainsi qu'elles peuvent régénérer les fermes, améliorer et diversifier leur production. En concertation avec ces structures organisationnelles fondées sur la communauté, il est possible d'organiser une formation pratique ou des sessions de partage d'information auprès de nombreuses familles, dans un seul village ou bien dix à vingt villages en même temps. Par exemple, des paysans arrivent ensemble sur la ferme d'un autre paysan pour apprendre à tracer les courbes de niveau simplement avec le dispositif «A-Frame», afin de construire des diguettes de protection des sols. Ou bien ils apprennent à sélectionner les semences de maïs pour améliorer les variétés de graines locales. Puis ils retournent dans leurs propres fermes et communautés pour tester ces mêmes idées et observer comment elles évoluent. Ils les adaptent à leurs conditions locales. Certains prennent la responsabilité de «promoteurs volontaires en agriculture» et partagent les techniques productives avec d'autres paysans. C'est ainsi que la capacité organisationnelle des associations paysannes locales est directement liée à la diffusion de l'agroécologie. Pour que l'agroécologie se répande, les agriculteurs doivent y travailler. Voici la dynamique d'une des associations paysannes, de 10 à 20 villages. Vous pouvez multiplier ce nombre par les 17 associations paysannes avec lesquelles nous travaillons».[3]

Bien que la majorité des agriculteurs ne connaissent pas le terme «agroécologie», PDL a travaillé avec eux afin de développer ses principes ainsi qu'un «panier» de pratiques performantes, adaptées au contexte local. Le principe global de l'agroécologie est de créer un équilibre sur le long terme entre les systèmes de production des petites exploitations agricoles, la fertilité des sols, la préservation de l'environnement, et les ressources naturelles. Ces méthodes de production s'appuient sur du savoir et des pratiques existantes

Les fermes *Chouk* : les agriculteurs nomment fermes chouk (enracinées) des systèmes agricoles particulièrement diversifiés. Au lieu de cultiver seulement une seule plante comme le maïs, ils plantent différentes variétés, y compris les plantes racines, les tubercules, et divers arbres. Les agriculteurs construisent les systèmes chouk pour améliorer leur sécurité alimentaire tout au long de l'année et devenir plus résilients face à la sécheresse. Par exemple, les haricots peuvent être récoltés au bout de deux mois, puis être stockés. Les patates douces peuvent être récoltées dès 2,5 mois et jusqu'à cinq ou six mois. Le manioc peut être récolté entre 12 et 24 mois après avoir été planté et est particulièrement tolérant à la sécheresse. Les bananes produisent tout au long de l'année. Les papayers produisent des fruits au bout d'un an, tandis que les mangues ont besoin de cinq à six ans. Les fermes chouk améliorées sont basées sur des pratiques traditionnelles qui avaient été remplacées par des systèmes "modernes" de monoculture.

Les paysans développent à Haïti des parcelles hautement diversifiées afin de récolter des cultures vivrières tout au long de l'année, tel que ce paysan sur sa ferme chouk. Crédit Photo : Ben Depp

Konbit : *"Ensemble, un groupe pourrait biner toute cette terre en une matinée. En travaillant seul, cela mettrait un mois... Avant PDL, nous étions seuls pour travailler... La formation est l'outil le plus important permettant aux gens de travailler ensemble. Cela fait une grande différence. Les gens peuvent travailler plus, et ils produisent plus aussi... Toutes ces diguettes de conservation du sol ont été construits par des membres du groupe pour protéger le sol... Au Bois Neuf, il semble que tout le monde veut devenir un membre du groupe. Si tout le monde décide de participer, dans trois ans presque tout le Bois Neuf pourra pratiquer la préservation des sols."* .- Jean Louis Valere, Bois Neuf, 2014

(par exemple : les qualités des variétés de semences locales, la diversification, la conservation des semences), tout en favorisant d'importants changements des pratiques agricoles existantes (par exemple : l'arrêt de la pratique traditionnelle de «culture sur brûlis» et l'introduction de la préservation des sols). En recherche d'alternatives, les paysans testent et promeuvent une combinaison de techniques agro-écologiques qui répondent à cinq problèmes principaux : contrôle de l'érosion des sols ; augmentation de la matière organique et de la fertilité des sols ; amélioration de la gestion et de la diversité des semences sur la ferme (culture intercalaire, rotation, espacement optimal des plants) ; amélioration de l'entretien des parcelles (par exemple, grâce au désherbage ponctuel, au contrôle des parasites locaux et des maladies, etc.) Ces pratiques ont permis aux paysans de développer des systèmes agricoles plus productifs et plus résilients face aux aléas tels que les sécheresses, les pluies violentes, la montée des prix, et les précipitations imprévisibles dues au changement climatique. Certains pensent qu'Haïti a maintenant deux saisons : une saison de sécheresse et une saison caractérisée par les ouragans.

Les Associations Paysannes identifient «les agriculteurs modèles» qui adoptent un large ensemble de principes et de pratiques agro-écologiques, et les «volontaires agricoles» qui donnent des conseils aux agriculteurs et les soutiennent. Dans chaque association, les agriculteurs fixent leurs propres critères de définition de « l'agriculteur modèle ». Par exemple, l'association paysanne du village *Sans Souci* a décidé qu'un agriculteur modèle devait «faire parler la terre». Dans le village de *Baille*, un agriculteur modèle doit pratiquer la préservation des sols ; placer cinq structures anti-érosion sur chaque quart de *carreau* de terre[i] ; cultiver des variétés alimentaires diversifiées telles que le manioc doux, le manioc, le pois d'Angole, la patate douce, l'igname, le gingembre, le sucre de canne, le maïs, les haricots, les bananes, le taro, l'eddo, etc. ; produire ou générer assez de revenus pour assurer son alimentation ; et planter des arbres fruitiers et forestiers sur sa ferme pour produire des aliments, du fourrage, du bois de feu et du matériel de construction.

Bien souvent, les résultats rapides et identifiables qu'obtient le premier groupe d'agriculteurs innovateurs deviennent vite évidents pour les autres personnes de la communauté, ainsi motivées à adopter les mêmes techniques. Les volontaires agricoles soutiennent d'autres agriculteurs intéressés par l'adoption des techniques les plus bénéfiques — y compris ceux qui ne sont pas membres des associations paysannes.

Cela peut prendre un à trois ans aux paysans, avant d'observer pleinement les bénéfices durables de la transition agro-écologique sur l'exploitation.

---

[i] Un carreau est une mesure territoriale équivalant à 3,18 acres, ou 1,29 hectare

Afin de soutenir cette transition et d'inciter d'avantage les paysans, PDL travaille avec des associations paysannes pour développer et gérer des activités complémentaires.

Cela comprend : les groupes d'épargne et de crédit (afin d'accéder au crédit nécessaire pour acheter les outils essentiels, payer la main d'œuvre, et les autres intrants locaux) ; les banques de semences (pour accéder aux graines de qualité) ; les banques de stockage de grain (pour stocker les grains après la récolte, afin d'améliorer l'accès aux aliments dans les mois qui suivent, ou de recevoir un meilleur prix de vente) ; les activités génératrices de revenu (dont les commerces locaux tenus par les femmes, et la commercialisation de produits agricoles) ; les ti *boutiks*, c'est-à-dire les magasins de produits de base gérés par la communauté ; et les initiatives de santé communautaires. Les pratiques traditionnelles de travail collectif des *konbits* ont été rajeunies afin de mobiliser la force de travail nécessaire à la préservation des sols et aux autres activités.

Résultats des Stratégies pour le Déploiement de l'Agroécologie

En 2014, une étude menée dans la région a révélé les effets considérables du travail de PDL et des associations paysannes.4 Entre 2009 et 2014, les pratiques de production agro-écologiques améliorées ont été enseignées à plus de 20 545 agriculteurs. Le tableau 2 résume quelques résultats de la diffusion des pratiques agro-écologiques.

Afin de diversifier les stratégies de subsistance, et en réponse à l'accès limité à la terre, la plupart des paysans haïtiens gèrent plusieurs parcelles à la fois. En moyenne, les agriculteurs modèles et les *volontaires agricoles* appliquent des techniques agro-écologiques améliorées sur les deux tiers de leurs parcelles, alors que la majorité des autres membres de *gwoupman* ont appliqué des techniques agro-écologiques sur un tiers de leurs parcelles. Dans de nombreuses communautés, les agriculteurs membres d'associations paysannes ont aussi adopté des techniques agro-écologiques après avoir observé leur efficacité.

On estime que 20 à 30% de toutes les parcelles couvertes par les 17 Sections Communales concernées ont adopté une certaine combinaison de techniques agro-écologiques. L'objectif de PDL est d'atteindre une masse critique d'adoption de 40%. Cette masse critique se diffusera progressivement vers d'autres paysans et deviendra la norme à travers des mécanismes d'apprentissage informels, sans en passer par une vulgarisation structurée. Après cinq ans de travail, PDL et les 17 associations paysannes ont parcouru la moitié du chemin menant à leur objectif.

TABLEAU 2: Sélection de Résultats de la Diffusion de l'Agroécologie d'Agriculteur à Agriculteur

Vulgarisation de l'Agroécologie	Total Cumulé		
	Avril 2012	Avril 2013	Avril 2014
Agriculteurs apprenant et pratiquant l'agroécologie	7,039	10,409	20,545
Agriculteurs Modèles (AM) actifs	0	5,617	11,510
Volontaires Agricoles (BA) formés	116	362	646
Graines distribuées (tonnes métriques) à travers les banques de semences communautaires	0	75	150
Agriculteurs recevant des graines à partir des banques de semences communautaires	2,388	6,466	7,243
Pousses d'arbres plantées sur les fermes à partir de pépinières communautaires	213,790	328,702	467,874
Parcelles protégées par des pratiques agro-écologiques *	0	4,119	6,875
Nombre d'Hectares (acres) Améliorés grâce à des Pratiques Agro-écologiques			678 hectares (1,676 acres)

* Parcelles Agricoles d'une taille d'environ 0,1 hectares (environ 0,25 acres).

Source: Conseils, Formation, Monitoring en développement (CFM). *Evaluation of PDL strategies for scaling agro-ecological farming alternatives, November 12, 2014.*

Pourquoi les Agriculteurs Apprécient l'Agroécologie

Les agriculteurs apprécient les approches agro-écologiques pour plusieurs raisons : elles aident à accroître à la fois les cultures et la production de fourrage ; elles économisent et retiennent l'eau (à travers des paillis ou l'augmentation de la matière organique du sol) ; et sont plus résilientes et productives lors des sécheresses. De 2013 à 2014, les paysans ont remarqué que malgré les conditions de sécheresse, les rendements de culture augmentaient, principalement pour les haricots : de 17% à *Mathurin (Saint Raphael)*, de 22% à *Sans Souci (Mambin Crochu)*, et de 70% en *Ivoire (Arcahaie)*. Les rendements de maïs augmentent également grâce à la conservation et à l'amélioration des sols, à la meilleure gestion de la densité de plantation, et à l'amélioration de la qualité des semences.

Les évaluateurs ont observé dans toutes les communautés la restauration des parcelles dégradées. La pratique de la culture sur brûlis a réellement diminué, et la plupart des paysans remarquent qu'ils ont maintenant une meilleure appréciation de l'importance de la matière organique du sol. Les agriculteurs, y compris les agriculteurs modèles, ont remarqué que les parcelles agro-écologiques ont permis d'augmenter la production alimentaire et la sécurité alimentaire tout au long de l'année, et certaines parcelles ont même produit un excédent, mis en vente sur les marchés locaux. L'augmentation du revenu grâce aux activités économiques complémentaires, soutenues par les fonds d'épargne et de crédit, a aussi amélioré l'accès à l'alimentation de nombreux ménages.

Les activités visant à accroître la sensibilisation nutritionnelle ont favorisé un changement dans les pratiques des ménages. Les familles ont des régimes alimentaires plus sains composés d'aliments plus diversifiés nutritionnellement et cultivés localement sur les parcelles des agriculteurs, et en particulier les légumes verts à feuilles. Ces aliments sont plus accessibles et abordables financièrement.

L'évaluation de 2014 a également révélé des bénéfices sociaux significatifs mais moins tangibles. La confiance personnelle et la solidarité ont été renforcées à l'intérieur des familles et entre les membres, avec une diminution de certains tabous ou mythes traditionnels qui génèrent de la méfiance. Selon un membre de Sans Souci, «On peut dormir tranquillement,

Témoignage d'Agriculteur: Roland Moncette,[6] Saint Raphaël

«Je m'appelle Roland Moncette et je vis dans la campagne haïtienne, dans la section communale de San Yago, à Saint Raphael. Avant je cherchais du travail en République Dominicaine, mais plus maintenant. Ma ferme va beaucoup mieux, et je sens qu'il y a eu du changement dans ma famille grâce au travail des associations paysannes

Avant, quand je gardais des chèvres j'étais obligé de les vendre à faible prix à l'approche de la rentrée des classes. Maintenant, grâce au prêt qui m'a été concédé par mon organisation communautaire — le Gwoupman d'Union Paysanne pour le développement de San Yago (ou IGPDS, en haïtien créole) — je peux emprunter de l'argent pour l'école et laisser les chèvres continuer à se reproduire pour pouvoir gagner de l'argent. Avec la hausse des rendements dans mon jardin, j'ai aussi pu acheter des terres et des chèvres. J'ai commencé à construire une petite maison pour vivre, et j'ai plus de 10 000 gourdes (environ 150 US $) sur mon compte. Cette année et l'année prochaine, je n'aurai même pas besoin d'emprunter des graines aux banques de semences communautaires car j'ai les moyens de les acheter, et j'ai aussi conservé des graines pour les cultiver. Quelqu'un d'autre pourra avoir accès aux graines que j'avais empruntées.

C'est vraiment l'organisation communautaire qui facilite toutes les activités. PDL nous a soutenus avec un savoir important, des formations, et le renforcement de notre organisation pour nous aider à créer IGPDS. Si IGPDS n'existait pas, tout ça n'aurait pas été possible. IGPDS nous a permis d'étendre nos relations et d'intégrer plus de personnes au sein de notre communauté. Maintenant je vois la vie différemment car j'ai compris que je devais aider les autres dans la mesure du possible. A l'intérieur d'IGPDS, nous nous sommes créé un programme pour travailler tous ensemble dans les fermes de chacun d'entre nous (*konbit*). Les gens sont plus conscients de la dégradation environnementale, et les membres de l'organisation encouragent les autres à protéger l'environnement autour d'eux.

De plus en plus de monde me demande mon opinion maintenant, surtout à propos de l'agriculture, et je les conseille sur la manière d'agencer et d'améliorer leur ferme. Où que cela arrive, je me sens important. Il y a longtemps, les jeunes et les femmes n'ét   aient pas vraiment impliqués, mais maintenant ils ont tous types de responsabilités. Nous avons eu des formations sur les droits. Je sais que nous avons le droit de manger, d'accéder à l'éducation et à la santé. Maintenant on a l'impression que les droits des femmes et des enfants sont plus respectés.

Ceux qui dirigent les organisations sont respectueux et sérieux, moyennant quoi beaucoup de personnes ont confiance en l'organisation. Notre organisation commence à avoir de plus en plus d'influence dans la communauté. Je me suis engagé dans le combat pour que cette communauté avance, et pour qu'elle offre plus de services. Grâce à IGPDL et au soutien de PDL, tout le monde est parvenu à un accord pour travailler ensemble. Maintenant nous nous battons ensemble afin de changer les conditions de vie de nos membres, pour que plus de personnes aient accès aux graines, et pour améliorer les projets de nos exploitations. Grâce à l'accès aux graines locales et aux prêts communautaires, plus de personnes sont venues dans notre région. Maintenant, s'il m'arrive un jour de me plaindre d'avoir faim, ce sera à cause de ma propre négligence!»

et s'affairer à ses activités sans tenir compte de l'heure, le jour ou la nuit. Je n'ai pas à m'inquiéter d'être volé, ou pour ma sécurité personnelle».[5] Il y a eu un fort regain de travaux traditionnels en groupe (*konbit*). Les membres remarquent qu'ils ont plus d'amour propre, et de confiance en eux lorsqu'ils se présentent en public, et une meilleure capacité à négocier de manière constructive avec le gouvernement, les communautés voisines, les groupes sociaux urbains, et les entrepreneurs privés.

Créer un Contexte Favorable : le Déploiement Vertical

Haïti présente un contexte extrêmement difficile pour la mise en œuvre d'un développement rural efficace. La capacité et la légitimité institutionnelles du gouvernement haïtien restent extrêmement faibles. À cause des conflits et des problèmes politiques liés à la gestion des élections, depuis 2010 Haïti n'a pas élu de parlement entièrement fonctionnel, ni mis en place d'administrations locales. Cependant, PDL et Groundswell International ont offert aux associations paysannes des formations sur l'engagement civique et les droits humains, en les aidant à mobiliser les ONG, les fonds internationaux et les agences de développement pour développer un programme commun permettant de promouvoir une production et des systèmes alimentaires sains dans le nord d'Haïti.

Rentabilité : Organisations Ascendantes vs. Projets Typiques de Développement

L'approche adoptée par PDL — visant à renforcer les associations paysannes afin de diffuser la production agro-écologique et les stratégies de développement rural — est beaucoup plus rentable et efficace et génère plus d'effets durables, que les vastes et nombreux programmes du gouvernement et des agences d'aide internationales. La solide structure et la forte capacité organisationnelle des associations paysannes leur permet d'engager des processus de développement communautaire afin d'améliorer le capital social et humain. D'autre part, dans le modèle PDL, les paysans décident d'adopter et de soutenir des pratiques améliorées, telles que la préservation du sol et de l'eau, car cela est bénéfique pour leur famille. Cela est en contradiction avec beaucoup de projets de développement dans lesquels les seules motivations pour les paysans sont les cadeaux et les subventions. Finalement, les paysans impliqués dans ce processus gèrent des ressources locales complémentaires, telles l'épargne et les crédits des fonds renouvelables, les banques de semences, ou le travail collectif.

TABLEAU 3: Analyse Coût-Bénéfice du Programme PDL

Résultats	Nombre	Coût Annuel par Résultat	Coût Total par Résultat sur Cinq ans
Agriculteurs débutant en agroécologie	20 545	30$	152$
Agriculteurs produisant agro-écologiquement	6 875	91$	454$
Hectares de production agro-écologique	687	909$	4,543$
Agriculteurs Modèles	11 500	54$	271$
Volontaires Agricoles	646	966$	4,831$
Associations agricoles	17	36,717$	183,588$
Membres	24 580	25$	127$
Gwoupman	1 548	403$	2,016$
Blocs (communautés))	203	3,075$	15,374$

Les données disponibles établissent un rapport coût-bénéfice remarquable, entre l'investissement dans les associations paysannes, et la diffusion de l'agroécologie et d'autres pratiques bénéfiques. Le budget total de PDL sur une période de cinq ans entre 2009 et 2014 a été d'environ 3 121 000 US $, soit environ 624 200 par an.[ii] En se basant sur ces données sur cinq ans, le tableau suivant révèle les coûts annuels de certains bénéfices essentiels.

Un point de comparaison intéressant est le programme WINNER (Watershed Initiative for National Natural Environmental Resources, *l'Initiative sur les Bassins Hydrographiques pour les Ressources Environnementales Naturelles et Nationales*) d'un montant de 129 millions de dollars, lancé par

---

[ii] Ces estimations de coût sont en réalité très élevées car le programme de PDL est holistique. Dans le tableau, le budget total est divisé entre les activités, au lieu de dissocier le montant spécifique utilisé pour chaque activité. D'autre part, ce même budget total a aussi soutenu d'autres activités non prises en compte ici, telles que l'amélioration de la santé communautaire par le travail mené avec les associations paysannes afin d'augmenter le nombre de latrines, de filtres à eau et de systèmes de purification, et afin de promouvoir une éducation sanitaire. PDL et les communautés ont eu beaucoup d'impact en prévenant la diffusion du choléra dans la région depuis l'épidémie de 2010.

USAID.[iii] à la même période, en 2009. WINNER a été implanté à Haïti par Chemonics International, une entreprise privée. En 2013, Oxfam America, dans le cadre de son travail d'évaluation de l'efficacité de l'aide, a produit une analyse critique du programme WINNER.

En tant que stratégies essentielles du programme WINNER, on peut citer l'installation de magasins de matériel agricole offrant des intrants aux agriculteurs, et la formation des agriculteurs à de meilleures pratiques de production. Cela reflète des dynamiques de projet typiques du développement agricole, visant à offrir des intrants externes et du savoir, plutôt que de renforcer l'organisation et la capacité des paysans, ou de générer du savoir localement. Oxfam critiquait aussi le fait que WINNER offre des bacs de rangement post-récolte (une infrastructure importante) à une association paysanne. Ces bacs de rangements étaient trop grands par rapport au volume de la production locale, et trop chers à transporter ; d'autre part, aucune démarche adéquate n'avait été développée avec l'association paysanne pour partager la nouvelle ressource entre ses membres. À la fin de l'année 2013, USAID a répondu à l'analyse d'Oxfam en affirmant que WINNER avait atteint les objectifs suivants :

- L'augmentation de la production de près de 15 000 agriculteurs, générant plus de 7 millions de revenu ;
- L'apport de semences améliorées, d'engrais, et de technologies à plus de 17 000 agriculteurs ;
- La formation de 1 689 maîtres agriculteurs, qui pourront enseigner à d'autres agriculteurs ;
- L'augmentation des rendements de riz des agriculteurs bénéficiaires de 129%, des rendements de maïs de 368%, des rendements de haricots de 100%, et des rendements de bananes plantains de 21%.[7]

Un agriculteur dirigeant de l'association paysanne a commenté : «Un professeur a présenté un document expliquant ce que WINNER avait fait, mais cela ne veut rien dire pour moi… La présentation peut être vraiment bien, mais ils ne sont parvenus à rien pour les agriculteurs.»

En considérant un budget de 129 millions de dollars, une rapide analyse du rapport coût/bénéfice à l'aide de la même approche — en divisant les résultats de chaque activité par le budget total de WINNER sur la même période (2009-2014) — indiquerait.

[iii] Le programme fait partie du programme Feed the Future, du Gouvernement américain, un programme de développement agricole mondial créé en réponse à la crise alimentaire mondiale de 2008-2009.

TABLEAU 4: Analyse Coût/Bénéfice du Programme WINNER.

Résultats	Quantité	Coût Annuel par Résultat	Coût Total par Résultat sur cinq ans
Agriculteurs augmentant leur production	15,000	1 720 $	8 600$
Revenu total généré	7 000 000$ ($467/ agriculteur)	3,69$ (pour générer $1)	18,43$ (pour générer $1)
Agriculteurs ayant accès aux graines améliorées, aux engrais, et aux technologies	17,000	1 518 $	7 588 $
Maîtres Agriculteurs formés	1,689	15 275 $	76 377 $

Comme pour PDL, le budget de WINNER a été aussi utilisé pour d'autres activités non agricoles, telles que la construction de grandes structures de protection contre les inondations et l'érosion des sols. Mais même si le budget de PDL restait constant, et que l'on tenait seulement compte de la moitié du budget du programme WINNER pour l'amélioration agricole des activités avec les agriculteurs, la stratégie de PDL est toujours plus rentable, dans un rapport de près de huit fois (pour ce qui concerne les maîtres agriculteurs formés) à quinze fois (pour ce qui concerne le nombre des agriculteurs augmentant leur production).[iv,8]

TABLEAU 5: Comparaison de la Rentabilité de PDL et des Programmes WINNER

	Agriculteurs	Promoteurs Agricoles
WINNER (en considérant la moitié du budget de 129 millions de dollars = 64,5 millions)	Agriculteurs augmentant leur production= coût de 4 300$ sur cinq ans	Maîtres Agriculteurs= coût de 38 189$ sur cinq ans
PDL (en considérant le budget total)	Agriculteurs modèles= coût de 271$ sur cinq ans	Volontaires Agricoles= coût de 4 831$ sur cinq ans
Différence	PDL est plus de 15 fois plus rentable (4,300/271)	PDL est 7.9 fois plus rentable (38,189/4,831)

[iv] En 2016, USAID a déclaré que les résultats comprenaient "des campagnes agricoles avec plus de 20 000 agriculteurs, offrant des ensembles intégrés de bonnes pratiques, de services de vulgarisation et d'intrants améliorés."

L'approche de PDL a également eu des effets positifs clairs sur le renforcement de la capacité et de l'organisation des associations paysannes afin de mener et de soutenir des processus de développement autonomes, tandis que le programme WINNER semble avoir eu l'effet opposé. De plus, il est probable que les progrès de la production liés à l'agroécologie seront maintenus avec le temps et non dépendants d'intrants externes.

Enseignements et Étapes Suivantes

La démarche de PDL est parvenue à mobiliser un grand nombre de petits paysans dans les communautés rurales, en élargissant la base de leadership, et en promouvant un pouvoir de décision démocratique et solide, et des organisations d'agriculteurs fortes, capables d'améliorer leur bien-être et leur organisation. Les associations paysannes ont réalisé des progrès importants pour obtenir le déploiement des pratiques de production agro-écologiques et d'autres activités bénéfiques. On peut en tirer certains enseignements essentiels. Premièrement, **la forte capacité organisationnelle des associations paysannes** est indissociable de leur capacité à diffuser des principes et des pratiques agro-écologiques, et à créer un processus continu d'innovation paysanne. Des **stratégies complémentaires** permettant de mobiliser et de gérer les ressources locales (graines, stockage de grains, fonds d'épargne et de crédit, etc.) entrent en synergie pour renforcer la diffusion de l'agroécologie. Les paysans qui adoptent des pratiques agro-écologiques **améliorent clairement leur production, leur revenu, la sécurité alimentaire, et la résilience face à la sécheresse et aux aléas climatiques,** par rapport aux autres agriculteurs, aussi bien sur les coteaux que dans les régions de plaines agricoles.

De nombreux défis perdurent. PDL et les associations paysannes travaillent afin de mieux évaluer et documenter les effets de leurs activités. Ils travaillent en se fondant sur le succès initial pour développer des entreprises agricoles coopératives permettant de stocker, préparer, et vendre à la population locale des aliments sains issus de la production locale. Ils espèrent faire un usage plus large de la radio populaire et des autres canaux de communication pour promouvoir la production agro-écologique et la consommation d'aliments locaux. Il est nécessaire de trouver des stratégies plus efficaces pour gagner en influence et en pouvoir d'intervention sur les programmes de développement rural à grande échelle, conduits par les Ministères d'Haïti et les agences internationales de développement.

Les associations paysannes démontrent leur capacité à régénérer leurs fermes, leurs communautés rurales, et leurs moyens d'existence. Confrontés à des obstacles de taille, ces citoyens haïtiens aident à poser les fondations d'un avenir plus résilient et bénéfique pour leur pays. Pour que cet avenir devienne réalité, un soutien et des politiques appropriées doivent être adoptés, parce qu'il faut leur laisser faire le travail.

Références

[1] Jean-Baptiste, Cantave. 2014. Interview par Ben Depp, Février; y Jean-Baptiste, Cantave. 2015. Interview par Steve Brescia, Marz.

[2] Veilland, Silmène. 2016. Interview par Jean-Baptiste Cantave, Julliet 7.

[3] Jean-Baptiste, Cantave. 2015. Interview par Steve Brescia, 20 Août.

[4] Conseils, Formation, Monitoring en Développement (CFM). 2014. "Evaluation of PDL strategies for scaling agro-ecological farming alternatives." 12 Novembre.

[5] Ibíd.

[6] Moncette, Roland. 2016. Interview par Cantave Jean-Baptiste, 6 de Julliet.

[7] Lentfer, Jennifer. 2013. "USAID's answer to Oxfam on the article on the WINNER project in Haiti." *The Politics of Poverty*. 17 Octobre, Consulté

[8] USAID. 2012. "WINNER Main Achievements: Agricultural productivity increased." 7 Novembre 2016. http://www.winnerhaiti.com/index.php/en/main-achievements/agricultural-productivity-increased

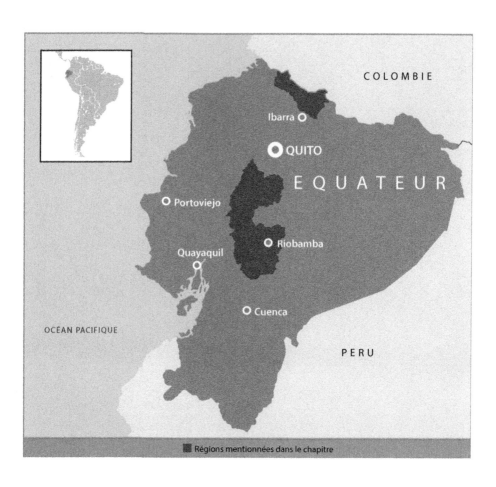

COLOMBIE

Ibarra O

O QUITO

E Q U A T E U R

O Portoviejo

O Riobamba

Quayaquil
O

O Cuenca

OCÉAN PACIFIQUE

PERU

Régions mentionnées dans le chapitre

CHAPITRE 4

Marchés Locaux, Semences Indigènes, et Alliances pour de Meilleurs Systèmes Alimentaires à travers l'Agroécologie en Equateur

Par Pedro J. Oyarzún et Ross M. Borja

Résumé: *En Equateur, il est de plus en plus reconnu que l'agriculture conventionnelle entraîne des impacts négatifs et qu'il est nécessaire de soutenir d'avantage les pratiques agricoles traditionnelles, l'agroécologie, et les paysans afin d'améliorer les systèmes alimentaires et d'établir la souveraineté alimentaire. Dans ce chapitre, les représentants de l'ONG EkoRural décrivent les réussites et les opportunités obtenues à travers les alliances entre les populations rurales et urbaines, pour construire des marchés locaux, soutenir les variétés de graines locales, et améliorer la biodiversité sur les fermes*

Réalité Rurale en Equateur

«Chaque foyer de notre communauté possède des semences locales que nous avons conservées et héritées de nos ancêtres», dit Elena Tenelema en parcourant sa ferme. Elena vient de la communauté indigène quechua de Tzimbuto, dans les hauts plateaux des Andes Centrales d'Equateur, et est devenue référente dans la gestion des banques de semences communautaires et dans la production agro-écologique. «Pendre soin de notre *Pachamama* (la Mère Nature) est ce qu'il y a de plus important pour nous. Si nous la contaminons avec des pesticides, ce sera la fin de nos terres et nous n'en n'aurons plus à l'avenir. Notre *chacra* (petites exploitations agricoles) est très diversifié. Nous n'avons pas de grandes plantations et nous ne pouvons donc pas nous permettre de gaspiller la terre. Ainsi, par exemple si je plante du maïs, je cultive aussi sept ou huit autres plantes».[1]

Pendant des générations d'histoire des populations indigènes en Equateur, l'agriculture a été un mode de vie. Leur mode de production possède plusieurs caractéristiques en commun avec ce qui est maintenant connu sous le nom d'agroécologie. Avant la période coloniale, les agriculteurs des Andes se sont échangé des produits et des services, et transmis une culture et des connaissances, à travers des relations sociales intégrées dans leurs stratégies de production et de reproduction.[2] Jusque dans les années 1960, la grande majorité des travailleurs du secteur agricole a vécu dans des fermes de tailles petites et moyennes, au sein d'un environnement rural défini par le système de *l'hacienda ou huasipungo*, à l'intérieur duquel de grands propriétaires de plantations contrôlaient le travail des paysans et leur permettaient de vivre en cultivant de petites parcelles sur des terres marginales.[3] Dès lors, à travers deux processus de réforme agraire, la population rurale s'est déplacée dans deux directions. Certaines communautés rurales ont gagné le contrôle de vastes étendues de terres d'anciennes haciendas grâce à des accords collectifs. Ces terres se trouvaient souvent sur des versants escarpés, de mauvaise qualité, et ont été rapidement subdivisées en petites fermes individuelles. D'autre part, un large segment de la population rurale est devenu partiellement dépendant d'un travail salarié dans les régions à la fois rurales et urbaines.

Dans les années 1960, les démarches de développement agricole dans les Andes se centraient sur les technologies de la Révolution Verte, suivies par la «modernisation» des années 1980, ce qui a favorisé un fort soutien aux cultures d'exportation et à l'agrobusiness. Ces stratégies ont généré une crise environnementale, sociale et économique à partir de la fin du vingtième siècle. La migration intérieure et extérieure, massive, a dévasté les cultures et les pratiques agricoles traditionnelles, en mettant en danger l'existence même des *chacras* andins traditionnels. En favorisant la production de variétés culturales commerciales, certaines politiques ont réduit la variété et la diversité génétique des fermes familiales et des systèmes de graines traditionnels, dégradé la qualité des aliments des régions rurales et urbaines, et augmenté la concentration de la production entre les mains de quelques entreprises, dans les secteurs du sucre de canne, de l'huile de palme et des bananes.

Dans les écosystèmes fragiles où la production familiale traditionnelle persiste, l'hybridation des pratiques traditionnelles et des technologies occidentales s'est bien souvent frayé un chemin. Les résultats ont été désastreux. Par exemple, l'utilisation de charrues et de déchaumeurs à disque pour labourer des terres volcaniques sur des coteaux montagneux brise le sol et entraîne rapidement son érosion. Les paysans en sont réduits à se battre pour cultiver une couche de cendre volcanique similaire à du ciment, connue sous le nom de *cangagua*.[4] Plus de la moitié des terres agricoles en Equateur est sérieusement dégradée, et la situation est particulièrement critique sur les pentes raides des provinces centrales montagneuses.[5] Les paysans ont également supprimé la pratique de la jachère, et ont été amenés à étendre leur frontière agricole aux régions forestières fragiles, aggravant la dégradation des sols et des ressources naturelles.

Comme dans d'autres pays, ces développements ont sapé la souveraineté alimentaire, le pouvoir local d'intervention sur la production, la circulation, et la consommation alimentaire.[6]

L'Agriculture Andine Traditionnelle et l'Évolution de l'Agriculture Familiale

Malgré ces dynamiques, dans certaines régions des vallées inter-andines les paysans ont conservé leur savoir culturel, leurs aliments traditionnels, et leurs systèmes de production. De nombreux éléments de ce qui est

Paysans en train de cultiver des variétés locales de patates réintroduites avec le soutien d'EkoRural, Carchi, Equateur, 2010. Crédit Photo: Ross Borja

maintenant connu sous le nom d'agroécologie peuvent être identifiés dans ces systèmes agricoles andins traditionnels.[7] Cela comprend : une connaissance approfondie de la flore locale (et de son usage en médecine, en cuisine, et pour le fourrage) ; des pratiques de production utilisant la biodiversité de manière intensive (association de cultures d'une même espèce ou inter-espèces, polyculture et agriculture mixte, tolérance de certaines plantes atypiques, adventices, agroforesterie, et création de bandes de terres pour réduire l'impact du vent et pour aérer le sol, en réduisant ainsi la présence de parasites et de d'agents phytopatogènes, etc.) ; culture en terrasses ; collection et application d'intrants organiques ; jachère ; programmes de plantation décalées ; répartition de petites parcelles à différents niveaux d'altitude dans la campagne ; et des structures sociales qui permettent le partage de la main d'œuvre locale, ainsi que la circulation et l'échange de produits complémentaires entre les différents écosystèmes des hauts plateaux, de la côte, et des régions amazoniennes d'Equateur.[8]

Beaucoup d'acteurs de développement gouvernementaux en Equateur continuent d'affirmer avec insistance que les fermes paysannes traditionnelles ne sont pas productives ni rentables au vu du rapport rendement/superficie.[9] Toutefois, de plus en plus de preuves démontrent qu'il est temps de réexaminer cette critique et de comprendre la nature multifonctionnelle de l'agriculture. Par exemple, une recherche démontre que l'agriculture paysanne communautaire contribue pour 50 à 70% à la consommation alimentaire quotidienne des Equatoriens, y compris concernant la plupart des aliments de base comme le lait frais, le riz, le maïs, les pommes de terre, les légumes, le bœuf, le porc et les haricots. Etonnamment, les petits paysans y parviennent en utilisant seulement 20 à 30% de la terre agricole du pays, et une grande partie en utilisant des terres marginales. De plus, la production agro-écologique paysanne a une grande capacité de création d'emploi, en raison de son usage intensif du travail manuel. Mais la propriété des terres reste extrêmement concentrée en Equateur. Le coefficient de Gini (mesurant les inégalités) concernant la propriété des terres s'est peu amélioré entre 1954 (0,86) et 2001 (0,80).[i,11]

Les agriculteurs paysans ont également un rôle crucial à jouer dans la gestion des fondements biologiques de la sécurité alimentaire du pays, parce qu'ils utilisent, conservent, et développent des semences (aussi bien en variétés locales qu'améliorées) : en maintenant la diversité des espèces et des

---

[i] De plus, le IIIème Recensement Agricole National (2000) révèle que 600 000 familles sont installées sur des fermes de 1,5 hectares ou moins, alors que 13 000 propriétaires possèdent des domaines de plus de 500 hectares, contrôlant 1,8 million d'hectares. Sur un total de 84 100 UPA (*Unidades Productivas Agricolas* ou Unités Productives Agricoles), 740 000 correspondent au secteur de l'agriculture familiale.

variétés ; en dispersant leurs parcelles entre toutes les altitudes et tous les écosystèmes agro-écologiques ; en comprenant et en utilisant les indicateurs biologiques de l'adaptation climatique.[12] L'agriculture moderne a beaucoup à apprendre de ce savoir traditionnel et de ces systèmes de gestion.

Comme le démontrent certaines recherches effectuées dans d'autres pays, en comparaison de l'agriculture conventionnelle, l'exploitation agro-écologique paysanne en Equateur est extrêmement productive, génère de multiples bénéfices, et a le potentiel incontestable de nourrir la population du pays.[13]

Les Difficultés et les Opportunités Émergeantes

Depuis 2005, le nombre d'organisations adoptant des pratiques agro-écologiques en Equateur a augmenté, et les lancements de marchés locaux sont en pleine croissance. De plus, le savoir traditionnel est restitué, et l'eau, l'agro-biodiversité, les forêts, les *páramos* (écosystèmes d'altitude de type toundra), et les mangroves sont conservés, restaurés et protégés. En raison du besoin d'alternatives à l'agriculture industrielle face au changement climatique, de nombreux techniciens, universitaires, et politiciens en quête d'inspiration et de solutions accordent de plus en plus d'attention aux petites exploitations agricoles et à l'agroécologie.

Toutefois, la crise structurelle des campagnes persiste, et aucun progrès substantiel n'a été réalisé pour en finir avec les difficultés économiques auxquelles sont confrontées les familles rurales. Pour y faire face, de nombreuses populations rurales (et urbaines) ont adopté de nouvelles habitudes alimentaires, notamment en augmentant leur dépendance à des aliments transformés et industrialisés à la valeur nutritionnelle plus faible. La souveraineté alimentaire est diminuée puisque les familles rurales ont moins de contrôle sur leur manière de produire, de commercialiser et de consommer leurs aliments.[14]

Au cours de ces dernières années, des coalitions entre des organisations de populations rurales, indigènes et urbaines ont exigé une transformation agraire. Ils sont parvenus à faire figurer leurs revendications dans la Constitution équatorienne de 2008.[ii] Cela inclut un soutien à la souveraineté alimentaire ; un accès égal à la terre, à l'eau, et à la biodiversité ; la promotion de l'agroécologie ; la reconnaissance des droits de la Nature ; le droit de l'homme à l'eau ; et le droit à la participation sociale dans la prise de décision. La constitution a déclaré l'Equateur « pays libre de cultures

---

[ii] Comme mentionné par exemple dans : *la Ley Orgánica del Régimen de Soberanía Alimentaria de 2009;* le *Plan Nacional para el Buen Vivir* 2009-2013 ; le Plan Nacional para el Buen Vivir 2013-2017 ; *la Ley Orgánica de Economía Popular y Solidaria y del Sector Financiero Popular y Solidario.*

génétiquement modifiées », et reconnaît que les pratiques alternatives permettant de prendre soin de l'agroécosystème sont des facteurs qui contribuent à la souveraineté alimentaire.[15] Cependant, le processus qui a permis de construire des lois, des politiques et des plans nationaux appropriés permettant de mettre ces idées en pratique, et de s'assurer que les familles d'agriculteurs et les communautés indigènes participent aux processus de prise de décision, a été complexe et périlleux.[16]

En Réponse : la Stratégie d'EkoRural

EkoRural est une ONG équatorienne qui vise à renforcer les processus de développement endogènes (générés localement) et axés sur les populations, qui offrent un rôle important aux familles et aux communautés dans la création d'une agriculture durable et de démarches de gestion des ressources. Nous contribuons à promouvoir le changement social en soutenant la génération de nouvelles relations intra-communautaires, et entre les communautés rurales et urbaines, pour la «co-production» de systèmes alimentaires et agricoles plus sains et démocratiques. Notre méthodologie associe deux stratégies essentielles. La première est un soutien direct aux initiatives lancées avec les communautés rurales, notamment la diffusion horizontale des innovations agro-écologiques de paysan à paysan. Par la seconde, nous facilitons et nous nous engageons dans des échanges entre les organisations de communautés rurales, les organisations de consommateurs locaux, les universités, les gouvernements locaux, et d'autres acteurs, afin de diffuser et d'apprendre des pratiques et des méthodes utiles, et de créer de nouvelles relations commerciales.

Pour créer des moyens d'existence durables et diversifiés, les paysans de la région andine montagneuse répartissent leurs parcelles agricoles entre différentes altitudes et micro-écosystèmes. Cela crée une complexité qui est difficile à reproduire ou à «déployer» dans le sens classique de diffusion d'un paquet de technologies définies. Il est possible de diffuser les principes essentiels de la gestion agricole et d'en renforcer les compétences fondamentales. C'est pourquoi EkoRural pense que «déploiement» mérite une discussion plus profonde sur la manière à travers laquelle le changement social et les innovations se produisent, et sur les rôles des organisations d'aide comme la nôtre. Nous cherchons à renforcer notre propre compréhension — et à titre plus important, celle des paysans — des micro-écosystèmes ainsi que des systèmes alimentaires plus larges, et des différentes compétences et approches qui correspondent à chacun.

Pour ce qui est de changer d'échelle et de promouvoir la mutation de systèmes plus étendus — plutôt que de se centrer sur des stratégies permettant de diffuser notre travail directement à un nombre croissant de communautés — nous travaillons à mettre en avant des modèles viables qui servent d'exemples inspirants, et à partager cela via des réseaux élargis. Ces réseaux comprennent l'Agroécologie Collective, le COPISA (Conseil Interculturel pour la Souveraineté Alimentaire), et MESSE (Mouvement pour l'Economie Sociale et Solidaire d'Equateur), ainsi que des réseaux internationaux tels que PROLINNOVA (Promotion de l'Innovation Locale), plusieurs communautés de pratiques, et Groundswell International.

Variétés provenant d'une banque de semences communautaire locale, Tzimbuto, Equateur.
Crédit Photo: Steve Brescia

Dans les communautés rurales, on trouve des fermes familiales qui se régénèrent, qui sont stables, ou qui dégénèrent. Cette hétérogénéité est un point de départ permettant de développer des stratégies de diffusion et d'intensification de l'agroécologie, en donnant aux paysans la possibilité de développer des systèmes de production équilibrés et de travailler pour la souveraineté alimentaire. La production doit répondre aux besoins des fermes familiales dans la perspective de leur régénération, et la production excédentaire devrait d'abord être vendue sur des marchés locaux à travers des connections plus directes entre les paysans et les consommateurs. Cette relation réciproque entre la campagne et les villes est essentielle pour l'agroécologie.

C'est pour ces raisons que nous avons orienté progressivement nos initiatives de développement et de recherche en suivant le modèle de *Systèmes Alimentaires Locaux* et Sains. Nous faisons l'hypothèse que les systèmes alimentaires locaux et sains (les fermes familiales utilisant des ressources et des connaissances locales, qui ont des relations avec les consommateurs, protègent la santé des gens et de l'écosystème, et contribuent à la création de moyens d'existence durables) génèrent un bien-être supérieur et sont plus résilients aux changements sociaux et climatiques que les systèmes alimentaires conventionnels (basés sur l'agriculture industrielle qui génère des effets négatifs sur la santé, l'environnement, l'économie, et la culture).

EkoRural gère deux programmes situés sur les hauts-plateaux du centre et du Nord, travaille directement avec dix communautés et 500 paysans, et touche indirectement 2 000 paysans. Les paysans sont impliqués dans des processus d'apprentissage actif, de développement de connaissances, et de partage à travers des échanges de paysan à paysan. C'est ainsi que nous soutenons le changement technologique et que nous renforçons localement le potentiel des dirigeants et les organisations, en vue d'un changement social plus large. Au départ, le sol, les semences, l'eau, le renforcement des relations rurales-urbaines et les marchés locaux sont les points d'intérêt des paysans. En tant qu'activités essentielles, on peut distinguer :

- **Le sol :** systèmes basés sur les cultures de couverture, les engrais verts, et un labourage restreint, qui réduisent la dégradation du sol et en augmentent la fertilité ;
- **L'eau :** collecte de l'eau, micro-irrigation et utilisation efficace de l'eau ;
- **Les semences :** renforcement des capacités des paysans et des organisations locales en vue de conserver, utiliser, et gérer l'agro-biodiversité, basé sur le rétablissement des espèces alimentaires andines et sur le renforcement des systèmes de semences locaux ;
- **Les marchés locaux :** renforcement des relations rurales-urbaines.

Renforcement de la Gestion Communautaire des Systèmes de Semences et de l'Agro-biodiversité

Apprentissage Fondé Sur la Découverte

En renforçant leur gestion de l'agro-biodiversité, les communautés peuvent devenir plus résilientes face au changement climatique. Nous soutenons un processus d'apprentissage des relations complexes entre les moyens d'existence des familles et la gestion des semences et d'autres ressources biologiques, fondé sur la découverte. Nous commençons généralement par une identification participative des ressources biologiques disponibles sur les fermes et dans la communauté, et de la grande variété de pratiques utilisées dans la gestion de ces ressources. Nous travaillons ensuite avec les communautés afin de promouvoir des systèmes agricoles plus diversifiés, résilients et productifs, à travers des activités telles que : la gestion améliorée de la biodiversité sur les fermes ; la sélection participative des semences ; les banques de semences ; et le renforcement des organisations communautaires afin de gérer ces processus.

Témoignage d'Agriculteur:

Juan Simón Guambo, dirigeant agricole originaire de Flores Parish, Riobamba Cantón, Province de Chimborazo[18]

"Le changement climatique rend le climat trop chaud et parfois trop froid, ce qui abime mes cultures. Donc nous avons planté des espèces de plantes locales autour des chacras, telles que l'oca, la capucine tuberculeuse, l'ulluco, les pommes de terre et le maïs locaux, fournies par le gouvernement de la province et EkoRural, et nous nous sommes également renseignés sur l'agro-biodiversité et la gestion des sols. Je suis très fier de la biodiversité de mes chacras maintenant, et du fait que je peux partager de nouvelles expériences comme par exemple les manières de propager les plantes et de rétablir les microclimats autour du chacra grâce à des coupevents. J'aimerais que toute ma famille apprenne ce savoir-faire et continue à l'appliquer dans leurs chacras au lieu de quitter la région pour apprendre des choses qui n'ont rien à voir avec notre culture et nos habitudes."

Innovation et Gestion Agricoles

Parmi les innovations essentielles testées et diffusées par les agriculteurs, on peut citer : l'introduction de nouvelles espèces et variétés ; les programmes d'ensemencement ; la rotation des cultures ; la production de compost ; le recyclage de matière organique ; et d'autres intrants biologiques pour le sol. D'autre part, nous soutenons le rétablissement et la réintroduction de variétés locales de pommes de terre et d'autres tubercules andins, en améliorant ainsi la diversité génétique et le régime alimentaire des fermes familiales. Ces cinq dernières années, nous avons aidé à rétablir et à promouvoir l'utilisation de dizaines de variétés d'espèces qui ne sont plus cultivées (telles que la capucine tubéreuse, l'oca, le melloco, la jicama, les haricots et les pommes de terres indigènes, entre autres), et à les remettre en circulation au sein des communautés. Nous avons restitué aux petits paysans une part importante de la collection de pommes de terre équatoriennes, et nous avons participé à la distribution et à l'essai de certaines variétés à forte teneur en zinc et en fer. Afin d'aider à conserver les variétés de pommes de terre, nous avons introduit progressivement les idées de précocité et de résistance aux maladies.

Au niveau des fermes, nous avons travaillé avec les paysans afin d'intégrer les concepts de confusion écologique»,[iii] d'hétérogénéité, et d'usages

---

[iii] Utilisé afin de promouvoir la diversité génétique des fermes, pour contrôler et gérer les parasites et les maladies.

Témoignage d'Agriculteur :

Elena Tenelema, Tzimbuto, Hauts Plateaux du centre de l'Equateur [20]

«Il y a trente ans, on ne cultivait que du maïs et certains haricots. Grâce au soutien d'EkoRural, on a récupéré les graines et les plantes qu'on avait arrêté de produire. Maintenant, nous apprenons et échangeons avec d'autres communautés au sujet des graines et des plantes qu'elles conservent. Ensuite, avec un petit groupe de dix personnes, on commence à tester et à reproduire les graines sur nos fermes et nos parcelles communautaires. Pour chaque livre de graines reçue, on s'engage à remettre deux livres à d'autres familles de paysans, tout en en gardant assez pour pouvoir continuer à produire nous-mêmes. Les 24 familles actuellement impliquées ont toutes développé des parcelles diversifiées, avec beaucoup de nouvelles plantes alimentaires. Un groupe plus large de 52 familles s'y est intéressé, que nous encourageons à prendre connaissance de ce qu'on fait, à obtenir des semences, et à développer leurs propres parcelles diversifiées. Notre objectif est d'atteindre les 150 familles de Tzimbuto afin de s'assurer qu'elles ont accès à toutes les semences dont elles ont besoin pour avoir des fermes diversifiées et des aliments sains à manger.»

multiples de l'espace. Cela a débouché sur plusieurs améliorations : dans l'usage et la mobilité des nutriments, dans le contrôle des parasites, et dans le flux continu des produits destinés à la consommation familiale et à la vente sur des marchés locaux. La consommation locale de leurs propres produits aide à générer un circuit autonome de production et de consommation. Ce système en circuit fermé, qui intègre également les grandes quantités d'engrais biologique produites par le bétail détenu par les familles elles-mêmes, contribue de manière significative à augmenter l'autonomie paysanne.[17]

Les Banques de Semences Communautaires Renouvelables

Les femmes agricultrices jouent un rôle essentiel dans la production et la circulation de graines d'espèces alimentaires locales, à travers le renouvellement des banques de semences. Afin de soutenir et de développer les banques de semences, les agriculteurs rendent deux unités de graines pour chaque unité empruntée, et peuvent en échange prêter cette unité à d'autres paysans. Cela crée une méthode de redistribution qui fait circuler des graines locales de qualité, tout en générant un fonds de développement communautaire

Canasta Comunitaria à Riobamba. Crédit Photo: Steve Brescia

rotatif. Par exemple, dans la communauté de Chirinche Bajo, dans la province de Cotopaxi, une banque de semences communautaire a été initiée il y a plusieurs années avec 11 kilos de graines de pomme de terre. Ses membres ont maintenant produit plus de 50 100 kilos de pommes de terre qu'ils ont vendues, échangées, replantées, ou consommées. Chaque banque de semences possède sa propre dynamique selon les graines qu'elle gère.

La diversification et la complexité des rotations de cultures ont entrainé une augmentation notable de la biodiversité fonctionnelle, qui atteint une moyenne de 30-40 espèces dans certaines parcelles (exploitées par exemple en grandes cultures, arbres fruitiers, plantes médicinales, etc.). Un représentant de la communauté a commenté : «Notre communauté a pu transformer sa production en recourant à la rotation et à la diversification des cultures, et en utilisant des engrais biologiques, pour obtenir un système qui globalement contribue à diversifier à la fois nos récoltes et nos régimes alimentaires».[19] Au moins 52 variétés de racines et tubercules d'origine andine (principalement des pommes de terre, des *mellocos*, des *ocas*, et des capucines tuberculeuses) ont été introduites en identifiant et en rétablissant des variétés déjà produites par certains agriculteurs dans la région. La reproduction et la dissémination communautaire, ainsi que la sélection participative de plantes ont amélioré les variétés. Par exemple, la pomme de terre I-Libertad a été officiellement déclarée et a été largement disséminée sur 500 fermes dans dix communautés, par intervention directe ou de paysan à paysan, ce qui a servi de catalyseur à EkoRural pour la diffusion de pratiques agro-écologiques et de variétés de semences locales de qualité. Les communautés voisines, ainsi que d'autres organisations, apprennent aujourd'hui de ces innovations et établissent leurs propres banques de semences, en utilisant leurs propres systèmes d'échange et de contrôle. Ce processus a aussi approfondi notre compréhension de la gestion communautaire des ressources génétiques dans le contexte du changement climatique et de pratiques agricoles andines évolutives.

Renforcement des Marchés Alimentaires Locaux et des Liens entre Urbains et Ruraux

Si les gens ne mangent pas d'aliments locaux sains, alors les semences locales de qualité et la biodiversité communautaire, essentielles à la production agro-écologique, disparaîtront. C'est pourquoi, au cours des cinq dernières années, nous avons développé un processus permettant d'établir des relations directes et gagnant-gagnant entre les paysans et les organisations de consommateurs urbains, afin de renforcer les systèmes alimentaires locaux. Dans la pratique, cela a permis de développer l'influence des paysans, d'augmenter leurs salaires, et de renforcer leur capacité à négocier avec des acheteurs. Les consommateurs gagnent l'accès à des aliments sains et locaux à un prix plus faible, tout en soutenant la production agro-écologique. Des producteurs de plusieurs communautés ont rejoint le mouvement de *Canastas Comunitarias* (Paniers Communautaires, un modèle similaire aux AMAP «Association pour le Maintien d'une Agriculture Paysanne») et ont mis en place des ventes directes ainsi que des marchés et des foires de producteurs agro-écologiques. Les Canastas et les réseaux alimentaires alternatifs favorisent des relations plus personnelles, bénéfiques, et transparentes, entre les organisations rurales et urbaines ; ils sensibilisent le public et offrent des opportunités pour aborder certains problèmes, comme les relations hommes-femmes ou les politiques appropriées à la sécurité alimentaire, à l'investissement rural, et à la biodiversité. Selon l'agricultrice Lilian Rocío Quingaluisa, de la province de Cotopaxi : «Pour nous, paysannes, c'est génial d'avoir des contacts directs avec des citadins. Cela signifie que nous avons un meilleur salaire, que nous n'avons pas à travailler la terre des autres, que nous sommes plus indépendantes, et que nous pouvons consacrer plus de temps à notre famille et à nos animaux.» [21] Une autre agricultrice, Elena Tenelema, ajoute : «Les paniers éliminent les abus des intermédiaires. En plus, ils nous garantissent un revenu, que nous pouvons utiliser pour améliorer notre santé, pour notre éducation ou pour acheter des animaux. C'est l'une des choses les plus importantes pour lesquelles nous nous battons en tant qu'agriculteurs indigènes.»

Ces types d'initiatives prometteuses, comme les marchés locaux, gagnent en légitimité dans la sphère politique en Equateur, et la Constitution les reconnaît dans le cadre de l'Economie sociale et solidaire. Mais encourager des systèmes alimentaires réciproques et directs n'est pas une tâche simple, particulièrement dans un contexte de production et distribution alimentaires industrialisées, si bien qu'il reste beaucoup à faire.

La Campagne "250 000 Families !" : des Agriculteurs et des Consommateurs Citoyens Comme Force de Changement*

En 2005, des mouvements ruraux d'agroécologie équatoriens se sont réunis avec un groupe d'acheteurs, les *Canastas Comunitarias* (Paniers Alimentaires Communautaires) afin d'échanger leurs expériences. L'une des conclusions auxquelles ils sont parvenus était que, dans son enthousiasme pour les pratiques agricoles, le mouvement agroécologique avait commis l'erreur d'isoler les producteurs des consommateurs urbains. Résultant de cette concertation, le *Colectivo Agroecológico* a déplacé l'attention initiale pour une "bonne agronomie", vers "une bonne alimentation" — une plateforme plus holistique qui réconcilie les populations rurales et urbaines autour d'une même cause. Leur mot d'ordre est devenu la "souveraineté alimentaire" : des aliments pour le peuple, par le peuple et appartenant au peuple.

Le rôle du *Colectivo* a été central pour influencer la réécriture révolutionnaire de la Constitution équatorienne de 2008, et dans la transition politique nationale ultérieure, passant de la sécurité alimentaire (compris comme un simple moyen de répondre aux besoins essentiels de la population) à la souveraineté alimentaire (une force émancipatrice pour le changement démocratique). Après avoir prôné la souveraineté alimentaire pendant une décennie, le *Colectivo* a conclu que le système alimentaire dominant, si ardemment critiqué — et qui doit représenter à lui seul la plus grande industrie du monde (estimée à plus de 1 300 milliards de dollars par an dans des régions comme les Etats-Unis, et à environ 10 milliards par an en Equateur) — était devenu tellement influent dans les politiques nationales qu'il n'était plus réaliste d'attendre que les représentants des gouvernements puissent par eux-mêmes en corriger certains aspects. Au bout du compte, le peuple agissant à la fois individuellement et collectivement au sein des familles, des voisinages, et des réseaux sociaux qui relient les environnements ruraux et urbains, doit reprendre le contrôle de ses terres nourricières et de leur avenir. C'est la vision des "consommateurs-citoyens" : ils sont informés activement, prennent une position, et agissent dans le sens de leurs meilleurs intérêts.

En Octobre 2014, le Colectivo a lancé sa campagne «250 000 familles !», un projet de cinq ans visant à recruter 5% de la population équatorienne chargée de faire de la souveraineté alimentaire une réalité. En se débarrassant d'environ la moitié de leurs achats actuels en aliments et en boissons, ces consommateurs-citoyens investiraient environ 300 millions de dollars par an dans une production alimentaire saine et locale : plus que le total des dépenses consacrées par la coopération internationale à l'agriculture et à la santé en Equateur. Pour faire partie de la campagne 250 000, une famille doit répondre à deux questions : qu'est-ce que signifie pour moi «consommation responsable», et comment mon entreprise/ma communauté familiale la pratique-t-elle ?

* Adapté de: Sherwood, Stephen and Caely Cane. «250,000 Families! Reconnecting urban and rural people for healthier, more sustainable living." *Urban Agriculture Magazine*, numéro 29, Mai 2015

Leçons et Recommandations

Bien qu'il y ait des raisons d'être sérieusement inquiets pour les familles de paysans en Equateur, il existe aussi des raisons d'être optimiste. La richesse d'expériences qu'offre l'agriculture paysanne, le large nombre d'acteurs impliqués dans le mouvement agro-écologique, les alliances de plus en plus nombreuses autour de systèmes alimentaires locaux et sains, peuvent générer des changements positifs et significatifs dans la pratique et les orientations politiques. Mais elles font aussi face à un mouvement d'opposition.

Nous avons besoin d'un nouveau paradigme pour le développement agricole. Cela commence par la reconnaissance de la multifonctionnalité de l'agriculture, et par l'abandon de l'attention exclusive portée par l'agro-industrie à la production destinée à l'exportation et basée sur des intrants externes. À l'application dogmatique de ces solutions prescrites uniformément, doit se substituer une attention portée sur le renforcement des compétences des paysans et des organisations rurales, afin qu'ils puissent innover, en appliquant leur savoir, leurs compétences, et leurs valeurs à leurs uniques contextes locaux. L'évaluation du progrès de tels programmes devrait impliquer des cadres flexibles qui prennent en compte les motivations et les valeurs des populations locales.

La politique gouvernementale de l'Equateur est contradictoire et incohérente. D'une part, les politiques de développement actuelles soutiennent de fortes institutions publiques, un certain degré de redistribution des revenus, et un accès accru aux services publics, y compris pour les citoyens ruraux. Dans le secteur agricole, la Constitution et certaines lois garantissent la souveraineté alimentaire et l'agroécologie. Mais dans la pratique, les politiques actuelles soutiennent l'agro-industrie et les intrants subventionnés, plutôt que les paysans ou les petits exploitants agricoles sans terre qui ont les moyens de devenir des paysans plus productifs et durables. Actuellement, le gouvernement a presque abandonné les programmes de redistribution de terre et d'eau, et fait la promotion des engrais chimiques subventionnés et des semences certifiées, favorisant la dépendance croissante aux services commerciaux. Le gouvernement tente de modifier la Constitution afin de permettre l'entrée de semences génétiquement modifiées en Equateur. Ce qui constitue une attaque contre l'agro-biodiversité, contre la santé des populations et celle des écosystèmes.[22] L'Equateur est en passe de signer un nouvel accord commercial avec l'Union Européenne, dont l'impact sur l'agriculture est difficile à estimer.

Les programmes de développement rural et de recherche devraient soutenir de nouveaux moyens de produire et de distribuer des aliments. Cela demande un travail de sensibilisation et le lancement d'actions permettant de renforcer les systèmes alimentaires locaux, sains et démocratiques. En plus de notre travail avec les paysans et leurs organisations, nous devons créer un dialogue productif et des liens entre les institutions publiques, la société civile, les ONG, les universités, les instituts de recherche, et les communautés rurales et urbaines. Cela implique de collaborer avec des réseaux urbains influents et des organisations de consommateurs. Nous devons être constamment à l'affût des innovations dans les relations entre villes et campagnes, y compris en matière d'agriculture urbaine et péri-urbaine. Comme le dit Pacho Gangotena, paysan et agro-écologiste : «Je pense que le changement social en agriculture ne nous viendra pas d'en haut, des gouvernements. Il nous viendra des milliers et des millions de petites familles agricoles qui commencent à transformer le spectre productif dans sa totalité… Nous sommes un tsunami et nous sommes en chemin.»[23]

Références

1. Tenelema, Elena. 2012. Interview avec EkoRural.

2. Barrer, V., C. Tapia y C. Monteros C., eds. 2004. *Raíces y Tubérculos Andinos: Alternativas para la conservación y uso sostenible en el Ecuador.* Instituto Nacional de Investigaciones Agropecuarias (INIAP), Quito y Tapia, C., E. Zambrano y A. Monteros. 2012. *Estado de los Recursos Fitogenéticos para la Agricultura y Alimentación en el Ecuador,* Instituto Nacional de Investigaciones Agropecuarias (INIAP), Quito.

3. De Noni, G. "Breve vision histórica de la Erosión en el Ecuador". En *La Erosión en el Ecuador,* Centro Ecuatoriano de Investigación Geográfica, 44. Quito: ORSTROM, No date.

4. Zebrowski, C y B. Sánchez. 1996. "Los costos de rehabilitación de los suelos volcánicos endurecidos." Rapport du III symposium international sur les sols volcaniques endurcis. Quito.

5. Fonte, S., S. Vanek, P. Oyarzun P, S. Parsa, D. Quintero, I. Rao y P. Lavelle. 2012. "Caminos hacia la Intensificación Agroecológica de la Manejo de la Fertilidad del Suelo por Pequeños Agricultores de las Tierras Andinas." En *Advances in Agronomy,* editado por Donald L. Sparks, 125-184. Burlington: Prensa Académica.

6. La Vía Campesina. 2011. "La Agricultura Campesina sostenible puede alimentar el mundo. Documento de Punto de Vista de la Via Campesina". Yakarta.

7. Altieri, Miguel. 2011. "Agroecología: Bases científicas para una agricultura sustentable". Montevideo: Nordan–Comunidad.

8. Poinsot, Y. 2004. "Los gradientes altitudinales y de accesibilidad: dos claves de la organización geo-agronómica andina". *Cuadernos de Geografía* 13:5-20.

9. Benzing, A. 2001. *Agricultura Orgánica. Fundamentos para la región Andina.* Villingen-Schenningen, Germany: Neckar-Verslag.

10. Chiriboga, M. 2001. "Diagnóstico de la comercialización agropecuaria en Ecuador implicaciones para la pequeña economía campesina y propuesta para una agenda nacional de comercialización agropecuaria". Quito; and Chiriboga, M. 2012. "Globalización y Regionalización: desafíos para la agricultura familiar ecuatoriana". RIMISP.

11. INEC, MAG and SICA. 2001. "Tercer Censo Agropecuario del Ecuador". Quito; Castro M.A. 2007. "La distribución de la riqueza en el Ecuador". Dans *Observatorio de la Economía Latinoamericana* 75; et Hidalgo F. et al. 2011. "Atlas sobre la tenencia de la Tierra en el Ecuador," SIPAE.

12. Poinsot. 2011. "Los gradientes altitudinales y de accesibilidad". Op Cit; y Borja, R, S. Sherwood y P. Oyarzún. "Katalysis: 'People-Centered Learning-Action Approach for Helping Rural Communities to Weather Climate Change. Informe Final de Sistematización". CONDESAN- EkoRural.

13. Anonyme. 2014. "Convocatoria a II Congreso de Agroecologia Oct 2014". En *Biodiversidad en América Latina y El Caribe*; IAASTD. 2014. "Agriculture

at a crossroads: Synthesis report. A Synthesis of the Global and Sub-Global". Washington, D.C., IAASTD Reports; Nwanze, K. 2011. "Viewpoint: Smallholders can feed the world." Rome, IFAD.; and De Schutter, Olivier. 2010. "Report submitted by the Special Rapporteur on the right to food." United Nations Human Rights Council, 16th session, agenda item 3.

[14] Oyarzún, P., R. Borja, S. Sherwood, y V. Parra. 2013. "making sense of agrobiodiversity, diet, and intensification of smallholder family farming in the Highland Andes of Ecuador". *Ecology of Food and Nutrition* 52:515-541; y Boada, L. 2013. "Prácticas alimentarias: relación con la diversidad en la alimentación en las familias campesinas de las comunidades: Ambuquí, Jesús del Gran Poder y Chitacaspi". Msc thesis, FLACSO, Quito.

[15] Daza, E. y M. Valverde. 2013. "Avances, experiencias y métodos de valoración de la Agroecología. Estado del arte, mapeo de actores y análisis metodológico y de indicadores para la agroecología". IEE, Quito.

[16] IFOAM. 2011. "Position Paper: El papel de los campesinos en la agricultura orgánica". Germany.

[17] Marsh, K. 2011. "Una investigación en la práctica de Agroecología en Tzimbuto-Quincahuán". Internship report for EkoRural, Quito/ Universidad TREND, Canada.

[18] Tambo, Juan Simon. 2015. Entrevista con EkoRural.

[19] Marsh, Op. Cit.

[20] Tenelema, Op. Cit.

[21] Rocio, Lilian. 2014. Interview avec EkoRural.

[22] Anonyme. "Convocatoria". Op. Cit.

[23] Gangotena, Pacho. 2014. Entrevista con Ben Depp de EkoRural, Juin.

Régions mentionnées dans le chapitre

Agroécologie et Changement de Système Alimentaire : Une Étude de Cas sur les Fraises en Californie, Etats-Unis d'Amérique

Par Steve Gliessman

Résumé : *Depuis les années 1980 je travaille avec l'agriculteur Jim Cochran dans l'expérimentation de pratiques agro-écologiques permettant de produire des fraises en Californie en construisant des réseaux alimentaires alternatifs. En 30 ans, le revenu de la production bio dans ces régions a augmenté de 2000%. Nous avons beaucoup appris sur la manière de diffuser le processus de transition agro-écologique et d'obtenir un changement d'échelle, en combinant des techniques (telles que la diversification, la rotation, et la polyculture), en tirant partie des résultats antérieurs, en partageant des enseignements avec d'autres paysans, et en se connectant avec d'autres producteurs afin de créer de nouveaux marchés. L'intégration large et continue de la recherche, de la pratique et du changement social a été fondamentale dans ce processus.*

Grâce à son climat méditerranéen doux, la côte centrale de Californie aux Etats-Unis est probablement la plus grande région productrice de fraises du monde. Sur environ 15 366 acres, les régions californiennes de Monterey et Santa Cruz ont produit ensemble plus de 976 millions de dollars de fraises en 2012, environ la moitié du total des cultures en Californie. Bien que dans cette région la majorité de la production de fraises soit extrêmement dépendante d'intrants externes coûteux, énergivores, et parfois nocifs pour l'environnement, la surface de fraises produites biologiquement a été multipliée par sept depuis 1997. La relation de collaboration autour de l'agroécologie, que j'ai développée pendant des années avec un paysan, a contribué à ce changement de manière significative. Tout a commencé au début des années 1980, avec l'augmentation de l'intérêt des consommateurs pour l'alimentation biologique, suite aux risques sanitaires et environnementaux causés par les pesticides.

Le professeur Steve Gliessman (à gauche) et l'agriculteur Jim Cochran (à droite) ont travaillé en collaboration afin de passer à un mode de production agro-écologique des fraises en Californie.
Crédit Photo : Manolis Kabourakis

Le système californien actuel de production industrielle basée sur la monoculture de fraises remonte au début des années 1960, lorsque le bromure de méthyle (MeBr), un fumigant de sol, a été introduit. Des chercheurs et des agents de vulgarisation ont promu le MeBr en tant que moyen de faire face à l'accumulation rapide d'éléments pathogènes transmis par le sol, ce qui empêchait la production de fraises sur le long terme et sur un même lopin de terre. Jusqu'alors, les producteurs traitaient les fraises en tant que culture pérenne, les plantes étaient gardées dans le sol de deux à quatre ans, après quoi chaque terrain nécessitait un cycle de rotation de plusieurs années sans fraise.

Toutefois, à partir des années 1960, l'utilisation du bromure de méthyle a permis aux producteurs de gérer leurs fraises en tant que culture annuelle en plantant de nouveaux plants année après année sur le même lopin de terre. Dans ce système, les plants de fraisiers sont retirés chaque année à la fin de la saison de croissance, après quoi le sol est cultivé et pulvérisé de pesticides avant que de nouvelles cultures soient plantées pour la saison suivante. Cela nécessite des systèmes intensifs utilisant l'irrigation goutte-à-goutte, les paillis en plastique, et la manipulation du sol. Les programmes de sélection permettant de développer des variétés de fraises résistantes aux maladies étaient en plein progrès avant l'introduction du MeBr, mais ont été abandonnés par la suite, et le germoplasme s'est perdu puisque les producteurs se sont centrés sur la maximisation des rendements en fruits en vue d'être transportés et diffusés rapidement sur les marchés nationaux et internationaux. Ainsi, le MeBr a supprimé la plupart des risques impliqués dans la production de fraises, alors qu'il s'agit d'une culture d'une valeur très élevée, dont le coût de production par acre excède largement les 25 000 dollars.

Au début des années 80, étant donné que l'intérêt pour l'alimentation biologique est devenu un argument de vente potentiel, et que les problèmes concernant l'innocuité des pesticides et la qualité de l'environnement sont passés au premier plan, les agriculteurs ont commencé à prendre des distances avec l'usage du MeBr, et à développer de nouvelles pratiques.

Dans ce contexte, pendant plus de 30 ans, j'ai construit une relation singulière avec un paysan nommé Jim Cochran, et avec la ferme de Swanton Berry à Davenport, en Californie, sur la côte Nord de Monterey Bay, où les fraises sont cultivées en grande quantité. Notre relation nous a permis de mener une recherche collaborative et multidimensionnelle, centrée sur l'étude du processus de conversion d'un système conventionnel de production de fraises en un agroécosystème biologique plus durable. Nous avons réalisé cela en utilisant l'agroécologie en tant que principe fondateur, et notre voyage vers la durabilité nous a conduits tous les deux depuis son champ, jusqu'au marché et jusqu'à la table des consommateurs qui l'ont soutenu.

Cette relation démontre que même les systèmes profondément investis dans les pratiques conventionnelles peuvent changer ; cela illustre également les difficultés et les obstacles inhérents à la conversion et à la transition vers un nouveau modèle de système alimentaire. D'autre part, à partir de notre collaboration, et dans la mesure où notre façon de penser a évolué, une théorie empirique est survenue sur les «niveaux» du processus de transition vers la durabilité. Notre expérience présente d'utiles enseignements sur la manière mettre en œuvre et diffuser le processus de transition agro-écologique, tout en offrant un aperçu du rôle porteur de changement que joue la science dans cette transition.

Comment Tout a Commencé

Lorsque nous avons planté ensemble nos premières parcelles sur la ferme initiale de trois acres en 1986, les producteurs conventionnels et les spécialistes locaux de la vulgarisation en production de fraises nous ont affirmé qu'il était impossible de cultiver des fraises biologiques et d'obtenir de bons résultats.

Mais en tant qu'agro-écologiste qui contribuait aux premières phases de développement de ce qui constituait probablement le premier programme académique formel d'agroécologie au monde, à l'Université de Californie à Santa Cruz, j'étais convaincu qu'une approche agro-écologique permettrait

Champ de fraises industriel/conventionnel aspergé de bromure de méthyle près de Watsonville, en Californie. Le MeBr vaporisable est gardé sous plastique pendant plusieurs années. La conversion à une agriculture biologique implique de remplacer ce produit chimique très toxique et cher par une série de pratiques alternatives. Crédit Photo : Steve Gliessman

de résoudre les problèmes auxquels nous serions confrontés lors de la transition vers une agriculture biologique. Jim, par contre, était un agriculteur débutant dans le processus d'acquisition de la certification biologique, et avait travaillé pendant sept ans avec des organisations qui suivaient le modèle conventionnel de production de fraises, fondé sur l'utilisation du MeBr. Son exposition directe au MeBr par le passé — ainsi qu'à d'autres produits chimiques — l'avait convaincu de l'existence d'autres alternatives.

C'est tout à fait par hasard que ses premières cultures avaient été plantées juste derrière la barrière qui séparait son champ de la maison dans laquelle je vivais à l'époque. Par-dessus cette barrière, nos discussions sur la transition ont mené au premier essai comparatif des fraises biologiques. Nos parcelles se trouvaient sur sa terre, nous faisions usage de ses variétés et de ses pratiques, et faisions appel à ses salariés, et à plusieurs de ses ressources. Notre recherche a été lancée par le tout nouveau Programme de Recherche et d'Enseignement sur l'Agriculture Durable de l'Université de Californie (UCSAREP). Ce programme a été instauré en 1984 par les instances législatives de Californie, et signifiait alors qu'après des années de négligence du Land Grant system , l'Université consacrait des ressources à répondre aux besoins des petits paysans, des ouvriers agricoles, et des systèmes agricoles alternatifs qui incluent l'agriculture biologique. Sans ce programme et ses financements, notre étude de la conversion n'aurait sans doute jamais commencé. Une relation s'est créée et continue de grandir et d'évoluer aujourd'hui.

Le Processus de Transition

L'évolution de la relation année après année, les projets et les activités qui ont été menés, et les «niveaux» à chaque étape du processus de transition, sont décrits dans le Tableau.[iv] Les cinq niveaux de transition sont présentés dans la troisième édition récente de mon manuel d'agroécologie1, et sont des moyens utiles pour comprendre comment mettre en œuvre et diffuser le processus de transition agro-écologique.

[iv] Note du traducteur: régime de subventionnement mis en place à la fin de XIXème siècle par les États américains de l'enseignement public technique, qui concerne notamment le domaine agricole.

TABLEAU 1: Chronologie de la Transition Vers un Changement de Système Alimentaire*

Date	Activité ou évènement important	Niveau de Conversion
1986	Contact avec le premier agriculteur de la transition	Niveau 1 à Niveau 2
1987-90	Etude de conversion comparative et collaborative sur la ferme	Niveau 2
1990	Première publication de la conversion, *Calif. Agriculture* 44:4-7	Niveau 2
1990-95	Amélioration de l'agriculture biologique	Niveau 2
1995-99	Rotations et diversification des cultures	Niveau 3 Initial
1996	Seconde publication de la conversion, *Calif. Agriculture* 50:24-31	Niveau 2
1997-99	Premières alternatives aux projets de recherche sur le MeBr	Niveau 2
1998	Le groupe de travail BASIS (Systèmes Agricoles Biologiques des Fraises) est établi afin de diffuser des résultats d'études	Niveaux 2 & 3
1999	Lancement de l'étude sur la santé du sol/la rotation des cultures	Niveaux 2 & 3

TABLEAU 1: *(suite)*

Date	Activité ou évènement important	Niveau de Conversion
2000-06	Etude sur la santé de l'agroécosystème des fraises	Niveaux 2 & 3
2002-03	Etude des pathogènes financée par NASGA (Association des Producteurs de Fraises d'Amérique du Nord)	Niveaux 2 & 3
2001-05	Présentations orale et visuelle lors des réunions de l'American Society of Agronomy	Niveau 3
2003-06	Projet de culture-piège de luzerne	Niveau 3
2004	Petit cours de Production de Fraises Biologiques organisé par le Community Agroecology Network à Santa Cruz et l'Universidad Autónoma de Chapingo à Huatusco, Veracruz, Mexico	Niveaux 2 & 3
2004-08	Projet Initiative de Vulgarisation et de Recherche Biologique de l'USDA : réseau intégré pour la production de fraises et de légumes biologiques	Niveaux 2, 3, & 4
2004-aujourd'hui	Le producteur partenaire crée un stand sur la ferme, en y intégrant des produits à valeur ajoutée tels que des tartes, des gâteaux, des confitures, pour compléter son marché fermier et les ventes directes	Niveau 4
2005-06	Fraises locales et autres produits biologiques dans les réfectoires de Santa Cruz UC	Niveau 4
2006	Commission sur les Fraises de Californie et recherche sur le système de rotation biologique financée par NASGA	Niveau 3
2007-aujourd'hui	Recherche sur les alternatives à la pulvérisation de MeBr avec la désinfestation anaérobique des sols (ASD) permettant de réduire la période de rotation	Niveaux 2 & 3
2011	Projet Initiative de Vulgarisation et de Recherche Biologique de l'USDA : soutien permettant de diffuser la recherche ASD sur des fermes locales	Niveaux 2 & 3
2014	Publication de l'étude sur la rotation des cultures et sur la biofumigation, *Agroecology and Sustainable Food Systems* 38(5): 603-631	Niveaux 2 & 3
2014	Le producteur partenaire obtient le label Food Justice Certification (note du traducteur : label américain de l'agriculture biologique et équitable)	Niveau 5

*Une grande partie du travail préalable a été menée avant que je prenne ma retraite à l'université en 2012, avec la collaboration de ce qu'on appelait le Groupe de Recherche en Agroécologie de l'Université de Californie à Santa Cruz.

TABLEAU 2 : Les Niveaux de Transition et l'Intégration des trois Composantes de l'Agroécologie Requises pour la Transmutation vers un Système Alimentaire Durable et Mondial

Niveau	Echelle	Rôle des trois Aspects de l'agroécologie		
		Recherche écologique	Pratique et collaboration des agriculteurs	Changement social
1 Augmentation de l'efficacité des pratiques industrielles	Ferme	*Principal*	*Important* Réduit les coûts et les impacts environnementaux	*Mineur*
2 Sustituye prácticas e insumos	Ferme	*Principal*	*Important* Soutient le passage vers des pratiques alternatives	*Mineur*
3 Remplacement par des pratiques et intrants alternatifs	Ferme, Région	*Principal* Développe des indicateurs de durabilité	*Important* Construit une véritable durabilité au niveau de la ferme	*Important* Construit la viabilité des entreprises et le soutien social
4 Rétablissement de la connexion entre les producteurs et les consommateurs ; développement de réseaux alimentaires alternatifs	Locale, régionale, nationale	*Secondaire* Recherche interdisciplinaire permettant de fournir des preuves de la nécessité de changement et de la viabilité des alternatives	*Important* Forme des relations directes et de soutien	*Principal* Economies Restructurées ; changement des valeurs et des comportements
5 Reconstruction du système alimentaire global afin qu'il soit durable et équitable pour tous	Globale	*Secondaire* Recherche transdisciplinaire permettant de promouvoir le processus de changement et de contrôler la durabilité	*Important* Offre les bases pratiques pour le changement de paradigme	*Principal* Les systèmes du monde sont fondamentalement transformés

Source: Adapté de Gliessman 2015.[2]

Niveau 1 de la Conversion : Réduction d'Intrants

Mes premiers efforts de conversion — réalisés avant que Jim et moi entrions en contact au-dessus de la barrière — étaient principalement consacrés à la recherche de moyens plus efficaces de lutter contre les parasites et les maladies afin de réduire les intrants et d'atténuer leurs impacts environnementaux. De nombreux produits chimiques conventionnels utilisés dans la production de fraises ont été retirés à la suite de l'accumulation croissante des preuves de leurs impacts négatifs. Mais ces règlementations ont commencé à limiter les options des paysans. Nous avons donc testé, par exemple, différents insecticides afin de contrôler la présence d'un parasite fréquent, le tétranyque à deux points (*Tetranychus urticae*), dans l'objectif de résoudre les problèmes de résistance accrue du parasite aux pesticides, les impacts négatifs sur des organismes non-ciblés, la pollution de l'eau souterraine, les résidus persistants sur les baies récoltées, et les impacts sanitaires pour les ouvriers agricoles.[3] Un autre objectif était de contrôler les adventices et de réduire l'érosion des sols avec les cultures de couverture hivernale plantées entre les cycles de plantations de fraises.

Niveau 2 de la Conversion : Remplacement des Intrants

En 1987, le partenariat existant entre Jim Cochran et un groupe de recherche en agroécologie récemment formé à Santa Cruz UC s'est transformé en un projet de recherche comparatif sur la conversion des fraises.

Pendant trois ans, Jim a cultivé des fraises en utilisant des intrants et des modes de production conventionnels, sur des parcelles côte-à-côte avec des fraises produites sous des modalités de culture biologique. Sur les parcelles biologiques, chaque intrant ou pratique conventionnels était remplacé par un équivalent biologique. Par exemple, au lieu de contrôler le tétranyque à deux points à l'aide d'un insecticide, des prédateurs d'insectes bénéfiques (*Phytoseiulis persimilis*) sont relâchés sur les parcelles biologiques. Sur la période de conversion de trois ans, les niveaux de population des tétraniques à deux points étaient contrôlés, les prédateurs étaient relâchés, et les résultats étaient quantifiés. A la fin de la troisième année, des taux et des quantités idéales d'introduction du prédateur ont été élaborés,[4] et constituent à présent la norme pour l'industrie.

Toutefois, l'agroécosystème était toujours fondamentalement une monoculture de fraises, et les problèmes causés par les maladies augmentaient. Suite à l'étude comparative sur trois ans, notre groupe de recherche a continué à observer des changements et Jim, en tant qu'agriculteur, a continué à faire quelques ajustements dans ses pratiques et son usage des intrants.

Une étude comparative analysant la conversion de la production conventionnelle des fraises vers une production biologique. Dans cette étude de niveau 2, des intrants plus durables sont substitués à leurs équivalents conventionnels. Tirée de Swanton Berry Farm, Davenport, Californie de 1986 à 1989. Photo: Steve Gliessman

Cela a concerné particulièrement les maladies transmises par le sol. Après quelques années d'agriculture biologique, certaines maladies telles que le *Verticillium dahliae*, une source de pourriture au niveau des racines, sont devenues de plus en plus fréquentes. La première réponse a été d'intensifier la recherche sur le remplacement des intrants. Les premières expérimentations avec la biofumigation de moutarde ont eu lieu, ainsi que des ajustements dans la gestion de la fertilité biologique, et des inoculants mycorhiziens pour le sol ont été testés.

Nous avons poursuivi nos recherches afin de remplacer la fumigation de MeBr par une pratique appelée désinfestation anaérobique des sols (ASD). Cette approche consiste à incorporer à l'intérieur du sol différentes sources de matière organique — aussi bien des résidus de culture de brocoli que des tourteaux de graines de moutarde —, à l'imbiber d'eau, puis à le recouvrir d'une bâche en plastique imperméable. La combinaison des conditions anaérobiques et des produits de dégradation de la matière organique remplit la même fonction que le MeBr, mais à l'aide de matériaux acceptés par les normes de certification biologiques. La véritable question est de savoir si cette substitution permettra à la monoculture de fraises biologiques de perdurer, ou s'il sera possible de trouver des moyens créatifs de renforcer le système de production de fraises à travers la diversification et le réaménagement du système.

Niveau 3 de la Conversion : Réaménagement

C'est alors, au début des années 1990, qu'une approche globale est entrée en jeu. Partant du principe que la stabilité des écosystèmes passe par l'interaction dynamique de toutes leurs parties composantes, nos chercheurs ont travaillé avec Jim afin d'imaginer des manières de résoudre les problèmes créés par le système monocultural. Jim s'est rendu compte qu'il devait retourner partiellement à la pratique traditionnelle de rotation des cultures, utilisée avant l'apparition du MeBr (voir Encadré 2). Nos chercheurs ont utilisé leurs connaissances en interactions écologiques afin de réaménager l'agroécosystème des fraises et faire en sorte que sa diversité et sa complexité puissent aider à rendre les rotations plus rentables, et dans certains cas, plus courtes. L'expérimentation de ces idées a conduit à des progrès considérables. Par exemple, nous avons reconçu la rotation des cultures en utilisant la moutarde comme culture de couverture, afin de tester sa capacité à réduire les adventices et les maladies par allélopathie, grâce à la libération de composés toxiques naturels. Le brocoli s'est révélé très intéressant en culture de rotation, puisqu'il n'est pas sensible aux organismes pathogènes du *V.dahliae*, et que ses résidus incorporés dans le sol relâchent des bio-fumigants qui réduisent la présence des organismes pathogènes. D'autres cultures qui ne sont pas sensibles à la maladie ont aussi été utilisées avec succès en rotation avec des fraises, tels que les épinards, les petits pois, et les artichauts. Nous avons dû poursuivre nos recherches afin de sélectionner les bonnes espèces, d'atteindre le meilleur impact, et de comprendre l'écologie des interactions.

Au lieu de compter sur des biopesticides, qui doivent toujours être achetés en dehors du système et relâchés, nous avons incorporé des agents de contrôle naturels à l'intérieur du système, en les maintenant présents et actifs constamment. Par exemple, nous avons testé l'usage de refuges pour le prédateur d'acarien *P. Persimilis*, soit sur des restes de plants de fraises ou sur des rangs de cultures-pièges autour des champs. L'idée de réaménagement la plus innovante a probablement consisté en l'introduction de rangs de luzerne à l'intérieur des champs de fraisiers (voir Encadré 1). Certains des changements à ce niveau sont venus de nouvelles recherches agro-écologiques, tandis que d'autres se fondaient sur le "ré-apprentissage" de pratiques utilisées pour la production de fraises avant les années 1960.

ENCADRE 1. La luzerne en tant que culture-piège contre les insectes

Un aspect innovant et positif de notre réaménagement de la ferme a été l'utilisation de la luzerne en tant que culture-piège contre la punaise terne occidentale (*L. hesperus*). Ce parasite peut causer une sérieuse déformation des fraises, et puisqu'il s'agit d'un parasite généraliste, il est très difficile de le contrôler à travers l'alternance d'intrants. En remplaçant chaque 25ème rang d'un champ de fraises par un rang de luzerne (environ 3% du champ), puis en concentrant les stratégies de contrôle sur ce rang (aspiration, application de biopesticides, libération de prédateurs ou d'espèces parasitoïdes, etc.), il a été possible de réduire les dégâts causés par le Lygus (*L. hesperus*) à des niveaux acceptables.[7] On a également testé la capacité des rangs de luzerne à fonctionner en tant que réservoirs d'insectes bénéfiques permettant d'améliorer le contrôle naturel des parasites, grâce à un échantillonnage sur le terrain démontrant l'abondance d'ennemis naturels sur les lignes de luzerne. Un endoparasitoïde sélectionné (*P. relictus*) a été introduit d'Espagne avec succès à l'intérieur des lignes où il se reproduit maintenant et contribue au contrôle biologique en parasitant les nymphes de la punaise terne occidentale.[8]

Fraises en rotation avec d'autres cultures, et entourées par de la végétation naturelle. Cet agroécosystème utilise les principes de réaménagement du niveau 3, mais nécessite également la connexion des consommateurs du niveau 4, et le changement de valeurs et de connaissances du niveau 5. Swanton Berry Farm, Davenport, Californie. Crédit Photo : Steve Gliessman

Niveau 4 de la Conversion : Réseaux Alimentaires Alternatifs

Les consommateurs ont eu un rôle très important dans le processus de transition de l'agroécosystème de fraises de Jim vers une production et un aménagement plus durables. En répondant à la demande des consommateurs en produits biologiques, ce qui permet de rendre la production biologique de plus en plus importante, Jim a vendu directement aux consommateurs — à travers des marchés fermiers — une série de produits préparés tels que des tartes ou des confitures, mais aussi des cueillettes de fraises à la ferme, et il livre directement des magasins, des restaurants, ou d'autres consommateurs, entreprises, organisations qui font preuve de solidarité vis-à-vis des efforts qu'il accomplit dans le sens de la transition. Par exemple, les étudiants de Santa Cruz UC ont convaincu les gestionnaires du réfectoire de commencer à intégrer des produits locaux, biologiques et équitables — dont les fraises biologiques de Jim — dans les repas servis. La création de ces nouveaux marchés a permis à Jim de construire de nouvelles relations avec ses clients et de récupérer un pourcentage plus élevé du prix de ses ventes.

Jim a non seulement créé des liens avec les consommateurs mais également avec les producteurs, en étendant les résultats de la transition bien

ENCADRE 2. Le processus de transition selon l'agriculteur Jim Cochran

«Le ranch que j'ai repris au début des années 1980 était planté pour moitié d'artichauts et pour l'autre moitié de choux de Bruxelles. J'ai remarqué que les fraises que je plantais sur la partie cultivée en choux de Bruxelles rendaient beaucoup plus que les fraises plantées sur l'autre moitié. C'est alors que je me suis rappelé de quelque chose à propos des rotations de cultures que j'avais entendu il y a des années. A cette époque aucune information n'était disponible sur les rotations de cultures. Si je me renseignais auprès du conseiller agricole, il me disait: "Jim, tu es fou, la seule solution est de fumiger, ça marche comme par magie". Lorsque je lui ai dit que je ne voulais pas le faire de cette manière, il m'a dit qu'il n'avait rien d'autre à me proposer.

Mais par la suite, Steve m'a raconté que l'analyse scientifique des rotations était pourvue d'une longue histoire, dont on avait perdu les connaissances au cours de ces 50 ou 60 dernières années, lorsque l'usage abusif des pesticides est devenu populaire. Steve a effectué des essais sur ma terre et a observé en particulier les rotations de cultures. Il a finalement constaté que ce système était efficace et qu'il ne serait plus utile d'utiliser des produits chimiques. C'est comme ça que notre travail de collaboration a commencé.

Donc quand Steve est arrivé, il a réellement consolidé mon orientation, parce que je marchais plus ou moins à l'aveuglette. Je ne rédigeais pas mon programme de rotation, je ne consignais pas non plus mon rendement par carré, en gros je ne faisais qu'observer. Il m'a fourni la grille scientifique permettant d'inscrire l'information que je commençais à collecter. Ce qui est important, c'est que Steve et moi avions les mêmes manières de penser. L'idée était d'étudier le système que je développais et d'y ajouter une base scientifique. On développerait une méthodologie alternative permettant de produire des fraises, principalement de manière biologique. Il n'en existait aucune à l'époque.

On a pris la décision de créer une parcelle publique, ouverte aux autres agriculteurs pour qu'ils viennent la visiter. C'était à la fin des années 1980. Les parcelles étaient à moitié cultivées biologiquement, et à moitié industriellement. On a organisé une série de réunions publiques et plusieurs groupes de paysans et de chercheurs sont venus nous voir. C'est là que les gens ont commencé à comprendre qu'il était possible de produire des fraises biologiquement. A partir de ce moment, de plus en plus de paysans ont commencé à expérimenter la production de fraises biologiques par eux-mêmes».

Source: Interview pour Farming Matters par Jessica Milgroom, ILEIA, mars 2016.

au-delà de sa ferme. Les premiers jours de notre collaboration, nous avons organisé des visites de terrain sur sa ferme pour présenter à la fois les résultats de nos recherches et les pratiques agricoles qu'il développait (voir Encadré 2). Et nous avons échangé nos idées d'une autre manière. Au fil des années, nous avons publié des résultats d'études ; participé à différents ateliers, conférences et cours intensifs sur la production de fraises biologiques ; et fait de la ferme de Jim le lieu où se reliaient continuellement recherche et pratique. Nous avons même aidé à concevoir, présenter, et publier les résultats des ateliers de fraises biologiques[9], bien que nos appels à la diversification soient passés largement inaperçus. Pour convaincre les paysans de se risquer au-delà du remplacement d'intrants et de la gestion de monocultures, il faudra pousser les recherches sur le processus complexe de réaménagement des systèmes de production de fraises. La croissance continue de la demande des consommateurs en fraises biologiques constitue une pression importante pour que cela advienne.

Niveau 5 de la Conversion: Reconstruction du Système Alimentaire

Notre partenariat a apporté des changements très importants, comme on peut le voir dans le Tableau 3. Malgré ces tendances positives, différents défis de durabilité sont liés à la croissance spectaculaire de la production de fraises. Par exemple, on a pu observer l'érosion des sols et le lessivage des nutriments là où les fraises biologiques sont plantées sur une grande surface, ainsi que l'épuisement des eaux souterraines et l'intrusion d'eau salée dans les aquifères. Ce qu'on pourrait qualifier de «Niveau 5 de réflexion» devrait tenir compte de telles questions, en tant que problème pour la santé du système dans sa globalité. Comme on peut le voir dans le Tableau 3, le nombre de producteurs biologiques de fraises s'est réduit depuis 2000, même si la superficie plantée a augmenté. Ces tendances sont toujours les mêmes aujourd'hui.

Le «Niveau 5 de réflexion» devrait aussi inclure des problèmes sociaux plus complexes tels que les droits du travail et l'équité alimentaire. Puisque la production de fraises biologiques demande habituellement plus de travail, elle a le potentiel d'offrir d'excellentes opportunités d'emploi. Mais la santé des travailleurs, la sécurité et la justice salariale doivent devenir la norme. La ferme de Jim à Swanton Berry a été l'une des seules exploitations de fraises biologiques disposée à signer un contrat avec le syndicat United Farm Workers (UFW) dès 1998, en garantissant salaire, santé et congés payés à ses salariés. En 2013, la ferme de Jim est devenue l'une des deux premières à obtenir ce qu'on appelle aujourd'hui le certificat de Justice Alimentaire, du fait qu'il avait intégré la justice sociale dans ses pratiques agricoles, et de la qualité de ses relations avec son personnel. Son approche globale de la production est un exemple important des mesures qui peuvent être prises pour reconstruire le système alimentaire. Cela implique qu'une prochaine étape importante s'impose aux chercheurs : avancer au-delà des Niveaux 2 et 3, et relier leur travail à des changements plus profonds du système alimentaire.

Les Résultats

La réussite de Jim a créé pour d'autres producteurs locaux la motivation d'engager leur ferme dans le processus de transition (voir Encadré 2), en recourant notamment au remplacement de Niveau 2 afin d'obtenir la

TABLEAU 3. Changements de la production de fraises biologiques en Californie, de 1997 à 2011[b]

Année	Surface de production biologique (acres[a])	Valeur brute déclarée (en Millions de dollars)	Nombre de producteurs biologiques
1997	134 (54)	non disponible	non disponible
1998	244 (99)	2.5	82
1999	805 (326)	8.7	99
2000	545 (220)	9.7	119
2001	756 (306)	9.3	113
2002	1,278 (517)	12.5	105
2003	1,290 (522)	24.6	99
2004	1,382 (559)	28.4	non disponible
2005-2010	non disponible	non disponible	non disponible
2011	1,638 (663)	63.5	95

[a] Il se peut que la superficie soit surestimée puisqu'elle doit inclure la terre en jachère ou la terre non cultivée et mise de côté pour de futures plantations.

[b] Information provenant de CDFA, disponible seulement pour la période 1997-2004 ; des informations plus récentes sont disponibles uniquement pour l'année 2011 à partir de la source USDA : Department of Food and Agriculture de la Californie, Programme Biologique de Californie (www. cdfa.ca.gov/is/i_%26_c/organic.html); Ministère de l'Agriculture des Etats-Unis, Statistiques du Département d'Agriculture (http://usda01.library.cornell.edu/usda/ current/Organic Production/ OrganicProduction-10-04-2012).

certification biologique. Dans les deux régions de la Côte Centrale californienne, on comptait un total de 35 630 acres certifiées biologiques en 2012, plus de sept fois la superficie biologique enregistrée en 1997. Le revenu total de la production agricole dans ces régions était de 247,7 millions de dollars en 2012, ce qui constitue une augmentation exponentielle de 2000% par rapport à 1997.[10] Une augmentation parallèle de la production de fraises biologiques s'est produite durant la même période, comme on peut le voir sur le Tableau 3.

Enseignements Tirés et Prochaines Étapes

Lorsque Jim a décidé pour la première fois de passer à un mode de production agro-écologique, tout le monde lui disait qu'il était impossible d'y parvenir. Et lorsque nous avons regroupé nos forces en 1986, on nous considérait comme trop radicaux dans nos modes de penser, si ce n'est complétement fous. En fait, l'un des aspects les plus précieux de notre collaboration a été d'avoir un ami qui possédait la même façon de penser. Il s'agissait réellement d'un processus de co-création bilatéral, avec des résultats de recherches présentés à Jim, des discussions continuelles à propos des changements possibles dans les pratiques et le système agricoles, des idées de recherche tirées d'autres projets, leur partage, et l'extrapolation des moyens de les mettre en pratique sur la ferme. Nous nous sommes entraidés tout au long de 30 ans de défis.

Construire entre chercheurs et paysans des relations étroites qui peuvent grandir, évoluer, et perdurer, n'est pas une tâche simple. La construction de ces relations nécessite du temps, de la confiance, de la flexibilité, ainsi qu'une volonté de partage des connaissances, des valeurs et des systèmes de croyance. De telles relations participatives et basées sur l'action sont des éléments essentiels de la manière dont l'agroécologie devrait opérer, aussi bien pour promouvoir la diffusion à d'autres paysans, que pour provoquer le changement à l'échelle du système alimentaire et obtenir un réel changement.

A bien des égards, il était nécessaire depuis le départ de s'engager dans une réflexion sur les systèmes alimentaires. Dans notre cas particulier, les dimensions de changement social inhérentes à l'agroécologie étaient présentes lors de notre première plantation en vue de l'essai comparatif de 1986. Elles ont guidé notre interaction et notre trajectoire de recherche, et ont influencé le développement personnel de Jim ainsi que son approche de l'agriculture. Nous avons dû être constamment à l'affût de partenariats favorables à l'agroécologie, soit auprès des grandes entreprises de fraises tournées vers le marché et intégrées verticalement, ou bien des universités ou des institutions de recherche sur l'agriculture conventionnelle. Par exemple, une recherche actuelle sur des alternatives au MeBr — que l'on prévoit enfin de supprimer complètement en 2017 — a pour principal objectif de remplacer le fumigant toxique, soit par un autre produit chimique, soit par une pratique biologiquement acceptable, pour que les fraises puissent être cultivées continuellement. Peu d'efforts existent pour réaménager le système de monoculture de fraises en ayant recours à des cultures diversifiées, à la rotation, ou à des polycultures, comme Jim a choisi de le faire.

A plus long terme, s'adapter à la crise de sécheresse continue sera un défi à relever pour les paysans de Californie. Les cinq niveaux de transition peuvent servir à guider ce processus. Les pratiques agro-écologiques autour de la réduction et du remplacement d'intrants (Niveaux 1 et 2) réduiront la nécessité d'une irrigation intensive, et le Niveau 3 de réaménagement diminuera les pratiques agricoles intensives. Cependant, il est probable que cela impliquera une baisse de rendement par acre, c'est pourquoi il sera crucial de créer de nouveaux marchés directs, avec de meilleurs prix pour les producteurs (niveau 4). Et le Niveau 5 de réflexion aura besoin d'être mis en avant afin que les agriculteurs se rendent compte que l'eau est limitée, qu'elle doit être partagée entre les populations et la nature, et que la durabilité sur le long terme doit devenir le principal objectif.

Au fil des années, Jim et moi avons maintes fois discuté à propos de notre façon de faire de l'agroécologie ensemble. Notre collaboration de 30 ans nous a donné la conviction de la nécessité d'un changement total de système alimentaire. Nous avons appris ensemble que l'agroécologie appelle à l'intégration globale de la recherche, des pratiques agricoles, et des actions de changement social. Si l'un de ces trois aspects manque, il ne s'agit pas d'agroécologie.

Remerciements

Cette étude de cas est adaptée d'un travail présenté dans le Chapitre 22 de la troisième édition de mon manuel, *Agroecology: The Ecology of Sustainable Food Systems*. J'apprécie particulièrement la relation et les échanges ouverts que j'entretiens avec Jim Cochran et sa ferme de Swanton Berry. Et sans la collaboration d'un grand nombre de chercheurs collaboratifs et d'étudiants à Santa Cruz UC, cette relation participative n'aurait pas été possible.

Références

[1] Gliessman, S.R. 2015. *Agroecology: The Ecology of Sustainable Food Systems.* Boca Raton, FL: CRC Press/Taylor & Francis Group.

[2] Ibid.

[3] Sances, F., N. Toscano, L.F. LaPr, E.R. Oatman, M. W. Johnson. 1982. "Spider mites can reduce strawberry yields." *California Agriculture*, 36(1):14-16.

[4] Gliessman, S.R., M.R. Werner, S. Swezey, E. Caswell, J. Cochran, et F. Rosado-May. 1996. "Conversion to organic strawberry management changes ecological processes." *California Agriculture* 50(1):24-31.

[5] Shennan, C., J. Muramoto, S. Koike, M. Bolda, O. Daugovish, M. Mochizuki, E. Rosskopf, N. Kokalis-Burelle, and D. Butler. 2010. "Optimizing anaerobic soil disinfestation for strawberry production in California." *Proceedings of the Annual International Research Conference on Methyl Bromide Alternatives and Emissions Reductions*, 23.

[6] JMuramoto, J., S.R. Gliessman, S.T. Koike, C. Shennan, D. Schmida, R. Stephens, et S. Swezey. 2005. "Maintaining agroecosystem health in an organic strawberry/vegetable rotation system." White Paper and Muramoto, J., S.R. Gliessman, S.T. Koike, C. Shennan, C.T. Bull, K. Klonsky, and S. Swezey. 2014. "Integrated Biological and Cultural Practices Can Reduce Crop Rotation Period in Organic Strawberries." *Agroecology and Sustainable Food Systems*, 38(5):603-631.

[7] Swezey, S.L., D.J. Nieto, J.R. Hagler, C.H. Pickett, J.A. Bryer, et S.A. Machtley. 2013. "Dispersion, Distribution, and Movement of Lygus spp. (Hemiptera: Miridae) in Trap-Cropped Organic Strawberries." *Environmental Entomology* 42(4): 770-778.

[8] Ibid.

[9] Koike, S., C. Bull, M. Bolda, et O. Daugovish. 2012. "Organic Strawberry Production Manual." Université de Californie Département d'Agriculture et des Ressources Naturelles Publication numéro 3531, Oakland, CA.

[10] Monterey County Agricultural Commissioner. 2013. "Monterey County Crop Report 2012." Salinas, CA, 2013; and Santa Cruz County Agricultural Commissioner. "Santa Cruz County Crop Report 2012." Watsonville, CA.

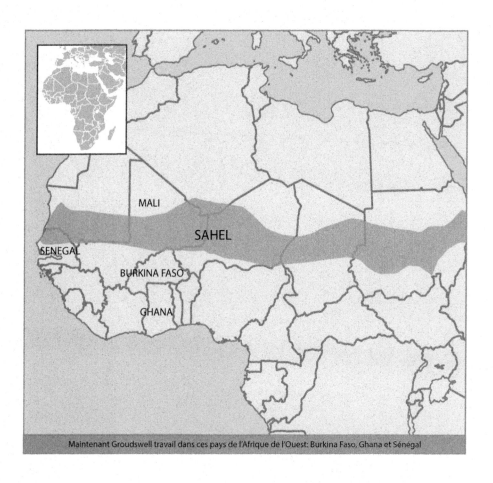

Maintenant Groudswell travail dans ces pays de l'Afrique de l'Ouest: Burkina Faso, Ghana et Sénégal

CHAPITRE 6

Le Contexte de l'Afrique Occidentale : les Défis Auxquels Sont Confrontées les Familles Paysannes du Sahel[i]

Par Peter Gubbels et Steve Brescia

Résumé : *Les familles rurales du Sahel en Afrique de l'Ouest sont confrontées à un ensemble commun de menaces. Une véritable tempête de pressions démographique, économique, et écologique les ont contraintes à abandonner les pratiques de jachère traditionnelle en arbres et arbustes, qui soutenaient auparavant la production alimentaire durable. Aujourd'hui, leurs sols sont épuisés, de nombreuses personnes souffrent d'une faim chronique ou font face à l'insécurité alimentaire. C'est pourquoi les gouvernements d'Afrique de l'Ouest se sont engagés à consacrer 10% de leur budget national à soutenir l'agriculture, mais la question est de savoir si cette promesse soutiendra le même cycle d'épuisement des sols et de famine, ou si elle peut créer un effet de levier et permettre la transition agricole. C'est dans ce contexte que se présentent les trois processus d'innovation agricole que nous décrivons, au Burkina Faso, au Mali et au Ghana.*

Faim, Jachère, et Fertilité du Sol

Chaque année, depuis 2012, près d'un quart de la population sahélienne – plus de 50 millions de personnes[1] sur un total de 86,8 millions[2] – souffrent

---

i Sahel est la région de transition entre le désert du Sahara au nord et la Savane soudanaise au sud. Elle possède un climat semi-aride. Elle s'étend de l'Océan Atlantique jusqu'à la Mer Rouge. Elle comprend les pays suivants, de l'ouest à l'est: le nord du Sénégal, le sud de la Mauritanie, le centre du Mali, le nord du Burkina Faso et l'extrême sud de l'Algérie et du Niger, l'extrême nord du Nigéria, le centre du Tchad et du Soudan, l'extrême nord de l'Erythrée, le Cameroun, la République Centre-Africaine et le nord de l'Ethiopie.

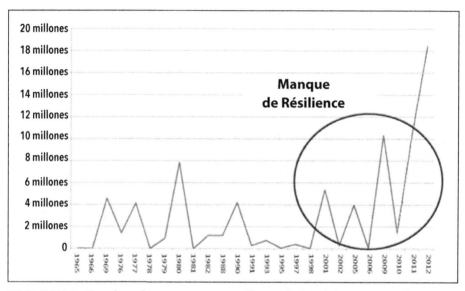

TABLEAU 1. Nombre de personnes souffrant de la sécheresse et de la faim dans six cantons sahéliens (1965-2011)

Source: USAID, *Sahel JPC Strategic Plan: Reducing Risk, Building Resilience and Facilitating Inclusive Economic Growth*, 2012, 2.

d'une famine extrême et sont sous-alimentées. Il s'agit d'une hausse spectaculaire par rapport aux tendances précédentes qui remontent à 1966 (voir Tableau 1). La majorité des populations qui sont confrontées à la faim sont de petits paysans, qui dépendent de la culture en zone aride du millet, du sorgho, et du dolique.[ii,3] Plus de 20% des ménages agricoles du Sahel vivent actuellement avec moins de 0,50 dollar par jour, et font donc partie des «ultra pauvres».[4]

Par le passé, les familles rurales avaient des stratégies pour préserver le sol et survivre aux sécheresses périodiques. Ces stratégies ne fonctionnent plus et les communautés rurales sont entraînées dans une spirale infernale de rendements faibles, de famine et de malnutrition. Un paradigme de développement défaillant contribue à la perte de résilience des communautés agricoles – leurs capacités, leurs stratégies et leurs atouts permettant de répondre aux crises temporaires sont altérés. La cause sous-jacente de ces crises croissantes d'insécurité alimentaire est la baisse de fertilité des sols.

Pendant des siècles, les petits paysans du Sahel et des zones de savanes d'Afrique de l'ouest ont préservé la fertilité des sols à l'aide d'une stratégie de

---

[ii] Les estimations du pourcentage de petits paysans dans la population varient selon les pays, mais la plupart indiquent que ce groupe représente au moins 50 à 60% du total.

jachère naturelle. Après avoir cultivé un champ pendant quatre ou cinq ans, une famille paysanne défriche de nouvelles terres et met le premier champ en jachère pendant 10 ans ou plus. Bien que les paysans défrichent les terres pour cultiver en coupant et en brûlant les arbres et les arbustes, tout cela se régénérait grâce au réseau vivant de racines et de souches gisant sous la surface, une fois que la terre était mise en jachère. Après un certain nombre d'années, le retour de la végétation naturelle restaure progressivement la matière organique et la fertilité du sol, en allant puiser les nutriments des couches souterraines plus profondes, en créant de l'ombre, et en produisant une litière de feuilles. Enfin, les familles peuvent reprendre le cycle et cultiver la terre à nouveau.

Ainsi, les familles paysannes travaillaient avec la nature, en contrôlant la dynamique régénérative des arbres et des arbustes afin de préserver à la fois leur base de ressources naturelles et leurs moyens d'existence. Aujourd'hui toutefois cette pratique de jachère naturelle d'arbres et arbustes a pratiquement disparu. Depuis 1970, la population du Sahel et des zones de savane de l'Afrique de l'ouest a plus que doublé. La taille des exploitations a par conséquent, diminué. Les agriculteurs ont été contraints à réduire les périodes de jachère puisqu'ils disposent de moins de terres pour travailler. Etant donné qu'ils cultivent la même terre année après année, ils retirent plus de nutriments du sol qu'ils n'en restituent. L'Organisation des Nations Unies pour l'Alimentation et l'Agriculture (FAO) estime que 80% des terres sahéliennes sont vidées de leurs nutriments vitaux.[5]

Ces terres épuisées et infertiles ont des rendements plus faibles, ce qui signifie que les familles doivent cultiver sur des surfaces agricoles plus grandes pour obtenir la même quantité d'aliments. Pour cela, elles doivent défricher plus de terres et étendent considérablement la surface cultivée, en contribuant davantage au cercle vicieux de réduction de la couverture végétale. Dans certains cas, l'usage accru des charrues (tirées par des animaux, ou, au nord du Ghana, par des tracteurs) a déraciné et réduit considérablement la réserve souterraine de racines et de souches d'arbres vivantes, en dégradant encore plus le potentiel régénératif de la terre. D'autre part les agriculteurs continuent d'abattre les arbres, pour fournir du fourrage à leur bétail, et pour répondre aux besoins en bois de chauffage et de construction des populations urbaines et rurales.

La terre est également partagée avec des groupes nomades qui gardent des troupeaux de bovins, de moutons et de chèvres, ce qui constitue une pression supplémentaire. Pour subvenir aux besoins de leurs troupeaux, ces éleveurs nomades rencontrent aussi des contraintes de réduction d'accès à la terre et à la végétation. Etant donné qu'ils ont besoin des mêmes ressources limitées, des tensions croissantes sont apparues avec les paysans de la région.

Alors que les vieux arbres des terres cultivées dépérissent, ils ne sont pas remplacés. Des études du Centre International de l'Agroforesterie (ICRAF) démontrent que depuis les années 1970 et 1980, les agriculteurs du Sahel ont fait face à des pertes d'arbres massives dues à la sécheresse et aux pressions démographiques. Il n'y a simplement pas assez de matière organique pour préserver le sol et nourrir les gens et le bétail.

Les sols fragiles sont exposés au vent et à l'érosion hydrique lorsqu'ils sont battus par les tempêtes torrentielles propres à la saison des pluies, courte de quatre mois. Dans certains cas, la couche de terre arable des zones arides a été presque totalement lessivée. Une croûte épaisse, presque semblable à du ciment, s'est développée, rendant plus difficile la pénétration de l'eau de pluie et la germination des cultures.

Enfin, le changement climatique rend le régime des pluies de plus en plus imprévisible. Parfois il n'y a pas assez de pluie, parfois il y en a trop, ou bien souvent elle tombe au mauvais moment, ce qui retarde et raccourcit la saison de croissance et génère de mauvaises récoltes.[6] Encore plus alarmant, les scientifiques prévoient une hausse de la température de trois à cinq degrés Celsius au-dessus de la température actuelle déjà élevée, d'ici 2050. Les récoltes pourraient chuter si les températures augmentent au-delà d'un seuil critique. Pour le maïs, par exemple, on observe un déclin des récoltes de 0,7% pour chaque exposition de 24 heures à une température supérieure à 29 degrés Celsius (84,2 degrés Fahrenheit). D'ici 2050, les scientifiques prédisent une chute de la production agricole de 13% au Burkina Faso, de 25,9% au Mali et de 44,7% au Sénégal.[7] Même si les précipitations générales restent constantes, la réduction de l'humidité du sol causée par l'augmentation de l'évaporation liée aux températures plus élevées sera une menace pour le rendement des récoltes.

Mobiliser des Réponses

En réponse à la crise alimentaire croissante des zones arides, de 2014 à 2016 la communauté internationale doit réunir près de 2 milliards de dollars par an d'aide humanitaire, pour seulement neuf pays. Les gouvernements du Sahel se sont engagés à augmenter leur soutien à l'agriculture, en y consacrant jusqu'à 10% de leur budget national. Des donateurs et des organismes d'aide internationale majeurs, tels que la Fondation Gates, l'Alliance pour une Révolution Verte en Afrique (AGRA), la Banque Mondiale, le programme Feed the Future du gouvernement des États Unis, et la Nouvelle Alliance pour la Sécurité Alimentaire et l'Alimentation – qui comprend des gouvernements, des multinationales productrices d'intrants agricoles, et des représentants de la société civile – se sont engagés fermement à développer l'agriculture et à sortir des millions de personnes de la pauvreté.

Mais la question cruciale est la suivante : quel type d'agriculture devrait-on soutenir, qui serait la plus adaptée aux zones arides ? Quelles voies, quels programmes et politiques permettront aux petits paysans d'augmenter leur productivité de manière durable, pour les faire sortir de la famine et de la pauvreté, et les rendre résilients face au changement climatique ?

Malheureusement, la plupart des gouvernements africains et des donateurs internationaux soutiennent majoritairement la modernisation de l'agriculture à travers une «nouvelles révolution verte». Ce modèle se fonde principalement sur les engrais chimiques, les pesticides, et les herbicides ; les semences génétiquement modifiées (OGM) et hybrides ; la mécanisation et l'irrigation. Tandis que, dans les zones les plus dégradées, le renforcement de la résilience par des stratégies plus durables reçoit un soutien limité, l'investissement dans les approches agro-écologiques, ou dans la recherche visant à déterminer leur efficacité relative, est généralement faible. L'objectif général de ces programmes est de s'attaquer à la crise alimentaire subie par les petits paysans, bien que dans la pratique ils aient tendance à investir aux endroits susceptibles de générer de bons retours sur investissement. Ces stratégies d'agriculture conventionnelle sont souvent appliquées sur la meilleure terre, avec des agriculteurs de petite et moyenne échelle qui possèdent plus de ressources, afin de soutenir la production de cultures d'exportation telles que le coton, le riz irrigué, ou les cacahuètes. En théorie, l'accroissement du niveau global de production nationale doit générer des bénéfices qui ruisselleront jusqu'aux plus pauvres.

En réalité ces stratégies ne sont pas rentables pour la masse de petits exploitants agricoles vivant dans des zones arides, écologiquement fragiles et exposées aux risques, et qui gagnent moins d'un ou deux dollars par jour. Si l'objectif est d'atténuer la famine et la pauvreté, alors les efforts devraient se centrer sur ces personnes. Ils ne peuvent pas se permettre d'acheter des intrants agro-industriels coûteux, et même ceux qui y ont accès grâce à des subventions cultivent des sols si dégradés que l'usage d'engrais n'est – au mieux – que faiblement rentable. Même pour des agriculteurs à un peu plus grande échelle, le prix des engrais chimiques rend leur usage économiquement irrationnel pour les cultures vivrières. Ils les utilisent plutôt pour les cultures d'exportation à valeur élevée, bien qu'elles soient aussi vulnérables aux aléas du climat et du marché. En investissant dans des intrants externes ils courent le risque de s'endetter s'ils perdent leurs cultures ou leurs débouchés. Plus fondamentalement, les engrais chimiques ne résolvent pas le problème de fond qui est de générer plus de matière organique et d'améliorer la santé biologique et la fertilité naturelle des sols.

De nombreuses agences de développement internationales cherchent à étendre l'agriculture conventionnelle et travaillent activement à façonner les perspectives, les programmes, et les politiques des gouvernements nationaux et des ministères de l'agriculture. Les personnes responsables de l'implantation des programmes de développement agricole manquent de connaissances sur la production agro-écologique et ses bénéfices, mais également sur les impacts négatifs de l'agriculture conventionnelle liée à la «nouvelle révolution verte». Une idée et un préjugé courants chez les décideurs politiques et les donateurs est que, par exemple, l'intégration d'arbres dans les champs (agroforesterie) limite la productivité car ils empêchent l'utilisation des machines pour cultiver des monocultures «modernisées». Ils pensent que les engrais chimiques sont nécessaires pour stimuler la production. De telles visions influencent également les agriculteurs.

Un autre problème majeur réside dans le fait que les partisans de l'expansion agricole promeuvent les techniques agro-industrielles selon un schéma de transfert technologique descendant et universel. Les besoins complexes et différents des agriculteurs et des communautés sont ignorés afin de favoriser l'offre de paquets technologiques prédéfinis.[8] Leur travail habituel de propagation ne prend généralement pas la juste mesure des normes, des

Agricultrice sur sa parcelle gérée par la RNA dans l'est du Burkina Faso.
Crédit Photo : Tsuamba Bourgou

attitudes, des objectifs, et des différents niveaux de ressources des agriculteurs.[9] Un rapide «déploiement» suppose l'existence de populations et de conditions agricoles homogènes, ce qui ne reflète pas les réalités locales.

Ces préjugés sont dévoilés dans une étude de l'agriculture sahélienne réalisée par l'Institut d'Etudes pour le Développement, qui y applique une perspective d'économie politique. Les auteurs identifient un triple abandon : de l'*agriculture* en tant que secteur ; des besoins des *petits exploitants* agricoles dans les régions marginales peu pourvues en technologies de la révolution verte ; et d'une *approche* de l'agriculture *multifonctionnelle et alternative* adaptée aux millions d'agriculteurs des zones arides. Selon le rapport, cet abandon persiste, en raison du manque de volonté politique, *de l'incapacité des petits paysans à exiger fermement des services agricoles* appropriés, et de l'inefficacité des stratégies destinées à surmonter les complexités pour diffuser les innovations agro-écologiques.[10]

Dennis Garrity, Président du Partenariat Agricole EverGreen et Ambassadeur des Zones Arides à l'ONU, a répliqué en soulignant la nécessité d'intégrer les concepts de production agro-écologique dans les cœurs et les esprits des agronomes et des décideurs politiques conventionnels, qui continuent de considérer l'agriculture industrielle de grande échelle comme la solution à l'insécurité alimentaire en Afrique de l'ouest. Le Dr. Garrity a notamment lancé un appel à développer et diffuser l'usage des arbres sur les terres de culture et de pâturage des petits exploitants agricoles.

Il existe de plus en plus de preuves démontrant que l'intensification écologique de l'agriculture, fondée sur des pratiques agricoles traditionnelles telles que la jachère, est la voie à suivre. Une approche éprouvée et prometteuse est celle de la *régénération naturelle assistée* (RNA) dans laquelle les agriculteurs intègrent des arbres à l'intérieur de leurs systèmes agricoles. En effet, cette stratégie agro-écologique revient à «mettre en jachère simultanément» ou à bénéficier des dynamiques de la jachère tout en produisant des cultures alimentaires.

Les principes de production agro-écologique sont indispensables pour permettre aux petits agriculteurs d'Afrique de l'Ouest de surmonter les deux crises associées auxquelles ils sont confrontés : la famine et l'effondrement de la fertilité des sols. Toutefois, appliquer ces principes sur une plus grande échelle, reste un défi à relever. La stratégie conventionnelle du «transfert technologique» influence même les organisations qui cherchent à diffuser les pratiques agro-écologiques.

Ceci est le contexte général pour les trois études de cas suivantes, au Burkina Faso, au Mali, et au nord du Ghana. Dans chacune d'entre elles, les ONG locales, les organisations agricoles, et d'autres alliés, scientifiques, gouvernementaux ou issus de la société civile, ont pris des initiatives afin d'atteindre l'adaptation et l'adoption généralisées des pratiques améliorées, nécessaires pour permettre aux petits agriculteurs d'effectuer la transition vers une production plus agro-écologique, productive et résiliente. Ils ont également travaillé à créer des politiques plus solidaires.

Références

[1] Eijkennar, Jan. 2015. "End of Mission Report: Resilience and AGIR." European Commission Directorate-General For Humanitarian Aid And Civil Protection – ECHO Regional Support Office For West Africa, 7. April; and USAID. 2014. "Latest Sahel Fact Sheet." September. Accessed November 7, 2016 www.usaid.gov/crisis/sahel.

[2] Haub, Carl and Toshiko Kaneda. 2014. "World Population Data Sheet." Population Reference Bureau.

[3] IRIN. 2008. "Backgrounder on the Sahel, West Africa's poorest region." June. Accessed November 7, 2016. www.irinnews.org/report/78514/sahel-backgrounder-on-the-sahel; and Mathys, E., E. Murphy, M. Woldt. "USAID Office of Food for Peace Food Security Desk Review for Mali, FY2015-FY2019." Washington, DC: FHI 360/FANTA.

[4] Eijkenaar, "End of Mission Report." Op. Cit, 5.

[5] Steyn, Anne-Marie. 2015. "Opinion: To Solve Hunger, Start with Soil." *Inter Press Service News Agency*, April. Accessed November 7, 2016. www.ipsnews./net/2015/04/opinion-to-solve-hunger-start-with-soil; and IRIN. "Backgrounder on the Sahel." Op. Cit.

[6] IPCC. 2008. "Synthesis Report: Contribution of Working Groups I, II and III to the Fourth Assessment Report of the Intergovernmental Panel on Climate Change." IPCC, Geneva.

[7] Potts, M., E. Zulu, M. Wehner, F. Castillo, C. Henderson. 2013. *Crisis in the Sahel: Possible Solutions and the Consequences of Inaction*. Berkeley: The Oasis Initiative.

[8] Watt, Robert. 2012. "Adopt or Adapt: The political economy of 'climate-smart agriculture' and technology adoption among smallholder farmers in Africa." CARE International SACC Project Report.

[9] USAID. 2014. "Organizational Survey and Focus Groups on Adaptive Practices." November. Accessed November 7, 2016. http://community.eldis.org/.5c1fe9f0.

[10] Watt. "Adopt or Adapt." Op. Cit.

Régions mentionnées dans le chapitre

CHAPITRE 7

Régénérer les Arbres, les Paysages et les Moyens de Subsistance au Mali : le Cas d'une Transformation Obtenue par un Paysan

Per Pierre Dembele, Drissa Gana, Peter Gubbels, et Steve Brescia

Resume : *Durant les années 1960-1990 au Mali, la gestion environnementale nationale et centralisée, et la pression démographique ont conduit à la dégradation massive des sols et à la propagation de l'insécurité alimentaire au niveau national. Dans la région de Mopti, des communautés se sont mobilisées pour interrompre le cycle de désertification et de vulnérabilité en restaurant les pratiques agricoles traditionnelles et les organisations villageoises. Leur activité, accompagnée du contrôle décentralisé du gouvernement et du soutien des ONG, leur a permis de diffuser des stratégies agro-écologiques au Mali et au-delà. Nous racontons ici leur histoire, depuis le point de vue des ONG partenaires.*

Histoire : de la Gestion Locale de l'Environnement au Contrôle Centralisé

Salid Aly Guindo comprend la relation profonde qui relie les arbres et l'organisation communautaire dans l'écosystème complexe dans lequel il vit. Juste au nord du territoire Ende, au centre du Mali, s'étend le vaste désert du Sahara. «Ici, notre saison des pluies pour l'agriculture dure moins de trois mois», dit-il

Salif Aly Guindo, directeur de Barahogon, Ende, Mali. Crédit Photo : Steve Brescia.

pensif, debout au milieu des nombreux fourrés qui parsèment maintenant les terres agricoles d'Ende. «Nous produisons avec nos graines, conservées par nos ancêtres. Même s'il nous manque de quoi manger, nous achetons des aliments à l'extérieur, mais nous gardons toujours nos propres graines. Mais avant que *Barahogon* redevienne forte, le sol est devenu si pauvre que nos graines ne produisaient plus de manière adéquate. Maintenant qu'on a réussi à restaurer le sol, nos graines produisent de nouveau». [1] Salif est le président de *Barahogon*, une organisation communautaire traditionnelle qui régénère la couverture arborée et la fertilité des sols et, par conséquent, freine et fait reculer la désertification en provenance du Nord, qui avait menacé de rendre Ende invivable.

Depuis leur arrivée dans la région au vingtième siècle, les peuples dogon, fulani et dafing cultivaient du millet, du sorgo, et des doliques, et élevaient du bétail. La zone est maintenant connue sous le nom de Cercle de *Bankass* (une subdivision administrative) dans la région de Mopti au Mali. Avec des précipitations annuelles qui varient entre 400 et 850 mm par an, l'écosystème des zones arides est difficile, mais à travers une combinaison de structures sociales bien adaptée et de pratiques agricoles respectueuses de l'environnement, ces peuples ont construit une société prospère. En 2009, la population du Cercle de Bankass a atteint les 263 446 habitants. [2]

Pendant des siècles, les communautés locales dogon étaient organisées sous la direction d'un *hogon*, ou roi, qui supervisait plusieurs départements administratifs. Un de ces départements était appelé *Barahogon*, ce qui signifie dans le langage dogon «le Roi des Buissons». La mission traditionnelle de *Barahogon* était de gérer durablement l'équilibre entre la production, les moyens de subsistance, et les ressources naturelles. Ceux qui travaillaient dans cette unité développaient de profondes connaissances sur leur écosystème local, qu'ils intégraient dans leurs pratiques culturelles. Ils étaient responsables de la gestion des terres broussailleuses ; de la conservation d'importantes espèces de plantes, d'arbres et d'animaux ; de l'application des règles locales sur la récolte des fruits sauvages ; et de la programmation des festivals traditionnels, de l'élagage des arbres, et de l'enfermement et de la remise en liberté saisonnière des animaux du village pour qu'ils paissent. Les membres de *Barahogon* étaient également responsables de communiquer et d'appliquer les lois traditionnelles régulatrices de l'environnement, y compris les directives prévoyant de ne pas tuer des animaux femelles, enceintes ou en lactation ; de ne pas abattre les arbres fruitiers ; d'utiliser des mesures d'hygiène près des sources d'eau ; et de résoudre les conflits locaux concernant les terres et les ressources environnementales. Comme la plupart des institutions traditionnelles engagées dans la gestion de l'environnement, *Barahogon* a été affaiblie lors de la colonisation et encore davantage lors de l'indépendance du Mali vis à vis de la France en 1960. Ces trois dernières décennies, le gouvernement malien a centralisé la réglementation et la gestion environnementales, en confiant le contrôle des communautés locales au Département des Eaux et Forêts tout juste créé. Bien que l'intention du gouvernement malien fût de promouvoir une gestion plus durable de l'environnement, ses mesures ont eu l'effet opposé.

Accélération de la Dégradation, Augmentation de la Famine

Entre 1960 et 1990, une série de facteurs se sont combinés et ont créé un cycle désastreux de dégradation accélérée du sol, de disparition d'arbres et de la couverture végétale, et de précipitations imprévisibles dans le Cercle de Bankass, dans la région Mopti, et dans des régions arides plus vastes du Mali. Parmi les moteurs essentiels de la dégradation des terres, on identifie : la pression démographique ; la centralisation du pouvoir politique et de la prise de décision concernant la gestion locale des ressources naturelles ; la capacité limitée des organisations communautaires à générer des innovations agro-écologiques assez rapidement pour suivre le rythme accéléré du déclin environnemental ; et le changement climatique.

Terre défrichée pour être cultivée. Crédit Photo: Steve Brescia. Crédit Photo: de Steve Brescia.

Pendant les 900 dernières années, le peuple dogon et les autres groupes ethniques de Bankass ont pu répondre à leurs besoins de manière durable grâce à l'agriculture et aux pratiques traditionnelles de gestion de l'environnement, tout en faisant face aux sécheresses occasionnelles et aux années peu productives. Le processus de gestion communautaire des ressources naturelles a fonctionné. Une de leurs pratiques les plus importantes était la mise en jachère des champs (décrite de manière plus détaillée dans le Chapitre 6 traitant du Contexte de l'Afrique de l'Ouest). Dès que la fertilité du sol d'un champ commençait à décliner, les agriculteurs le mettaient en jachère pendant 10 à 20 ans, et défrichaient de nouvelles terres pour les cultiver.

Durant cette période de jachère, le couvert végétal arboré se restaurait, apportant une nouvelle matière organique au sol, et lui rendant sa fertilité pour de nouvelles récoltes.

Tandis que l'autorité et la capacité de *Barahogon* à gérer et à encourager des pratiques durables diminuaient progressivement, la population augmentait graduellement, exerçant de plus en plus pression sur la terre. C'est pourquoi, dans plusieurs régions de Bankass, les paysans ont dû réduire continuellement leur nombre d'années de jachère. Certains ont totalement interrompu cette pratique. Etant donné que le pouvoir de *Barahogon* avait diminué, ses membres n'ont pas pu intervenir face à ces pressions afin de promouvoir des réponses plus durables et bénéfiques. Par conséquent, la fertilité des sols et le rendement des cultures ont décliné, et les paysans se sont retrouvés dans un cercle vicieux de période de jachère réduite, de réduction de la fertilité des sols et de leur capacité de rétention d'eau, et ont eu besoin de compenser en cultivant davantage de terres, ce qui a eu pour effet de réduire le couvert arboré et végétal et d'augmenter l'érosion. Les arbres, également sources de combustible, sont devenus si rares que les femmes devaient parcourir de grandes distances pour récolter du bois pour le feu. Salif Aly Guindo se rappelle que beaucoup d'entre elles, incapables d'en trouver, avaient recours à «de la bouse de vache et à des tiges de sorgho en tant que combustible pour cuisiner. C'est ce qui fertilisait la terre. Mais si vous le brulez pour cuisiner [au lieu de le réincorporer au sol], alors rien ne poussera.»[3] La dégradation des sols s'intensifiait.

Alors que les paysans dogons devenaient de plus en plus vulnérables à l'insécurité alimentaire, le changement climatique commençait à accélérer la fréquence et la gravité des sécheresses. Les graves sécheresses sahéliennes de 1973 et 1985 en particulier, et cinq autres entre 1992 et 2005, ainsi que l'invasion acridienne de 2004-2005, ont accéléré la destruction du couvert végétal. L'érosion éolienne a augmenté, et des dunes de sable sont apparues pour la première fois dans la région de Bankass.

Pour faire face aux crises, les dirigeants locaux sont intervenus. Ils se sont efforcés de relancer *Barahogon* et leurs pratiques culturelles d'agriculture durable. Ils ont agi pour changer les lois qui étaient devenues un obstacle à l'organisation, à la gestion et à l'innovation locales.

Pratiques d'Agroforesterie: le Pouvoir de la Loi

Les lois sur l'agroforesterie établies par le nouveau gouvernement indépendant du Mali dans les années 1960 ne reconnaissaient pas de manière adéquate les droits et les besoins des paysans à gérer les arbres sur leurs terres agricoles, ou à participer à la gestion durable de la brousse. Les mêmes lois destinées à protéger la brousse, exigeaient que les paysans obtiennent des permis du Département des Eaux et Forêts s'ils désiraient couper ou tailler des arbres sur leurs propres terres. Cela a retiré aux paysans leur pouvoir de décision, et a créé des processus bureaucratiques qui les ont découragés de préserver activement les arbres sur leurs fermes.

Au début des années 1990, le gouvernement malien a reconnu la nécessité de réformer, et a pris des mesures réglementaires et législatives afin de décentraliser en rendant les pouvoirs aux autorités régionales et communautaires.

Par exemple, le gouvernement a révisé le Code National de la Forêt en 1995 afin de classer les arbres de moins de dix ans, situés dans les champs des paysans ou sur des terres mises en jachères, comme faisant partie du domaine «agricole» plutôt que «forestier». Bien que cela réduise les restrictions imposées aux paysans, certains détails du Code restent à clarifier. Est-ce que les paysans étaient autorisés à tailler et à couper les arbres ? Quelle était la répartition exacte des responsabilités entre les communautés locales et les Ministères du gouvernement national ?

L'Importance de la Culture

Autour de cette période, en 1994, SOS Sahel — une ONG environnementale basée en Angleterre — a commencé à travailler avec des paysans dans la région de Bankass afin d'encourager les communautés à résoudre les crises auxquelles elles étaient confrontées en promouvant la conservation de l'eau et du sol, associée à des techniques agro-écologiques. Comme l'a signalé Drissa Ghana — un des auteurs de cette étude de cas — à Groundswell : «On a commencé à travailler dans la région en réalisant avec les communautés des études diagnostiques sur les difficultés liés à l'environnement dans la région. Dans les vieux villages dogon, les gens sont devenus de plus en plus conscients des institutions existantes en matière de protection environnementale, dont Barahogon dans le nord de Bankass, et *Alamodiou* dans le sud».[4]

Un autre membre du personnel de SOS Sahel, Mamadou Diakité, a observé comment les communautés ont commencé à faire la promotion des techniques traditionnelles d'agroforesterie et de l'intérêt de certains arbres pour la culture locale. Localement connu sous le nom de *balazan* (*Faidherbia albida*, ou Acacia), cet arbre est originaire de la région et possède de multiples vertus. Il possède une racine pivotante profonde qui lui permet de résister et de survivre à la sécheresse ; il est épineux, ce qui le protège des animaux ; c'est un légumineux. Le *balazan* maintient le sol en place, pompe les nutriments souterrains afin de régénérer et de préserver la fertilité des sols, enrichit la matière organique des sols grâce à sa litière de feuilles, et fixe les éléments azotés. Pour les paysans, cet arbre a le grand avantage de perdre ses feuilles pendant la saison des pluies — lorsqu'ils sont en train de planter — donc il n'entre pas en concurrence avec les cultures pour capter l'ensoleillement ou les nutriments lors de la saison de croissance. Il n'est pas surprenant que les cultures locales accordent au *balazan*, dans les récits de création, une place éminente en tant que source de vie.

Afin de célébrer et d'encourager la reprise de l'agroforesterie grâce aux *balazans*, et d'exploiter ces racines culturelles profondes, Diakité a écrit un poème sur la dépendance mutuelle des paysans et des *balazans*. Le poème a été largement diffusé sur les stations de radio locales, et a eu une forte résonance à travers les populations locales :[5]

Appel du paysan au Balanzan :[i]

Balanzan, (ne me laisse pas) ne m'abandonne pas…
Balanzan, ne m'abandonne pas
Balanzan, toi qui protège les paysans contre le vent et la grande chaleur de la saison sèche. Balanzan, ne m'abandonne pas…

Appel du Balanzan au Paysan

Paysan de Seno, viens m'aider à sortir, sois mon espoir de salvation ;
Paysan de Seno, protège moi contre les houes
Paysan de Seno, protège moi contre les charrues
Paysan de Seno, protège moi contre les haches des éleveurs de Seno, protège moi contre les feux de brousse

---

[i] Balanzan est la prononciation locale de "Balazan".

D'anciens champs stériles à Ende, Mali, restaurés à travers la régénération naturelle assistée (RNA), augmentant ainsi la production de culture alimentaire, de fourrage et de bois de feu.
Crédit Photo: Steve Brescia.

Mais après avoir soutenu les paysans de la région pendant quelques années, SOS Sahel a dû interrompre son activité et concentrer son attention ailleurs au Mali. Cependant les agriculteurs leaders des villages dogon ont poursuivi leur travail afin de restaurer par eux-mêmes l'environnement et les moyens de subsistance. En 2004, SOS Sahel a connu des changements structurels à son siège britannique, et a soutenu le personnel malien dans l'établissement d'une ONG locale afin de poursuivre leur importante activité, connue sous le nom de Sahel Eco. En 2005, après avoir été absent pendant environ huit ans, le personnel de Sahel Eco a revisité la région afin de comprendre ce qui s'était passé. Ils ont été surpris des changements. «Lorsque notre personnel est retourné à Ende en 2005, en plus des quelques arbres centenaires qui avaient survécu aux sécheresses des années 70-80, on a trouvé une forêt de jeunes arbres qui émergeait des sols sablonneux. Nous nous sommes rendu compte que quelque chose d'important se passait», a dit Drissa Gana.[6]

Barahogon se Revitalise

Reconnaissant les crises auxquelles elles étaient confrontées, différentes communautés de la région de Mopti avaient décidé dans le milieu des années 1990 de prendre des mesures radicales afin de revitaliser leurs structures d'organisation traditionnelles ainsi que leurs pratiques durables de gestion de la terre. Elles se sont efforcées de renforcer l'association de *Barahogon*, qui recouvre les trois régions (cercles) de Kani Bozon, Bankass et Koporo Na, autour du village d'Ende. Les leaders de *Barahogon* ont travaillé avec des familles, aussi bien pour rétablir d'anciennes pratiques et connaissances culturelles efficaces, que pour innover face au changement climatique accéléré.

Barahogon réactivé et dirigé par des leaders communautaires tels que Salif Aly Guindo, a institué des directives communautaires simples, affirmant l'interdiction de couper des arbres ou des branches dans un champ sans autorisation préalable du paysan. Une annonce a été faite sur la radio locale afin d'informer de ces règles les villages avoisinants, et de prévenir les bucherons que leur permis n'était valable que sur des forêts contrôlées par l'Etat. Ils ont soutenu de nombreux changements dans les pratiques des populations locales. Comme l'a rappelé Pierre Dembele, Directeur de Sahel Eco et co-auteur de cette publication, «parfois les populations résistaient à ces changements, mais les dirigeants des communautés se rendaient compte qu'ils étaient nécessaires afin de régénérer, protéger les arbres, et régénérer le sol».[7]

Les agriculteurs ont dû apprendre de nouvelles méthodes pour régénérer les arbres et leur terre, et adapter leurs pratiques afin d'intégrer les arbres dans leurs systèmes agricoles. Ils ont appris à identifier et à sélectionner les jeunes

TABLEAU 1: Changements de Pratiques Identifiés par les Agriculteurs

Pratiques favorables à développer	Pratiques défavorables à réduire
Conservation de jeunes pousses d'arbres lors des plantations de cultures	Destruction des plants d'arbres
Méthodes améliorées permettant de défricher les champs	Couper et brûler les branches et les souches
Production de plants d'arbres	Récupérer les résidus et les tiges (au lieu de les intégrer dans le sol)
Vente de plants d'arbres	Exploitation commerciale des racines et des écorces
Plantation d'arbres	Exploitation des racines dans l'artisanat
Taille d'arbres	Mutilation des arbres
Regroupement des coupes d'arbres (pour le fourrage et pour le bois de feu)	Coupes de bois de feu dans les fermes et les champs en jachère
Utilisation de fours améliorés	Utilisation des tiges de millet en tant que combustible/pour cuisiner
Amélioration des méthodes de cueillette de fruits	Récoltes de fruits encore verts
Labourage perpendiculairement à la pente	Labourage parallèlement à la pente
Techniques de paillis	
Intégration semi-directe du fumier	
Gestion des animaux dans les champs	

pousses à partir de racines et de souches vivantes, à les marquer et à les aider à pousser. Ils ont expérimenté la taille correcte en cours de croissance, afin de maximiser les avantages des arbres, et de contrôler leur ombre pour laisser aux cultures un ensoleillement adapté. Ils ont testé laquelle des combinaisons de variétés de l'arbre était la meilleure pour leur ferme, les usages et les bénéfices des différentes variétés (par exemple : pour la fertilité du sol, le fourrage, le bois de feu, les outils ou la construction, etc.) ainsi que les meilleurs niveaux de densité d'arbres par hectare. Les femmes responsables de récolter du bois de feu et du fourrage ont dû accepter de laisser les arbres pousser pendant les trois premières années jusqu'à ce qu'ils puissent être utilisés durablement pour cela. Comme l'a remarqué Salif Aly Guindo en 2011, «on voit comment

Restauration du couvert d'arbres sur un paysage désertifié dans les alentours du village d'Ende, au Mali. Crédit Photo : de Steve Brescia

ces arbres ont poussé. Si on taille toutes les petites branches à la saison des pluies, on aura plein de bois. C'est bien pour les femmes puisqu'elles peuvent le porter sur des charrettes tirées par des ânes jusqu'à leur maison. Elles n'ont pas à se déplacer trop loin.»[8] *Barahogon* gère aussi les désaccords entre les paysans, les bûcherons et les autorités gouvernementales. Ce faisant, ils ont dû s'efforcer de gagner légitimité et confiance au sein de la communauté, afin d'assurer que ces nouvelles règles seront acceptées par tous.

Sur une période relativement courte d'environ dix ans, l'association *Barahogon* a obtenu autour d'Ende des résultats incroyables : la restauration écologique et la transformation significative de ses terres, grâce à une innovation, une organisation et un travail menés en propre, suivant des principes agricoles et de vie en harmonie avec leurs ressources naturelles. Ils n'ont pas simplement interrompu mais en fait ont inversé la dégradation environnementale et du sol de leur milieu de vie, soit plus de 3000 hectares. Entre 1999 et 2008, ils ont mené ce travail sans soutien extérieur.

Comprendre et Mesurer le Succès : Partenariat ONG - *Barahogon*

Observant les progrès et la transformation agro-écologique obtenus par *Barohogon*, Sahel Eco a décidé de les aider à consolider leur activité et à la diffuser plus largement. Ils ont investi dans des études permettant de comprendre et de documenter les processus et les techniques d'agroforesterie développés par *Barahogon* à Ende. Ils ont ensuite commencé à collaborer avec d'autres villages autour d'Ende afin de les encourager à inspirer, revitaliser, et entrainer les membres des autres associations traditionnelles en grande partie inactives dans toute la région de Bankass. Ils ont utilisé des techniques telles que les visites d'échange d'enseignements, les programmes de radio locale, les compétitions pour récompenser les meilleurs paysans, et le renforcement d'organisations agricoles communautaires et traditionnelles. Cela a conduit à un déploiement des innovations agro-écologiques à une masse critique partout dans le Cercle de Bankass. L'ensemble des techniques agro-écologiques développé indépendamment par *Barahogon* a été finalement qualifié de «Régénération Naturelle Assistée», ou RNA, et a été promu largement au-delà de Bankass et du Mali (comme démontré par les études de cas sur le Burkina Faso et le Ghana).Pour avancer dans le processus déploiement, Sahel Eco a travaillé de manière intensive avec les nouvelles autorités du gouvernement local décentralisé à Bankass, réclamant la reconnaissance locale des associations inter-villageoises *Barahogon* et *Alamodiou*. Puis, Sahel Eco a travaillé à encourager les conventions locales entre les autorités gouvernementales locales et *Barahogon*, qui définissaient les responsabilités des communautés dans la gestion des ressources naturelles.

Sahel Eco a promu activement la diffusion à travers le Mali de ces pratiques agro-écologiques conduites par les agriculteurs, et rapidement, le village d'Ende est devenu une étape obligée des visites de groupes — d'autres villages, de fonctionnaires, d'ONG nationales et internationales, et de délégations d'autres pays sahéliens — venant voir le travail remarquable de l'association *Barahogon*. Sahel Eco a cherché à associer la diffusion de la RNA et d'autres pratiques durables complémentaires, de communauté en communauté et de paysan à paysan, à des efforts plus larges afin d'influencer la politique et de renforcer les réseaux nationaux et régionaux.

Recherche Participative, Documentation et Communications

Sahel Eco a travaillé avec des membres de la communauté afin de mener des recherches et des analyses participatives, d'écrire et de diffuser un certain nombre d'articles et d'études. De petites vidéos ainsi que des films documentaires plus longs étaient également produits et partagés avec d'autres communautés, des réseaux paysans et de la société civile, afin de les informer sur les approches et les bénéfices de la RNA. D'autre part, Sahel Eco et *Barahogon* ont utilisé la radio locale afin de promouvoir des histoires et des poèmes, partager des pratiques productives, et informer les membres de la communauté à propos des règles de gestion des arbres.

Ci-dessous se trouvent certains exemples des stratégies participatives menées par Sahel Eco afin de générer des connaissances et de modifier les pratiques :

Visites croisées : Sahel Eco a soutenu des visites éducatives sur l'activité de RNA à Bankass, par des délégués de villages provenant d'autres cercles de la région de Mopti (Koro, Bandiagara, Douentza, et Mopti) et du Cercle voisin de Tominian dans la Région

> **Dialogue lors de la Visite croisée de 2009 à Ende :**
>
> *«J'aimerais savoir comment vous avez pu arroser une plantation (d'arbres) aussi grande alors que le point d'eau le plus proche se trouve à 4km d'ici ?»*
>
> *- Naomie Dembele, agricultrice de Tominian*
>
> *«Madame, les arbres que vous voyez n'ont pas poussé grâce à notre arrosage. La croissance de ces arbres est due à deux activités. Premièrement, on a assuré la protection de la région contre l'exploitation forestière dévastatrice, grâce à un accord avec les services forestiers. Et ensuite, de nombreux agriculteurs ont appliqué la technologie RNA».*
>
> *- Salif Aly Guindo, Président de l'association Barahogon.*

de Segou. En 2009 par exemple, Sahel Eco a organisé une «caravane» spéciale permettant d'aller voir les paysans et les autorités des gouvernements locaux du Cercle de Tominian qui ont voyagé à Ende, Bankass dans différents bus. Quatre organisations agricoles de Tominian ont choisi 61 participants, dont 25 femmes, qui ont accepté la responsabilité de partager ce qu'ils avaient appris, d'enseigner et de former les autres dès leur retour. La visite en caravane a été un puissant catalyseur dans la diffusion de l'activité à Tominian.

Compétitions et Prix : Sahel Eco et *Barahogon* ont organisé des compétitions du «Meilleur Agriculteur de la RNA» signalées dans les organisations communautaires à travers la radio et par le bouche à oreille. En 2010 par exemple, 228 agriculteurs ont rejoint la compétition, et 50 gagnants ont été sélectionnés en provenance de dix municipalités de la région de Mopti. Chaque gagnant a reçu un rouleau de tissu apprécié pour la confection de vêtements, et portant le motif imprimé «Greening the Sahel». Ils ont créé des vidéos de sept agriculteurs gagnants, que les promoteurs de la communauté ont ensuite utilisées pour en former d'autres.

Défense des intérêts et «Conventions Locales» : comme indiqué, le plaidoyer en faveur du contrôle et de la prise de décision décentralisés concernant l'usage de la terre et des arbres était un facteur crucial permettant la bonne diffusion de la RNA. Sahel Eco a également contribué à faciliter la création d'accords locaux dans les 12 villes de Bankass, à travers des processus de recherche-action et de négociation impliquant des acteurs locaux. Ces accords ont officialisé le contrôle local des agriculteurs sur la gestion des arbres. Ils comprenaient des incitations à régénérer et à préserver les arbres, pour des agriculteurs convaincus qu'ils pourraient en tirer des avantages à long-terme.

Mise en réseau : Sahel Eco, avec le soutien de partenaires et d'investisseurs internationaux, a développé des programmes permettant de diffuser des démarches au-delà de Bankass dans les cercles de Koro, Bandiagara, Mopti et Djenne. Ils ont créé des réseaux plus larges avec des chercheurs et des représentants des ONG et des organisations agricoles qui partagent des objectifs similaires. Sahel Eco a également découvert que des efforts de RNA apparaissaient parallèlement dans d'autres pays en réponse à des dynamiques et à des crises similaires. Par exemple, des chercheurs et des organisations nigériennes ont identifié environ 5 millions d'hectares de terres agricoles régénérées par RNA depuis 1980. Des organisations du Burkina Faso aussi ont régénéré 300 000 hectares.

En avril 2009, ces groupes se sont réunis afin de lancer l'initiative plus vaste «Greening the Sahel Initiative». En plus de Sahel Eco et des organisations agricoles, le meeting comprenait des représentants du Ministère de l'Environnement malien, le Président de l'Assemblée Nationale du Mali, la Coordination Nationale des Organisations Paysannes (CNOP), et plusieurs ONG, des techniciens de terrain, et des représentants d'autres pays. Les paysans ont exprimé des témoignages convaincants de leur activité pour la régénération de leur terre et de leurs moyens d'existence à travers la RNA.

Résultats

Toutes ces stratégies se sont associées afin de créer un effet d'autodiffusion de la RNA parmi les paysans et les villages dans plusieurs régions, comme l'ont observé des évaluateurs externes, des fonctionnaires et des membres des communautés locales. Ces types d'autodiffusion et d'adoption volontaire sont souvent les meilleurs indicateurs que des technologies adaptées apportent des bénéfices réels et précieux à la vie des gens.

Dans l'ensemble, le travail initié par *Barahogon*, et soutenu par Sahel Eco, a mené à une inversion remarquable de la déforestation et de la désertification, à la diffusion de la RNA à un niveau critique de la population d'agriculteurs de la région de Mopti, et à d'importantes avancées d'un plus large mouvement «Greening the Sahel» au Mali et en Afrique de l'Ouest.

Pour les personnes vivant et cultivant dans la région de Mopti, les résultats sont clairs et tangibles. Comme l'a décrit Salif Aly Guindo :

> «Avant il n'y avait pas d'herbe ici. Le sol n'était pas fertile donc rien ne pouvait pousser. Maintenant, tout ce que tu plantes peut pousser...
>
> Avant il n'y avait que quelques vieux arbres isolés. Maintenant, quand on plante du sorgho, du millet, des doliques, tout pousse bien. Les feuilles mortes fertilisent le sol. Ces arbres *nabana* (*Piliostigma reticulatum*) fixent l'azote, tout comme ces petits arbres là. Avant 1999, le vent était un gros problème. Les tempêtes de sable couvraient les graines et rien ne pouvait pousser, et il y avait des invasions d'insectes. Mais maintenant la densité des arbres empêche le vent de souffler et donc les graines peuvent pousser. On récolte aussi de l'herbe pour nourrir les animaux et pour pouvoir élever plus de bétail.
>
> Avant 1999, on récoltait 4 à 5 sacs (100 kilos par sac) de millet ou de sorgho. Maintenant on obtient quatre à cinq greniers entiers. Chaque grenier contient 15 sacs (*à noter: une augmentation de 400-500 à 6 000 kilos de millet ou de sorgho par an*).
>
> On a commencé ce travail en 1999. Maintenant on a assez de nourriture pour toute l'année. Il n'y a pas de période de disette. Avant, on connaissait une réelle insécurité alimentaire. Nous dépendions de nos proches venant de différentes régions pour nous nourrir. Nous avons transformé cette région grâce à un gros effort collectif ».[9]

Au-delà de ce puissant compte rendu, deux évaluations conduites par Sahel Eco soulignent l'échelle des résultats obtenus jusqu'à présent. La première a été réalisée en 2010 et se centrait sur le processus dans la région de Bankass de 1999 à 2010. Elle démontre une augmentation de 30 à 50% des taux d'adoption des dix «meilleures pratiques» identifiées par les agriculteurs pour la gestion des ressources en arbres à travers la RNA.[10] Le taux d'adoption pour la plupart de ces pratiques a dépassé une «masse critique» (estimée à 40%), ce qui indique la probabilité d'une adoption autonome, et la diffusion continue vers d'autres agriculteurs. Les agriculteurs ont repris conscience de la valeur et de l'importance des arbres pour leur vie et leur paysage. Par conséquent, parmi les 13 communes de Bankass, six ont maintenant inversé la déforestation et atteint une période «d'équilibre» entre leur production agricole, leur régénération et leur gestion des arbres (par exemple, les ressources augmentées en bois accrues satisfont ou excèdent les niveaux de consommation annuels).

TABLEAU 2: Les bénéfices de la RNA de 2005 à 2010 définis par les communautés de Plateau (sur une échelle de 1 à 10)

Indicateurs de l'importance des arbres pour répondre aux besoins d'une communauté	Situation en 2005	Situation en 2010
Médecine naturelle	2	8
Fruits des arbres pour l'alimentation	3	7
Abondance des produits	1	8
Bois de feu	3	7
Bois de construction	2	10
Amélioration de la fertilité des sols	1	9
Retour des animaux sauvages	1	10
Feuilles pour cuisiner des sauces	1	10
Production de fourrage	3	8
Ombre	1	10
Abondance des arbres	2	9
Réduction de l'érosion par le vent	1	10
Augmentation des revenus	1	10
Retour des oiseaux	1	10
Introduction d'espèces d'arbres exotiques	Non Disponible	10
Renforcement de la cohésion sociale	Non Disponible	10
Moyenne	1.5	9.1

Mais dans quelle mesure ces indicateurs quantitatifs révèlent-ils les bénéfices réels de la RNA pour les familles ? Afin d'évaluer cela davantage, Sahel Eco et *Barahogon* ont mené des groupes de discussion approfondie avec des femmes et des hommes des communautés de Plateau et de Seno dans le Cercle de Bankass. On a observé par exemple que les femmes de Plateau, qui cinq à dix ans plus tôt utilisaient des tiges de millet et de la bouse de vache pour cuisiner, n'utilisaient plus que du bois de feu écologique en provenance de leurs champs. Le Tableau 2 ci-dessous résume les changements bénéfiques de la RNA perçus par les habitants de Plateau de 2005 à 2010 (sur une échelle de 1=le plus bas, et 10=le plus haut).

TABLEAU 3: Seno - Evolution des ressources naturelles

Types de ressources forestières	Année 2000	Année 2005	Année 2010
Forêts Sacrées	10	3	1
Bosquets	3	5	10
Haies	2	3	10
Arbres dans les espaces publics	4	5	10
Arbres dans les champs en jachère	3	5	10
Arbres dans les champs agricoles	3	5	10

A Seno, des participants ont attesté des changements dans l'état de leurs ressources naturelles entre 2000 et 2010 (voir Tableau 3). Sur une échelle de 1 à 10, ils ont identifié l'année lors de laquelle différentes ressources d'arbres se trouvaient à leur niveau le plus élevé, sur ces dix dernières années (noté 10), en précisant ensuite dans quelle mesure les ressources ont évolué durant cette période (la note 1 signalant le niveau le plus bas de ressources disponibles en arbres).

Les agriculteurs ont également identifié des bénéfices importants liés au renforcement des organisations locales et à la création d'un contexte plus favorable. Par exemple, à travers l'instauration de Conventions Locales dans la plupart des communes, ils ont amélioré la gestion communautaire des forêts de manière significative, et ont finalement établi une Union pour la Gestion Intercommunautaire des Forêts autour de la zone forestière de Samori. Les membres des communautés, ainsi que les représentants du gouvernement local, ont exprimé en faveur de ce travail un grand enthousiasme et un fort sentiment d'appartenance. Ils ont rendu la vente des permis d'abattage et d'utilisation des arbres plus transparente, ont augmenté les revenus municipaux à partir de la vente des licences, et ont réinvesti ces ressources dans le développement local. Moins d'émigrants quittent la zone, la perte de bétail a été réduite, et les artisans locaux ont repris leurs activités artisanales génératrices de revenus en profitant d'un meilleur accès aux ressources naturelles.

La seconde évaluation, réalisée en 2013, portait sur un programme développé de 2010 à 2013 pour diffuser la RNA dans la commune de Sokura, dans la région de Mopti. [11] Dans les 11 villages enquêtés (sur 28 au total), les agriculteurs ont augmenté leurs taux d'adoption de la RNA, passant de 18,8% des ménages en 2010 à 41,3% en 2013. Les agriculteurs ont régénéré environ 56 500 arbres (12 espèces locales différentes) à travers la RNA sur les fermes et les terres en jachère. Ils ont planté au total 25 241 arbres supplémentaires «à valeur élevée» (17 variétés différentes dont des arbres fruitiers, des baobabs, des moringas, etc.) sur leurs fermes, avec un taux de survie de plus de 96%.

A Sokura, des membres des communautés identifiaient de nombreux bénéfices positifs similaires offerts par l'adoption généralisée de la RNA. Les femmes ont réduit leur charge de travail et les dépenses associées, et ont augmenté leur accès au bois de feu. Les paysans ont augmenté la fertilité des terres, tout en réduisant l'érosion du sol et le sable soulevé par le vent et les tempêtes, et ils ont également observé l'amélioration des taux de germination des cultures dans leurs champs. En utilisant le fourrage provenant des feuilles et des branchages, ils ont augmenté leur production de viande et de produits laitiers, ainsi que leur revenu en engraissant et en vendant leurs animaux plus rapidement. Les paysans ont également amélioré leur accès aux produits forestiers non-ligneux, tels que les fruits et les médecines naturelles destinés à l'usage et à la vente. Les femmes ont augmenté leur revenu, en vendant par exemple des fruits de Faidherbia abida (les femmes ont déclaré obtenir un sac de 100kg par arbre dans les champs de RNA, qu'elles vendent pour l'équivalent d'environ 4,40 dollars/sac). Les familles ont un meilleur accès au bois pour les poutres et les mâts destiné à la construction de maisons. Des participants ont rapporté qu'un meilleur accès et usage de ces ressources leur avait permis d'améliorer leur santé.

L'évaluation a démontré que les impacts étaient plus forts dans 15 villages de régions rurales et arides, par rapport aux 13 villages qui se trouvaient dans des zones périurbaines (soumises à la pression commerciale et à la précarité des droits fonciers), ou dans des plaines inondables destinées à la riziculture (qui possèdent un écosystème différent avec des modèles agricoles différents). S'il y a une leçon à retenir, c'est la nécessité de mieux adapter les stratégies de RNA aux régions périurbaines où des opportunités commerciales différentes peuvent exister, ainsi qu'à des contextes agro-écologiques différents.

Une analyse coût-bénéfice approximative du programme de Sokura démontre un niveau impressionnant d'efficacité et de rentabilité. Le programme représentait un investissement d'environ 165 000 dollars sur trois ans, ou d'environ 55 000 dollars par an. Pour cet investissement, dans au moins 15 des 28 villages, environ 40% des agriculteurs ont adopté la RNA, inversant substantiellement la déforestation et la désertification, et augmentant durablement la fertilité du sol, la production alimentaire, la génération de revenu, et de multiples bénéfices liés pour les femmes et les familles.

Leçons et Prochaines Étapes

La chute de la fertilité des sols, et l'augmentation de la vulnérabilité et de la faim chroniques chez les populations rurales font partie des plus grands défis affrontés par le Mali, et par la région plus vaste du Sahel en Afrique. Les paysans et leurs organisations traditionnelles, telles que Barahogon, ont fait preuve d'une capacité remarquable à puiser dans le savoir traditionnel, à continuer d'innover, à travailler en harmonie avec la nature, et à régénérer leurs paysages et leurs moyens d'existence. En prenant appui sur le puissant succès initial de Barahogon sur la régénération naturelle des arbres gérée par les agriculteurs, Sahel Eco a travaillé efficacement afin de diffuser cette stratégie plus largement à d'autres organisations traditionnelles de la région de Bankass. Tout aussi important, ils ont travaillé avec de multiples partenaires afin de préconiser des réglementations et des accords permettant la décentralisation de la prise de décision concernant la gestion de la terre et des arbres, au profit des paysans et des communautés. Il est clair qu'une fois que les agriculteurs se sentent libres de protéger, soigner, et bénéficier des arbres dans leurs champs, des solutions technologiques et organisationnelles peuvent émerger. La RNA et les techniques agro-écologiques associées possèdent un grand potentiel pour aider à reverdir le Sahel et à inverser le cycle de dégradation dans la région.

Malgré ce progrès important, des communautés dans plusieurs régions du Mali font toujours l'expérience de taux élevés de déforestation et d'une vulnérabilité accrue. Même si le gouvernement malien mène plusieurs politiques favorables à l'agroécologie, dans la pratique sa diffusion n'a pas été privilégiée. Au lieu de cela, les investissements agricoles du gouvernement ont favorisé l'agriculture commerciale de grande échelle et les intérêts internationaux de l'industrie agroalimentaire.Par exemple, ils ont offert aux pays étrangers l'accès à des terres hautement productives, et ont négligé la majorité des petits paysans des zones arides.

Pour inverser la tendance et développer l'agroécologie au Mali, plusieurs étapes s'imposent. Nous devons continuer de réviser les lois et les réglementations afin d'assurer aux paysans le pouvoir de gérer leurs arbres et leur terre durablement, et de reconnaître les accords traditionnels de propriété foncière. Les Ministères de la forêt et de l'agriculture, les autorités locales, les ONG, les organisations traditionnelles et agricoles doivent se rassembler et harmoniser des principes autour de ces objectifs. Les organisations traditionnelles doivent renforcer leur capacité à gérer leurs ressources naturelles, tandis que des plans de développement territorial qui leur délèguent les responsabilités devraient être lancés par les municipalités. Il est nécessaire de soutenir les processus d'innovation dirigés par les agriculteurs, afin d'intégrer aux pratiques existantes de RNA un éventail plus large de principes et de pratiques agro-écologiques, capables d'augmenter encore la production et la résilience. Les agriculteurs et leurs partenaires doivent améliorer les chaînes de valeur des produits agroforestiers sur les marchés locaux, tandis que les institutions de recherche doivent apporter leur aide en soutenant le développement et la documentation de toutes ces démarches.

En mai 2014, de nombreuses organisations se sont rassemblées au Mali pour créer une plateforme d'agroécologie nationale dans le but de poursuivre ces objectifs de manière plus cohérente. En s'inspirant de succès comme ceux de *Barahogon* à Ende, la leçon est claire : il est possible de transformer les systèmes agricoles qui sont en crise afin de les rendre productifs, résilients, et durables. Toutefois, cela nécessite un travail en commun des partenaires liés au mouvement d'agroécologie au Mali, dans le but d'assurer un changement d'échelle partant du terrain, tout en créant des politiques favorables. Selon Salif, «cela exige un effort collectif. Même avec la création de l'association *Barahogon*, on peut voir que certaines personnes pourraient encore venir couper des arbres. Nous devons nous organiser. Un agriculteur individuel ne peut pas agir tout seul.»

Références

[1] Aly Guindo, 2011. Salif. Interview by Steve Brescia, Fatoumata Batta, et Peter Gubbels, 14 Juin.

[2] République de Mali Institut National de la Statistique. 2010. "Résultats Provisoires RGPH 2009".

[3] Aly Guindo, interview, Op.Cit.

[4] Ghana, Drissa. 2015. Rapport Interne à Groundswell International.

[5] Diakité, Mamadou. 1995. *Natural Regeneration Poem*. Extrait traduit par des auteurs

[6] Ghana, Internal Report, Op. Cit.

[7] Dembele, Peter. 2015. Internal Report to Groundswell International.

[8] Aly Guindo, interview, Op. Cit.

[9] Aly Guindo, interview, Op. Cit.

[10] Gubbels, Peter, Ludovic Conditamde, Mamadou Diakite, Salifou Sow, Drissa Gana, Housseini Sacko. 2011. "Raport Final: Auto-evaluation Assistee du projet "Trees for Change," Cercle de Bankass, Mali." Janvier.

[11] Gubbels, Peter, Bianovo Moukourou, Amadou Tankara, Oumar Sidibe, and Mama Traore. 2013. "End of Project (2010-2013) Evaluation Report, Sahel Eco and International Tree Foundation, Assisted Self Evaluation of the "Re-greening Sokura" Project, Commune of Sokura, Mopti, Mali." November.

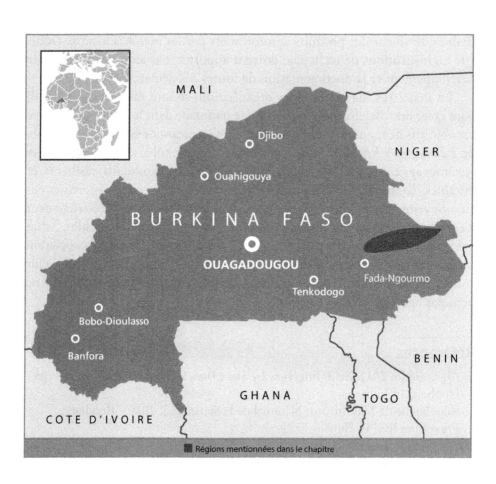

MALI

NIGER

Djibo

Ouahigouya

BURKINA FASO

OUAGADOUGOU

Fada-Ngourmo

Tenkodogo

Bobo-Dioulasso

Banfora

BENIN

GHANA

TOGO

COTE D'IVOIRE

■ Régions mentionnées dans le chapitre

CHAPITRE 8

Des Oasis aux Paysages du Succès: Accroître l'Innovation Agro-écologique au Burkina Faso

Par Fatoumata Batta et Tsuamba Bourgou

Résumé: *L'Association Nourrir Sans Détruire (ANSD, the Nourish Without Destroying Association) a travaillé avec 125 villages dans l'est du Burkina Faso afin de soutenir un processus d'innovation et de diffusion agro-écologique communautaire, mené par les paysans. À travers des écoles de terrain, des échanges, des plans d'action à l'échelle du village, et en travaillant en collaboration avec différents leaders et agences gouvernementales, les agriculteurs et les collaborateurs du projet n'ont pas simplement soutenu l'innovation agro-écologique en cours, mais ont trouvé des moyens de diffuser l'innovation à un nombre croissant de paysans.*

Comme un grand nombre de ses voisins, Souobou Tiguidanla travaille dans des conditions environnementales précaires pour nourrir une famille nombreuse sur une petite ferme où il fait pousser principalement du maïs, du millet et du sorgho. « En 2010 et 2011, on a eu faim», se souvient Souobou. « Les précipitations étaient faibles et nous n'étions pas capables de produire assez d'aliments pour nous ». La famille n'aurait pas pu survivre avec ses seules récoltes, et a dû acheter des aliments sur le marché, en sachant que ces dépenses allaient réduire sa capacité d'investissement dans les récoltes à venir. « Quelque chose devait changer », Souobou le savait, et c'est pourquoi il a recherché une formation en agroécologie auprès d'une organisation locale, et a commencé progressivement à adapter de nouvelles méthodes qui n'étaient pas seulement productives et bénéfiques pour l'environnement, mais aussi moins coûteuses.

L'Association Nourrir Sans Détruire (ANSD, the Nourish Without Destroying Association) — une organisation dirigée par l'un des auteurs (Bourgou), et cofondée en partenariat avec l'autre (Batta) — a travaillé dans l'objectif de soutenir l'innovation et l'adaptation agro-écologique dans l'est du Burkina Faso. En encourageant l'expérimentation, en reconnaissant l'innovation, et en priorisant l'apprentissage décentralisé entre paysans, l'ANSD a découvert des voies menant à des moyens d'existence plus viables écologiquement et économiquement. Elle vise à obtenir un changement généralisé et durable, en se concentrant sur la **profondeur** des pratiques agro-écologiques à la ferme, sur la diffusion **horizontale** des pratiques de paysan à paysan, et sur l'adaptation **verticale** de l'agroécologie, à travers les différents niveaux de gouvernement et les organisations civiques.

Défi : Oasis du Succès

Selon le rapport des Nations Unies sur le développement humain de 2015, le Burkina Faso est le sixième pays le plus pauvre du monde.[1] L'Est du pays est l'une de ses régions les plus marginalisées économiquement et, selon des études récentes, 43,9% de la population vivent en dessous du seuil de pauvreté.[2] Ces personnes sont prises dans un cercle vicieux de dégradation des ressources naturelles, de déclin de la fertilité du sol, de réduction de la production alimentaire, et de faim. Les pénuries alimentaires sont fréquentes, particulièrement pendant la «saison creuse» entre les récoltes, et sont accentuées par la sécheresse (comme dans le cas de Souobou). De nombreuses familles sautent des repas pour survivre. 30% des petits agriculteurs les plus pauvres vendent leurs animaux et d'autres biens domestiques lors de ces périodes afin d'acheter de quoi manger sur les marchés locaux. Lorsqu'ils n'ont rien à vendre, ils obtiennent des prêts à taux d'intérêt élevé auprès d'usuriers.

Témoignage d'Agriculteur: Adjima Thimbiano, Village Gayéri[3]

« L'insuffisance des précipitations et l'appauvrissement du sol sont les principaux défis auxquels nous sommes confrontés. Comme la fertilité du sol baisse, la production baisse également. Nous n'avons pas autant de cultures que par le passé. Nous sommes 11 personnes à vivre à la maison. Bien sûr que nous sommes inquiets. Si tu es responsable des autres et que tu n'as pas assez à manger, tu es vraiment inquiet».

Animateur d'ANSD expliquant l'utilisation du A-Frame pour construire des barrières suivant les courbes de niveau pour la préservation du sol et de l'eau. Crédit Photo: de Tsuamba Bourgou

Cette perte d'actifs rend les ménages encore plus vulnérables face à la saison creuse suivante, ou à la prochaine sécheresse. La majorité de la population rurale de l'est du Burkina Faso, comme c'est le cas dans d'autres régions du Sahel, est incapable de sortir de ce cercle vicieux en s'appuyant sur des pratiques (telles que la mise en jachère) qui ont fonctionné par le passé.

Dans ce contexte difficile, les agriculteurs, les ONG locales et les chercheurs en agronomie au Burkina Faso ont développé une série de solutions viables. Ces 30 dernières années, ils ont testé et adapté un grand nombre de pratiques de production agro-écologiques rentables — certaines nouvelles, d'autres traditionnelles — qui se sont avérées aptes à restaurer la fertilité des sols et à augmenter la production alimentaire des petits agriculteurs. Cela comprend des techniques de conservation du sol et de l'eau fondées sur des pratiques traditionnelles, telles que le «zaï», des puits en «demi-lune» de captation de l'eau et des digues en pierres perméables qui suivent les courbes des pentes, l'usage de compost afin d'augmenter la matière organique des sols, et la promotion de la pratique de «régénération naturelle assistée» (RNA) des arbres. La RNA est une approche de l'agroforesterie dans laquelle, au lieu de défricher les arbres, les agriculteurs leurs permettent de se régénérer sur leurs

L'innovation Isolée

Mariam Ouango, une agricultrice de 57 ans et mère de six enfants vivant au village de Tibga, a découvert une façon inédite d'augmenter la production de ses cultures sans utiliser d'engrais chimiques. En plus de cultiver et d'élever du bétail, Mariam crée des produits à valeur ajoutée, tels que le beurre de karité. Pendant des années elle s'est efforcée de faire pousser des tomates, qui ont souvent fini "brulées" à cause des précipitations limitées et des lourds impacts des engrais chimiques. Un jour, Mariam s'est aperçue que la terre sur laquelle elle versait les restes du processus d'extraction de beurre de karité paraissait moins compacte, plus humide, et non attaquée par les termites ou par d'autres insectes. Elle a pressenti une opportunité et a commencé à pulvériser son jardin avec un liquide à base de beurre de karité, remplaçant les engrais chimiques. Les plants de tomate obtenus étaient deux fois plus grands et productifs. La nouvelle technique a eu des résultats merveilleux pour Mariam et sa famille. Elle est fière de son innovation et motivée à continuer d'expérimenter d'autres stratégies agro-écologiques. Jusqu'à présent, son innovation ne s'est pas encore propagée à d'autres agriculteurs. L'une des limites de cette pratique tient au fait que la plupart des agriculteurs n'ont pas accès à l'extrait de beurre de karité. Afin de déterminer si les programmes d'agriculture devraient se centrer sur l'amélioration de l'accès et de la diffusion de cette technique, il serait important de mener davantage de recherches pour vérifier l'impact de l'usage du beurre de karité en tant qu'amendement du sol.

fermes à partir de souches et de racines existantes, en taillant les pousses et en intégrant les arbres à l'intérieur de leurs systèmes agricoles de manière à ce qu'ils restaurent la fertilité du sol et la productivité. Certaines familles paysannes ont également utilisé des graines à cycle court afin de faire face aux précipitations irrégulières.

Bien que très efficaces, ces pratiques sont actuellement adoptées de façon limitée. Les agriculteurs qui en font usage représentent les «oasis du succès» au milieu d'un champ de bataille pour la survie. Une diffusion de l'agroécologie beaucoup plus rapide et radicale est essentielle pour inverser la dégradation alarmante des sols et des ressources naturelles, générer de la productivité, et réduire la pauvreté, la vulnérabilité, et la faim chronique des communautés paysannes, tout en créant un plus grand bien-être.

Réponse : l'Extension des Paysages de Succès

La mission générale de l'ANSD consiste à renforcer les communautés rurales afin de vaincre la faim et de promouvoir le développement socio-économique. En 2010, nous avons initié un nouveau programme à l'est du pays afin de tirer parti de travaux antérieurs. Ce programme soutient le développement agricole communautaire à travers l'agroécologie, dans trois régions dont l'ensemble constitue un total de 124 villages : Bilanga, Gayéru et Tibga

L'ANSD considère que les paysans et leurs organisations communautaires doivent mener leurs propres processus de développement communautaire et agricole, et que notre rôle est de renforcer durablement leur capacité. Nous pensons également que les projets individuels doivent être liés à des prises de décisions et des initiatives de changement social plus vastes. Pour ce faire, l'ANSD travaille en étroite collaboration avec des organisations paysannes inscrites dans les communautés ; deux ONG locales, l'Association pour la Recherche et la Formation en Agroécologie (ARFA) et l'Association pour la Promotion Rurale de Gulmu (APRG) ; l'Institut National de Recherche Environnementale et Agricole (INERA) ; des représentants du gouvernement local et des leaders traditionnels.

Como Fumata Batta (cofundador de ANSD y coautor de este capítulo) describe en un reporte para Groundswell International:

« Lorsqu'on a commencé à travailler en 2010, nous nous sommes rendu compte qu'il existait des innovations agricoles qui démontraient que les pratiques agro-écologiques étaient rentables même sous des conditions extrêmes telles que celles présentes dans l'est du Burkina Faso, mais elles n'étaient simplement pas assez rapidement diffusées pour faire la différence. On savait qu'on devait trouver un moyen de porter l'agroécologie à une échelle supérieure. Donc nous sommes allés dans les villages et nous avons facilité un certain nombre de discussions avec les paysans afin de comprendre pourquoi les choses avançaient si lentement. Les villageois comprenaient le problème très clairement. Selon eux, si certains avaient entendu parler de ces innovations agro-écologiques, la plupart des agriculteurs ne les avait pas vues, ou bien n'en connaissait pas grand-chose. Il n'y avait pratiquement aucun service de vulgarisation encourageant les paysans à découvrir ces alternatives. En général, le gouvernement se concentre sur les agriculteurs de grande échelle en produisant des cultures d'exportation, en fournissant des intrants conventionnels, et n'a pas d'intérêt pour les petits paysans ou les approches durables. Les paysans remarquent que de leur côté, leurs communautés manquent généralement de capacité organisationnelle pour mener la promotion et diffuser elles-mêmes ces stratégies, ou les défendre. Les hauts niveaux d'illettrisme représentent également un obstacle.

« Nous avons décidé de travailler pour soutenir l'expérimentation paysanne à partir de pratiques agro-écologiques prometteuses, et leur diffusion de paysan à paysan. En plus des compétences techniques, cela demanderait également de renforcer les compétences organisationnelles des organisations villageoises pour diriger ce processus. Nous nous sommes engagés à prioriser l'implication des représentantes et des groupes de femmes grâce à des stratégies ciblées qui leur permettent plus facilement de participer et d'en tirer bénéfice. Nous avons aussi prévu de renforcer systématiquement la capacité des organisations communautaires, afin de créer à travers les villages des réseaux de partage des savoirs et des pratiques efficaces, afin de favoriser l'accès aux marchés locaux, et de contribuer aux politiques qui soutiennent la souveraineté alimentaire ».[4]

Les villageois ont élaboré des stratégies avec l'ANSD, ils ont développé des activités et des sessions de réflexion régulières afin d'évaluer et d'examiner leurs progrès, ils ont identifié les leçons apprises, et ont ajusté leurs stratégies au fur et à mesure de leur avancée. En commençant modestement , l'ANSD a employé une stratégie multiplicatrice afin de diffuser les pratiques agro-écologiques, entre les villages et les communautés, en travaillant dans trois directions complémentaires : premièrement notre objectif a été d'**approfondir** le savoir des agriculteurs individuels à l'aide d'un ensemble croissant de principes et de pratiques agro-écologiques qui diversifiaient l'innovation et l'expérimentation agricole. Ensuite, des partenaires du projet ont travaillé à diffuser ce savoir **horizontalement** à travers des ateliers et du partage entre les paysans. Enfin, notre équipe a travaillé à diffuser l'agro-écologie **verticalement** à travers de plus vastes réseaux d'agriculteurs, et le travail politique.

Profondeur de l'Agro-écologie : Puiser dans le Savoir Paysan

Les paysans ont tendance à écouter les autres paysans qui vivent dans les mêmes conditions, en particulier s'ils voient certaines choses qui ont fonctionné. C'est pourquoi l'ANSD a organisé des visites d'étude pour les

Femmes à Bilanga-Yaga en train de construire des fosses d'ensemencement zaï et d'y ajouter du compost. Crédit Photo: Amy Montalvo

représentants des organisations agricoles villageoises, le gouvernement local et les responsables du ministère, ainsi que des chefs traditionnels et religieux, afin d'observer des techniques agro-écologiques efficaces mises en pratique par des agriculteurs innovants.

Les leaders ont travaillé avec leurs villages afin d'identifier les défis et les opportunités essentiels, et de déterminer des façons de tester et diffuser des innovations agro-écologiques prioritaires qu'ils avaient observées. Des groupes d'agriculteurs désireux de tester les nouvelles techniques agro-écologiques ont été formés. L'ANSD a facilité l'auto-évaluation organisationnelle participative des groupes d'agriculteurs, et les a suivis à l'aide d'un soutien adapté. Cela a conduit les membres des communautés à établir progressivement des comités agricoles villageois dans chacun des 60 villages. L'un des critères de constitution des comités était la diversité de leur représentation en termes de genre, de statut économique, d'âge, et d'obédience religieuse aussi bien que traditionnelle. Ces comités ont construit leur capacité organisationnelle pour assumer l'analyse, la planification, le travail de sensibilisation, la coordination entre les agriculteurs, la gestion et l'évaluation du processus de partage agro-écologique.

A travers ce processus, nous avons choisi des innovations agro-écologiques «fondamentales» : les fosses d'ensemencement *zaï*, les digues de

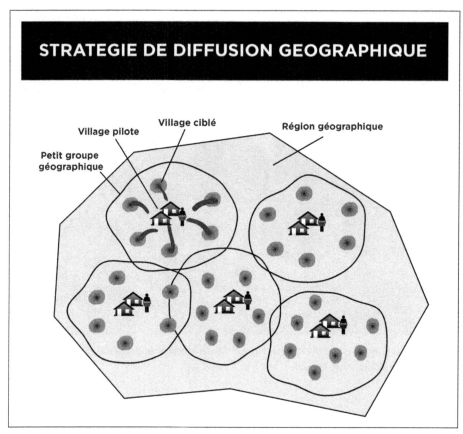

GRAPHIQUE 1: Stratégie de diffusion géographique de l'agroécologie

protection en pierre, les zones de captation d'eau en demi-lune, et la RNA/agroforesterie, constituent la base de formation technique et pratique de paysan à paysan, offerte aux groupes croissants qui s'intéressent à l'agroécologie.

Le directeur d'ANSD Tsuamba Bourgou a décrit ailleurs le processus de diffusion et d'expérimentation de ces techniques :

> « Nous avons soutenu des agriculteurs innovants dans des villages pilotes, afin de tester en conditions fermières des techniques agro-écologiques sur des parcelles expérimentales, d'évaluer les coûts et bénéfices, et de comparer ces pratiques avec le reste des exploitations. Ensuite nous avons organisé les 60 villages concernés en 17 petits groupes de trois à quatre villages chacun, selon la proximité géographique, le groupe socio-culturel, l'appartenance à un clan, et la fréquentation des mêmes marchés. Les chefs

communautaires ont désigné un village pilote dans chaque petit groupe et ont sélectionné dans chaque village des agriculteurs motivés (des femmes et des hommes) afin de commencer les expérimentations fermières dans chaque grande section de village. Ces agriculteurs ont utilisé les approches employées par les écoles agricoles de terrain qui expérimentaient

Visite de transmission de paysan à paysan des techniques agro-écologiques, telles que les demi-lunes. Crédit Photo: Tsuamba Bourgou

un nombre limité de pratiques agricoles sur des parcelles pilotes, sur leur propre terre. Nous avons suivi l'adoption de nouvelles pratiques avec un système participatif simple de gestion et d'évaluation communautaire, établi dans des réunions de planification qui utilisaient des outils visuels tels que des cartes sociales situant tous les ménages, et des tableaux faciles à lire qui évaluaient les niveaux d'adoption.»[5]

Mal conçus, les programmes de développement peuvent réellement accroître l'écart entre les ménages les plus aisés et les plus pauvres, ou entre les femmes et les hommes. L'ANSD a travaillé avec des membres des communautés afin d'anticiper et d'éviter cela en identifiant les ménages les plus vulnérables et qui sont victimes de l'insécurité alimentaire, en priorisant la participation des femmes et en adaptant un soutien ciblé à tous. Les organisations communautaires se sont assurées qu'au moins 30% de tous les agriculteurs impliqués dans les activités principales étaient des femmes.

Diffusion de l'Agroécologie à des Ménages plus Nombreux

Les pratiques agro-écologiques se diffusent au-delà des participants aux formations initiales prenant la forme des visites de fermes et des expérimentations. Pour accélérer cette diffusion, nos équipes ont mis au point un programme associant les villages pilotes géographiquement dispersés à une formation de paysan à paysan. Les comités agricoles villageois ont recruté un vaste réseau décentralisé de représentants agricoles volontaires (aussi bien des femmes et des hommes) chargés de l'enseignement. Ces volontaires ont été

sélectionnés sur la base de leur propre intérêt et de leur pratique de l'agroécologie, de leur désir d'enseigner, et de leur distribution géographique afin
de couvrir toutes les communautés. Ces volontaires font tous partie d'une
approche décentralisée de formation «en cascade» de paysan à paysan, et
mettent en œuvre des parcelles expérimentales dans plusieurs villages afin
de tester les pratiques agro-écologiques. Une fois que les agriculteurs volontaires sont convaincus de l'efficacité des pratiques agro-écologiques sur leur
propre ferme, les comités agricoles villageois organisent des rendez-vous sur
le terrain pour que d'autres paysans à l'intérieur des petits groupes villageois
puissent visiter et apprendre de ces expériences. A travers l'ANSD, nous
avons offert une formation méthodologique pour permettre aux agriculteurs
volontaires de partager efficacement leurs nouvelles pratiques et donner des
conseils à un groupe croissant de paysans intéressés.

De plus, les représentants agricoles ont travaillé avec l'ANSD pour
développer des émissions de radio communautaires, dans le but de partager les bénéfices de techniques agro-écologiques spécifiques à travers des
programmes en langue locale. Ils ont produit des vidéos réunissant les
expériences des paysans locaux afin de les partager avec d'autres paysans et
villages. Bourgou l'a signalé :

> « Tout cela fait partie de notre effort de travail avec les paysans,
> afin de produire, réunir, et diffuser le savoir de manière dyna-
> mique et interactive. A l'ANSD nous complémentons la gestion
> et l'évaluation communautaires par des processus supplémen-
> taires d'évaluation destinés aux programmes d'apprentissage et
> permettant d'obtenir des données. Cette information - et l'infor-
> mation provenant de nos propres évaluations internes - contribue
> aux rapports, aux vidéos, aux photos, aux études de cas, et aux
> histoires vécues que nous diffusons localement et internationale-
> ment pour promouvoir l'agroécologie» .[6]

Diffusion Verticale : Création d'un Contexte Politique et Social Favorable à l'Agroécologie

Bien que le gouvernement du Burkina Faso offre un soutien limité à certaines
pratiques de production agro-écologique, il ne considère pas l'agroécologie
comme une priorité en matière de développement. La plupart des investissements publics en agriculture se font dans les régions agricoles les plus rentables (ainsi que dans les exploitations de coton) et soutiennent des pratiques
conventionnelles transmises à travers des paquets technologiques de semences

conventionnelles et d'engrais chimiques subventionnés. Il est difficile de discuter les politiques nationales et de les modifier - particulièrement pour les ressortissants ruraux vivant dans des régions écologiquement fragiles, exposées, et jouissant d'une influence limitée. Moyennant quoi, les participants aux actions influencent d'abord les programmes, les budgets, et les priorités de développement des gouvernements et ministères locaux et régionaux. La plupart des gens dans ces organisations ont des connaissances limitées de l'agroécologie. Les impliquer dans le processus d'apprentissage en cours dans les communautés rurales contribue à développer une compréhension et une appréciation partagées sur l'agroécologie, et sur le processus d'apprentissage de paysan à paysan. Nombre d'entre eux deviennent des alliés.

En 2014, l'ANSD a organisé deux ateliers de quartier et un atelier régional où les paysans et les représentants de l'ANSD ont échangé des leçons sur les stratégies agro-écologiques avec des organisations agricoles, des fonctionnaires du gouvernement, et des décideurs, pour les sensibiliser, et discuter de projets visant le renforcement et la diffusion de l'agroécologie.

Ces rencontres ont permis à l'ANSD et aux dirigeants agricoles d'impliquer systématiquement des acteurs majeurs au niveau des districts et des régions, en permettant à de multiples organisations et agences d'échanger des stratégies et d'harmoniser leurs conceptions et approches de l'agroécologie. Cela a aussi permis d'obtenir plus de soutien institutionnel en faveur des visites de paysan à paysan, des ateliers, des rendez-vous sur le terrain, et des sessions de planification et d'évaluation inter-villageoises. D'autre part, l'ANSD est active dans différents réseaux régionaux, nationaux et internationaux, dans des plateformes de formation, et dans des communautés de pratiques qui soutiennent la diffusion de l'agroécologie au Burkina Faso et au-delà. Tous ces réseaux et ces activités éducatives contribuent à renforcer l'agroécologie à l'intérieur des agences gouvernementales et ouvrent la porte à davantage de ressources et de politiques favorables.

Résultats: Innovation Agro-écologique et Adoption Accrues

Après avoir participé à un stage de formation agro-écologique, Souobou (le paysan décrit au début de ce chapitre) a commencé à expérimenter de nouvelles pratiques sur sa ferme. « J'ai construit des digues de protection en pierre sur mes champs », dit-il. « Cela empêche l'eau de s'écouler. Nous avons aussi commencé à faire du compost avec des résidus de culture et de la bouse de vache ». Son sol est donc plus humide et fertile, et ses rendements ont augmenté d'environ 100% en seulement un an. Souobou était le premier paysan à adopter ces pratique agro-écologiques particulières dans son village, mais il ne restera pas longtemps le seul. « Mes enfants apprennent déjà à utiliser ces nouvelles techniques et je suis prêt à les enseigner aux autres aussi », dit-il.

L'ANDS a commencé à travailler en 2010 dans seulement 10 villages, mais grâce au soutien et aux efforts d'agriculteurs tels que Souobou, elle s'est étendue à 60 villages. Alors que le projet a commencé comme une collaboration entre des paysans et des représentants de communautés, il fonctionne aussi maintenant en relation avec l'agence gouvernementale de recherches agricoles, l'INERA, afin de développer l'expérimentation agricole. Plus de la moitié des agriculteurs impliqués dans le programme pratiquent maintenant l'agroforesterie (RNA), qui était rare auparavant dans la région. La rotation annuelle des cultures est également en expansion.

Pour l'essentiel, cette réussite a été possible grâce à l'offre de belles opportunités dans l'expérimentation agricole décentralisée et le transfert horizontal de savoir. Cela génère de l'implication et un intérêt continu dans l'agroécologie, à un coût beaucoup plus faible que les programmes de développement agricoles conventionnels. Ce projet a atteint de nombreuses personnes : entre 2014 et 2015, un total de 221 écoles agricoles de terrain a été organisé avec plus de 2500 formations d'agriculteur-formateurs, dont la plupart sont des femmes. Grâce au travail de ces agriculteurs-formateurs, à la mi-2015 un total de 2945 ménages avait adopté l'agroforesterie (RNA) ainsi que des techniques agro-écologiques liées (fosses d'ensemencement *zaï*, digues en pierre, fumier organique, etc.). D'autres villageois ont ensuite visité et appris de ces agriculteurs grâce à l'organisation de rendez-vous de terrain. Ces évènements ont formé plus de 1000 femmes et hommes dans les 60 villages qui ont agi en tant que *promoteurs volontaires*, en offrant des formations agro-écologiques et un soutien suivi aux agriculteurs qui débutent dans l'agroécologie. Le coût des formations pour ces promoteurs de l'agriculture volontaires a été d'environ 2 US $ par personne. (D'autres ONG et organisations de soutien technique dépensent souvent plus de 10 US $ par agriculteur formé dans des conditions similaires, avec des résultats moins durables.)

A travers ce processus de paysan à paysan, le programme a su créer de manière très remarquable une base diversifiée de producteurs, leaders et penseurs de l'agroécologie. Après le lancement de l'expérimentation agricole et des premières écoles agricoles de terrain, de 2010 à 2014 un total de 16325 agriculteurs, dont 8498 femmes, ont participé à des activités éducatives afin de mieux comprendre les stratégies de l'agroécologie, et commencent à adopter des pratiques agro-écologiques. Des évaluations à venir analyseront les niveaux d'adoption et l'impact sur la fertilité du sol et la production alimentaire. En se basant sur plusieurs documents de programme, on estime

TABLEAU 1: Taux d'Adoption des Pratiques Agro-écologiques (2014)

Pratique agro-écologique	Nombre de ménages adoptant cette pratique	Pourcentage des ménages adoptant cette pratique
Rotation[i]	1,078	52.9
Agroforesterie (RNA)	1,066	52.4
Digues de protection en pierre	816	40.1
Fosses d'ensemencement en pierre Zaï (micro-captation)	406	19.9
Fumier biologique/trou de compost	291	14.3
Cycle de graines court amélioré	282	13.9
Inter-culture	121	5.9
Captation de l'eau demi-lune	42	2.1
Zaï • Total des ménages n=2036 dans 15 villages	5	0.2

[i] Cela comprend à la fois les nouvelles techniques et les techniques traditionnelles liées à la rotation des cultures

qu'au moins 3000 jeunes et enfants se sont engagés dans des activités de protection de l'environnement, et que de nombreuses femmes ont organisé des groupes de soutien et de pratique agro-écologique. Ensemble, tous ces paysans font partie d'un mouvement collaboratif local qui a été renforcé afin de diffuser l'agroécologie.

L'un des objectifs du programme a été de développer une «masse critique» d'agriculteurs dans chaque village (30-40%) qui adoptent des techniques agro-écologiques. À partir de là, nous espérons que les paysans commenceront à adopter des pratiques biologiques sans efforts de vulgarisation formels. Un sondage de 2014 (présenté dans le Tableau 1) sur les 15 villages dans lesquels le programme a fonctionné pendant quatre ans, révèle que ce point a déjà été atteint concernant la rotation (52,9%), la RNA (52,4%) et les digues de protection en pierre (40,1%).

Nous cherchons également à comprendre quelles pratiques agro-écologiques les paysans choisissent d'adopter en premier, et celles qu'ils adoptent par la suite. Cela nous permet, ainsi qu'aux promoteurs agricoles, de mieux comprendre les points de départ des communautés et des paysans tout juste impliqués. Une étude menée sur 72 ménages dans la région de Bilanga offre certains aperçus. Face à l'offre d'un «panier d'éventuelles technologies», la plupart des ménages semble sélectionner les innovations «fondamentales» qui offrent les bénéfices les plus élevés aux coûts les plus faibles et qui permettent aux autres innovations d'avoir un impact. Par exemple, les paysans doivent empêcher l'érosion du sol avant de pouvoir investir dans l'amélioration de sa fertilité ou de la diversité des cultures. La première année, la plupart des ménages ont opté pour les digues de protection en pierre et des amendements biologiques. L'agroforesterie, d'un autre côté, est plus souvent appliquée lors de la seconde et de la troisième année. Le modèle séquentiel dépend aussi des ressources de chaque ménage, en particulier la force du travail.

En plus de comprendre la séquence d'adoption, il est également important de comprendre comment les paysans combinent différentes pratiques agro-écologiques qui semblent posséder des effets synergiques. Comme présenté dans le Tableau 2, dix différentes combinaisons sont apparues dans les mêmes ménages agricoles à Bilanga, mais les digues de protection en pierre et le fumier biologique sont les combinaisons les plus répandues, dans la mesure où le fumier est inefficace s'il est emporté par l'érosion. D'autre part, les digues de protection aident à retenir l'eau dans le champ afin qu'elle puisse pénétrer dans le sol, et offrir de l'humidité sur le long terme pour les cultures. La RNA, une fois établie après deux à trois ans, est un système régénératif qui nécessite d'être contrôlé, mais qui génère de multiples bénéfices une fois établi. La fosse d'ensemencement zaï, qui comprend l'usage du fumier biologique, est très efficace mais nécessite également beaucoup de travail.

Au-delà de ces «pratiques fondamentales», certains paysans expérimentent leurs propres innovations et commencent à partager celles-ci avec d'autres. La création de ce type de processus d'innovation agricole continu et mené par les paysans est l'un des bjectifs ultimes du projet. Tani Lankoandé de Sagadou en offre un exemple parfait. Elle a pris l'initiative de trouver de nouvelles manières d'augmenter la production agricole face au changement climatique. « Tout a commencé par une simple observation », dit-elle. Elle a remarqué que lorsque les feuilles mortes des arbres avoisinants étaient transportées par les précipitations vers le champ, le sol devenait plus riche. « Ces feuilles se décomposent en humus qui rend la terre fertile et arable » explique-t-elle. « Donc j'ai récolté ces feuilles mortes et les ai mises en petits tas partout dans ma ferme en m'assurant d'y ajouter des cendres. Les cendres empêchent les termites d'attaquer les piles de feuilles et le vent d'Harmattan d'emporter les feuilles ».

Après avoir testé cette méthode sur une partie de sa terre, et l'avoir comparée sur un autre espace contrôlé, Tani a confirmé l'utilité de la pratique. L'ANSD a soutenu Tani dans la conduite d'expériences supplémentaires et

TABLEAU 2: Modèle de Combinaison des Pratiques Agro-écologiques Adoptées par les Petits Agriculteurs dans la Région de Bilanga au Burkina Faso (2014) (72 ménages étudiés)

Combinaison de pratiques agroécologiques	Nombre de ménages	Pourcentage des ménages
Digues de protection en pierre + Fumier biologique	32	82
Digues de protection en pierre + Agroforesterie (RNA) + Fumier biologique	23	59
Digues de protection en pierre + *Zaï* (comprend le fumier biologique)	20	51
Zaï (comprend le fumier biologique)	16	41
Digues de protection en pierre + Agroforesterie (RNA) + *Zaï* (comprend le fumier biologique)	13	33
Digues de protection en pierre +Cycle de graines court +Rotation	12	31
Digues de protection en pierre + Agroforesterie (RNA) + *Zai* (comprend le fumier biologique) + Cycle de graines court	11	28
Digues de protection en pierre + Fumier biologique + Cycle de graines court + Rotation	11	28

l'a présentée à des chercheurs de l'INERA. Elle est fière du fait que d'autres agriculteurs du village ont également adopté cette pratique. Le mieux, dit-elle, c'est que ces techniques puissent être adoptées par des agriculteurs qui ne disposent pas des ressources économiques nécessaires à investir dans de nouveaux intrants ou outils.

Un sondage sur 64 écoles agricoles de terrain en 2014 a révélé que les rendements des cultures élémentaires produites sous des conditions agro-écologiques ont augmenté de 40 à 300%, par rapport aux parcelles de contrôle. En se basant sur ces résultats, les agriculteurs veulent répandre leur utilisation et leur expérimentation avec des techniques agro-écologiques différentes. C'est important, car au Sahel il n'existe pas de technique agro-écologique capable d'inverser à elle seule la dégradation du sol et la baisse de la productivité. La transformation de la ferme traditionnelle en un système résilient au changement climatique, durable et hautement diversifié, nécessitera un processus d'innovation agro-écologique continu dans lequel les ménages apprendront

Kiribamba Pakouma, un Exemple de Leadership Féminin en Agroécologie

Grâce au projet, de plus en plus de femmes se sont impliquées dans l'horticulture de saison sèche à la fois pour la consommation et la vente, et ont implanté des pratiques d'élevage améliorées. D'autre part, elles utilisent des méthodes simples afin de transformer des produits destinés à être conservés ou vendus (par exemple à travers le séchage solaire), et ont formé des groupes d'épargne et de crédit pour soutenir ces efforts. Kiribamba Pakouma, par exemple, a repris l'horticulture après avoir participé à la session de formation de l'ANSD. Elle fait partie du groupe de femmes dont les membres s'entraident économiquement et travaillent collectivement sur les parcelles de chacune. Elles s'échangent aussi des conseils en agroécologie. Kiribamba a commencé par investir seulement 1000 CFA (2 US $) dans les graines et les intrants, et grâce au soutien économique apporté par le groupe de femmes, elle produit maintenant une grande partie de l'alimentation de sa famille. La saison dernière, elle a fait don de 20% de ses excédents à d'autres familles, et a vendu le reste pour 60$; assez pour réinvestir dans la ferme et pour payer une partie des frais de scolarité de ses enfants. « Je suis fière de contribuer financièrement aux dépenses de mon foyer », dit-elle.

et adopteront progressivement un nombre croissant de pratiques agro-écologiques. Les agriculteurs convaincus de l'efficacité de l'agroécologie seront motivés à en poursuivre l'expérimentation et l'implantation, rendant le *processus* d'innovation agro-écologique durable à long terme.

A cette fin, l'une des grandes réussites de ce projet a été la création de comités agricoles dans les 60 villages concernés. Quarante-sept d'entre eux ont développé leurs propres plans d'action pour la promotion de l'agroécologie. Afin de renforcer la capacité de ces comités et des chefs des villages à mener ces plans et à gérer des processus

Une femme en train d'arroser ses oignons, dans le cadre d'un projet d'horticulture de saison sèche organisé par un groupe de femmes à Bassieri. Crédit Photo : Tsuamba Bourgou

continus d'innovation agro-écologique, l'ANSD a facilité des auto-évaluations avec les membres des communautés afin de comprendre de quelles capacités ils pensent avoir besoin, et comment ils évaluent leurs propres forces et faiblesses liées à ces capacités. L'ANSD a également offert une formation pratique à ces chefs de communautés sur l'utilisation d'outils participatifs permettant de planifier et d'effectuer des rapports, de définir leurs rôles et leurs responsabilités, de gérer les caisses, d'assurer la coopération avec d'autres groupes et d'autres acteurs, et de coordonner des formateurs bénévoles d'agriculteurs. De la même manière que pour les compétences techniques en agroécologie, les chefs de villages qui sont formés dans la gestion organisationnelle utilisent à leur tour l'approche en cascade, afin de former plus de 800 autres chefs de communautés (dont 43% étaient des femmes).

Pour promouvoir la coordination entre les comités villageois et d'autres groupes locaux, l'ANSD a organisé au niveau des districts des ateliers chargés de lancer des plans d'action régionaux coordonnés. On espère que ces réseaux inter-villageois travailleront dans chacun des trois districts en vue de promouvoir et accélérer la diffusion de pratiques agro-écologiques pour surmonter la dégradation du sol et la faim.

D'autre part, certains responsables politiques majeurs sont devenus plus actifs dans la diffusion de l'agroécologie. Par exemple, neuf fonctionnaires locaux des Ministères de l'environnement et de l'agriculture ont facilité ensemble des sessions de formation sur la RNA, sur les fosses d'ensemencement zaï, sur les demi-lunes, et les digues de protection en pierre ; trois autres membres du Ministère de l'environnement ont facilité des sessions d'information avec des communautés sur les lois et les régulations concernant la gestion des arbres ; le Ministère de l'environnement a travaillé en collaboration avec une radio publique locale afin de diffuser des programmes de promotion de la RNA et d'autres techniques agro-écologiques ; et des membres du gouvernement local et des chefs religieux soutiennent la RNA et l'agroécologie à l'intérieur de leurs organisations.

Aller de l'Avant : Faire Confiance au Processus, Former des Compétences, Habiliter des Environnements

L'aspect le plus important de l'approche de l'ANSD dans la diffusion de l'agroécologie c'est qu'elle n'implique pas le transfert de paquets technologiques prédéterminés. Au lieu de quoi, l'ANSD travaille avec des agriculteurs afin d'identifier un «panier» de potentielles innovations, d'encourager l'expérimentation et l'échange agricole, et de permettre à chaque ménage d'appliquer la combinaison de pratiques agro-écologiques la plus adaptée aux circonstances qu'il rencontre. A travers cette collaboration, l'ANSD crée un *processus* amélioré permettant d'accélérer l'innovation agricole et de créer des synergies positives. Ce *processus* a la capacité d'aider la population locale à casser le cercle vicieux de réduction de la fertilité des sols et de la production alimentaire, à régénérer les fermes et à améliorer le bien-être des familles à l'échelle régionale.

Comme Batta l'analyse :

« ce programme a montré l'importance de se centrer non seulement sur du travail technique, mais aussi sur les stratégies de déploiement, le plaidoyer, et les efforts permettant de créer des environnements favorables à l'agroécologie. Au cours du processus, l'ANSD a constaté l'importance de sélectionner des villages pilotes, de soutenir l'expérimentation agricole continue, et de parvenir à des résultats précoces pour créer de l'enthousiasme. Il a été essentiel de travailler avec des techniques agro-écologiques «fondamentales», qui peuvent permettre l'adoption séquentielle et combinée d'autres techniques, afin «d'approfondir» continuellement la compréhension et les pratiques agro-écologiques. La diffusion et l'expansion géographique à l'extérieur, vers de nouvelles régions, ont également été fondamentales. Nous savions depuis le départ qu'il était important de se centrer sur la construction des capacités agricoles des femmes, et de créer différentes alliances. Cela s'est révélé crucial ».[7]

Pendant tout l'avancement du projet, l'ANSD poursuit son travail avec des agriculteurs et des organisations communautaires, pour toucher finalement les 125 villages de la région. Bien que nous soyons déjà témoins de changements tangibles et significatifs, on peut estimer que la création de systèmes agricoles généralisés et durables au niveau des trois districts nécessitera six à dix années supplémentaires. Chaque nouvelle vague d'innovations agro-écologiques peut s'appuyer sur les précédentes, du moment qu'une organisation sociale forte est en place pour conduire le processus. Les agriculteurs ont identifié l'intégration accrue entre agriculture et élevage, et l'amélioration de la gestion biologique des parasites, comme prochaines étapes de leur transformation agro-écologique.

Des paysans tels que Souobou, décrit au début de ce chapitre, ont déjà atteint de grands objectifs lors de leurs premières années d'expérimentation et de diffusion des pratiques agro-écologiques, mais ils n'ont pas l'intention de s'en tenir là. Souobou aspire non seulement à augmenter sa productivité actuelle, mais aussi à rendre sa ferme résiliente face au changement climatique, et à enseigner des approches agro-écologiques aux autres. « En 2013, lorsque les précipitations étaient rares, la plupart des agriculteurs qui cultivaient du maïs avaient des récoltes faibles », explique-t-il. « J'étais l'un des rares agriculteurs qui obtenaient de bonnes récoltes de maïs. Je pouvais aider les voisins et la famille à s'alimenter durant la saison creuse. Avant d'adopter les techniques agro-écologiques, j'ai cultivé six hectares. J'ai plusieurs projets pour améliorer ma ferme. J'étends déjà les digues de protection en pierre afin de couvrir une grande partie de ma ferme. Je commence aussi à implanter la technique zaï (micro-captages d'eau). J'investirai dans de petits outils, comme par exemple une charrette pour déplacer des pierres, et investirai dans plus de bétail pour composter du fumier. Ces pratiques agro-écologiques sont très pertinentes. Je suis fier de les avoir apprises, et je suis prêt à aider d'autres proches et d'autres membres de mon village qui sont désireux d'apprendre ».[8]

Références

[1] Jahan, Selim. 2015. "Human Development Report 2015: Work for Human Development." Programme de Développement des Nations Unies, New York.

[2] International Monetary Fund. 2012. "Burkina Faso: Strategy for Accelerated Growth and Sustainable Development 2011-2015." Rapport du Pays No.12/123, 10.

[3] Thiombiano, Adjima. 2014. Interview personnelle avec Amy Montalvo, juin.

[4] Batta, Fatoumata. 2015. Rapport de projet interne à Groundswell International.

[5] Bourgou, Tsuamba. 2015. Rapport de projet interne à Groundswell International.

[6] Ibid.

[7] Batta. Rapport de projet interne, Op. Cit.

[8] Tiguidanlam, Souobou. 2014. interview par Tsuamba Bourgou, juin.

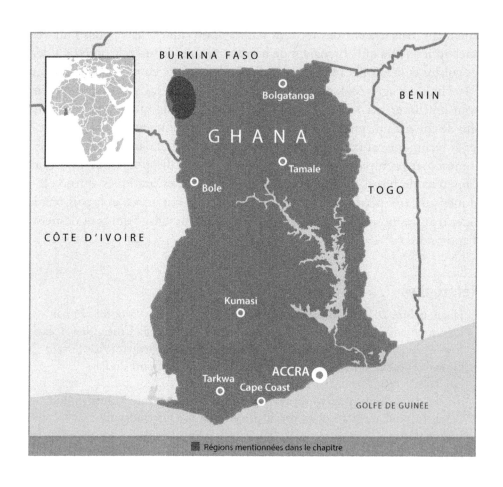

BURKINA FASO

Bolgatanga

BÉNIN

G H A N A

Bole

Tamale

TOGO

CÔTE D'IVOIRE

Kumasi

Tarkwa

ACCRA

Cape Coast

GOLFE DE GUINÉE

Régions mentionnées dans le chapitre

CHAPITRE 9

Des Mouvements Communautaires aux Mouvements Nationaux d'Agroécologie au Ghana

Par Bernard Guri et Daniel Banuoko

Résumé: *Tandis que certaines politiques gouvernementales favorisent la production monoculturale et conventionnelle dans le Sud, les agriculteurs du Nord du Ghana s'appuient sur la culture traditionnelle pour développer des réponses agro-écologiques et locales à l'insécurité alimentaire et aux crises environnementales. En seulement deux ans le Centre pour la Connaissance Indigène et le Développement Organisationnel (CIKOD) a créé une structure permettant de soutenir ces agriculteurs et d'impulser des échanges en agroécologie. En travaillant avec les médias, des chefs traditionnels, des agences gouvernementales, et d'autres associations, ils contribuent à promouvoir au niveau national un élargissement de la connaissance de l'agroécologie (et plus particulièrement de l'agroforesterie), et prônent des politiques et des programmes de soutien plus importants.*

Abubakar Sadique Haruna est un agriculteur du nord du Ghana, une région qui a été le grenier du pays en production de céréales et de tubercules. Maintenant, la région souffre de plus en plus de la faim. Abubakar est aussi un distributeur d'intrants agricoles. Avec l'aide du Programme de Développement Agricole et de Renforcement de la Chaîne Alimentaire (ADVANCE), fondé par la US-AID (l'Agence Américaine pour le Développement International), Haruna loue son tracteur pour des services de labourage à environ 400 agriculteurs locaux ; il les fournit en semences améliorées, en produits chimiques et engrais ; et il leur enseigne des pratiques permettant d'accroître leurs rendements avec ces intrants. Pour chaque acre de terre labourée, ces agriculteurs le paient en espèces, ou en nature avec un sac de maïs de 84 kilogrammes à la fin de la saison agricole.

« Le problème, dit Haruna, c'est qu'après avoir payé le labourage, certains agriculteurs n'ont pas les moyens d'acheter ces produits chimiques (à cause des mauvaises récoltes).» L'année 2011 a été particulièrement mauvaise puisque 200 de ses clients ont tellement épuisé leurs actifs qu'ils n'avaient pas les moyens de labourer leurs champs. Le fonctionnaire du Ministère de l'Alimentation et de l'Agriculture (MOFA) chargé de l'évaluation dans le nord du pays, Festus Aaron Langkuu, a conclu : «Bien que le gouvernement soutienne certains agriculteurs à l'aide d'intrants, le véritable problème c'est qu'il n'y a pas de pluie, les agriculteurs ne peuvent pas cultiver, et cela empêchera (de progresser vers) l'objectif de réduction de la pauvreté».[1]

Politique Gouvernementale de Développement : Soutenir une «Nouvelle Révolution Verte», en Ignorant l'Agroécologie

Si le gouvernement ghanéen a beaucoup progressé dans la réduction de la pauvreté à l'échelle nationale, les progrès sont concentrés dans les régions agricoles riches du sud. Les régions des savanes au nord du Ghana, où l'agriculture est dominée par la production de subsistance des petits agriculteurs, ont des caractéristiques communes avec d'autres régions arides des pays du Sahel. Le Rapport du Programme Alimentaire Mondial de 2012 montre que 22,3% de la population vivant dans cette région — plus de 680 000 personnes — font face à l'insécurité alimentaire, dont 140 000 individus considérés comme atteints d'insécurité alimentaire sévère. [2] La production de maïs au nord du pays a chuté de plus de 50% en neuf ans, passant de 164 200 tonnes métriques en 1991, à 78 800 tonnes métriques en 2000.[3] La malnutrition chronique dans la région a causé le plus haut taux national de retard de croissance chez les enfants de moins de cinq ans, atteignant 33%.[4] Il est probable que ce retard de croissance aura des effets négatifs permanents sur la capacité mentale et physique de ces enfants tout au long de leur vie.

Les principales causes de l'extension de cette crise sont la pression sur la terre et la réduction de la jachère traditionnelle, qui conduisent à la baisse de la fertilité du sol (comme décrit au *Chapitre 6* dans le contexte d'Afrique de l'Ouest). Le changement climatique a également un impact sur le cycle des précipitations. Alors que des alternatives efficaces existent pour faire face au déclin de la fertilité du sol et à l'augmentation de la vulnérabilité face au changement climatique, le gouvernement et les organisations d'aide humanitaire n'investissent presque pas dans cette cause. Au lieu de cela, elles soutiennent habituellement des paquets technologiques d'intrants externes et de services, tels que ceux distribués par Abubakar Sadique Haruna.

La politique agricole ghanéenne prévoit de renforcer la sécurité alimentaire à travers l'augmentation de la productivité, de créer des emplois ruraux, d'augmenter les recettes tirées des exportations agricoles, et de réduire les risques liés à la production et à la commercialisation agricole. En pratique, tout cela découle du privilège qu'accorde le gouvernement aux cultures d'exportation, essentiellement au cacao, et à la production commerciale de grande échelle dans les régions méridionales à fortes précipitations. La priorité est donnée à la «modernisation» de l'agriculture à travers l'approche «d'une nouvelle révolution verte» et la délivrance de paquets technologiques aux agriculteurs. Ce paquet comprend des semences de variétés améliorées, des intrants chimiques subventionnés, des services de tracteur, des pesticides et des herbicides chimiques. En 2012, le Ministère de l'Alimentation et de l'Agriculture (MFA) a dépensé 46% de tout le budget agricole national dans des subventions pour des engrais chimiques, principalement pour la production de grande échelle dans le Sud ce qui, soi-disant, génèrera un plus grand retour sur investissement.

Le Ghana a également adhéré à la Nouvelle Alliance pour la Sécurité Alimentaire et l'Alimentation du G8 en acceptant d'adopter un cadre légal qui favorise la commercialisation de la production africaine et rend la terre accessible aux investisseurs étrangers et aux entreprises multinationales. De plus, le gouvernement ghanéen, avec d'autres pays alliés, a formulé une loi sur les obtentions végétales pour privatiser les semences, commercialiser leur acquisition, soutenir l'introduction de semences OGM, et saper les droits des paysans à améliorer, conserver et reproduire des semences.

Même dans le Nord, qui est dominé par des agriculteurs paysans, les programmes de développement internationaux et gouvernementaux appliquent la même logique de «nouvelle révolution verte». La plupart des membres du MFA s'engagent à faire la promotion des paquets technologiques auprès des petits paysans, mais ne connaissent pas grand-chose à la production agro-écologique. « Même quand on fait des efforts pour aborder l'extension de la crise environnementale, dit Bern Guri (l'un des auteurs de ce chapitre), ils sont souvent mal orientés et ne prennent pas en compte les démarches endogènes. Le programme de l'Autorité du Développement Accéléré de la Savane (SADA), en est un exemple, qui vise à reverdir le Nord à travers la plantation d'arbres. Au lieu de travailler avec des communautés et de promouvoir des espèces locales, le programme a défriché la terre et a promu des espèces non-indigènes. L'initiative a été un échec, et la plupart des plants d'arbres sont morts à cause de la sécheresse, des incendies, et des animaux. Ces stratégies ne fonctionnent pas » .[5]

Les engrais chimiques peuvent, bien sûr, mener à une augmentation de la production à court terme. Toutefois, comme le démontre l'expérience d'Abubakar, de nombreux agriculteurs n'ont pas les moyens de les acheter, si bien qu'ils ne bénéficient pas tous des programmes publics qui les soutiennent. Quant à ceux qui en ont les moyens, le programme les démotive à passer à des modes agro-écologiques de gestion du sol. Par conséquent, au lieu d'affronter les crises dans le Nord, les politiques et les programmes actuels du Ghana contribuent à augmenter la dette des paysans, leur vulnérabilité face au changement climatique, et l'inégalité entre petits paysans. En revanche, s'ils favorisaient les stratégies agro-écologiques des paysans, la région verrait une augmentation plus durable de la productivité et les communautés locales en tireraient globalement plus d'avantages.

Répondre à la Crise : le Centre pour le Savoir Indigène et le Développement Organisationnel

Les chefs traditionnels et les autorités ont un rôle important dans la culture et la structure sociale du Ghana. En juin 2015, le chef suprême Naa Puowelleh Karbo de Lawra, dans la région du Haut Ghana occidental, a pris la parole au Forum National de la Désertification. Le Ministère de l'Alimentation et de

Femmes portant des branches coupées dans le cadre de la RNA, destinées au fourrage et au bois de feu. Eremon, Haut Ghana Occidentl. Crédit Photo: Daniel Banouko

l'Agriculture, le Ministère de l'Environnement, et le Ministère de la Science et de l'Innovation, étaient dans la salle. « En me fondant sur ce qui est arrivé aux communautés de Lawra, je vous appelle à soutenir la Régénération Naturelle Assistée (RNA). Ce mode d'agroforesterie est une démarche cruciale pour restaurer la fertilité du sol et la production alimentaire dans notre région », a-t-il recommandé. [6]

Le Centre sur la Connaissance Indigène et le Développement Organisationnel (CIKOD), fondé en 2003, a travaillé en vue d'intégrer la culture et les capacités traditionnelles — telles que celles qui servent de base à la RNA — au sein d'approches de développement. CIKOD est une ONG ghanéenne qui soutient un développement endogène (généré localement), s'édifiant à partir des actifs locaux tout en intégrant des ressources externes adaptées afin de renforcer les communautés. Nous pensons que cela permettra d'améliorer la production alimentaire, la santé, la gestion des ressources naturelles, et la gouvernance traditionnelle.

En 2013, en se basant sur des programmes existants dans les districts de Lawra et Nandom dans la région nord-ouest du pays, CIKOD a mis en place un programme avec le soutien de Groundswell International, afin de répondre plus systématiquement à l'extension de la crise de dégradation environnementale et de malnutrition. Nos objectifs étaient de renforcer l'innovation paysanne et de diffuser des approches agro-écologiques ; d'encourager un large mouvement d'organisations de petits paysans qui testent et diffusent l'agroécologie au Ghana ; et de documenter et porter en lumière ce travail né du terrain, grâce à des campagnes plus vastes, en vue de créer des politiques plus favorables localement et nationalement. En menant ce travail, nous priorisons aussi l'implication et le leadership des agricultrices.

Etant donné que le programme n'a que deux ans, il est nécessaire d'attendre encore un peu avant de tirer un bilan de l'adoption des techniques agro-écologiques et de mesurer leurs impacts sur la vie des paysans. Toutefois, l'échelle relativement modeste du travail communautaire initial a été exploitée afin de construire un mouvement social puissant au Ghana pour la souveraineté alimentaire, les droits des paysans, et contre le projet de loi sur les obtentions végétales.

Diffusion Horizontale de l'Agroécologie

Notre travail communautaire centré sur 34 villages, regroupe quatre groupes claniques traditionnels (Tanchara, Gbengbe, Ko, et Sibr Tang), à l'intérieur des districts de Nandom et Lawra. Comme dans tous ses programmes, CIKOD a pour priorité de s'impliquer et de construire un rapport de confiance avec les autorités traditionnelles, dont les chefs, les représentants communautaires, les reines mères, et les *tingandem* (prêtres sacrificateurs de la terre). Ces leaders locaux respectés ont facilité la collaboration avec des communautés et ont aidé à coordonner des activités afin de promouvoir l'agroécologie. Cela a permis d'accélérer l'expérimentation paysanne et l'apprentissage, ainsi que d'adopter rapidement des pratiques agro-écologiques améliorées, particulièrement la RNA (agroforesterie).

« Très tôt, nous avons montré aux représentants des communautés une vidéo sur 'l'histoire du Niger' » a rapporté Daniel Banuoko, « Ils ont été choqués en voyant ce qui pouvait arriver dans leur propre région si les tendances de déforestation et d'érosion actuelles continuaient. Mais ils ont également observé la réponse incroyable des communautés au Niger pour la promotion de la RNA, la restauration de la fertilité du sol, et l'obtention de nombreux bénéfices pour les populations elles-mêmes. Après quoi, nous avons travaillé avec les agriculteurs pour effectuer une évaluation participative de la déforestation et des évolutions des ressources naturelles dans leurs communautés, et pour analyser et comparer leurs pratiques de gestion des fermes et des arbres, en identifiant celles qui étaient bénéfiques et celles qui étaient nuisibles. Ils se sont engagés à empêcher que se reproduise la même chose dans la région du haut Ghana occidental qu'au Niger ».

CIKOD et Groundswell International ont également travaillé ensemble afin d'organiser des visites croisées pour les dirigeants communautaires, les autorités traditionnelles, et les représentants du gouvernement local. Lors de ces visites, ils ont pu apprendre des communautés rurales au Ghana et au Burkina Faso, qui affrontaient des difficultés similaires voire plus sévères, mais qui implantaient des pratiques agroécologiques efficaces. « J'étais l'un des heureux sélectionnés par CIKOD pour aller à Bolga (région du haut Ghana oriental) afin de voir les champs de RNA à Bongo en 2013 », a dit Lagti Gyellepuo, un agriculteur de Tanchara qui est devenu un très important promoteur bénévole des arbres dans la région. « Je suis rentré très inspiré car je me suis rendu compte que nous avions de meilleures opportunités que les peuples de Bongo. Nous avions plus de souches et d'arbustes qu'ils en ont là-bas. Il n'y avait donc aucune raison pour nous d'échouer ».[7]

Lors des visites d'étude, les participants ont identifié un ensemble de pratiques agro-écologiques afin de les tester et, si elles étaient jugées fructueuses, de les diffuser à travers la région du haut Ghana occidental. Elles comprenaient : la régénération naturelle assistée (RNA) permettant d'améliorer la fertilité du sol ; la préservation de l'eau et du sol, dont l'utilisation de mur de protection pour le sol et de billons cloisonnés (qui maintiennent et canalisent l'eau dans une région donnée en connectant les murets) ; l'utilisation de légumineuses en cultures de couverture ; la culture intercalaire de maïs/millet/sorgho ; la promotion de l'utilisation des semences locales pour diversifier la production ; et le renforcement des marchés locaux et des systèmes alimentaires. « On a entendu les populations locales parler des bénéfices de la RNA, comme l'amélioration de la sécurité alimentaire et de la nutrition, l'augmentation du fourrage pour les animaux, ce qui provoque une hausse de la productivité et de la survie du bétail… et les femmes ont maintenant du bois de chauffage disponible toute l'année », a remarqué Juliana Toboyee, l'une des membres de CIKOD. « La fierté et la joie des membres des communautés étaient aussi évidentes. Auparavant désertique, la colline aride est maintenant une région forestière qui possède une abondance de fruits, de feuilles et de tubercules, de bois de feu, de fourrage pour le bétail et la faune sauvage ».[8]

Lors des voyages éducatifs ils ont également identifié les facteurs essentiels qui avaient permis à la RNA et aux autres pratiques durables de se diffuser — notamment le soutien des autorités traditionnelles, la propriété collective des initiatives et des bénéfices, et les arrêtés communautaires sur la gestion de la végétation et des feux.

Suite à son voyage, Lagti Gyellepuo a expliqué : « Je me suis immédiatement efforcée de convaincre d'autres gens dans ma communauté et j'ai commencé à les former dans le cadre du programme CIKOD. Aujourd'hui ma ferme est différente. Demain toute ma communauté sera différente.»

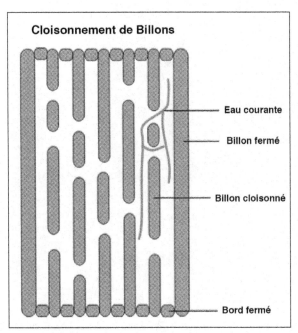

Cloisonnement de Billons

Eau courante

Billon fermé

Billon cloisonné

Bord fermé

GRAPHIQUE 1: Billons cloisonnés

Le CIKOD a également travaillé avec des communautés afin d'identifier les pratiques traditionnelles de production et de gestion de la terre qui reflétaient des principes agro-écologiques. Ils ont aussi analysé la manière dont les agriculteurs comprenaient la logique de ces pratiques. En s'appuyant sur cette compréhension, ils ont travaillé ensemble afin d'améliorer ces pratiques et de les diffuser plus rapidement pour faire face à l'extension de la crise.

Par exemple, les agriculteurs ont identifié le terme local «*tiru guollu*» pour désigner leurs pratiques traditionnelles d'agroforesterie et de régénération des arbres, et ont débattu à propos de la signification de ce terme et des pratiques qu'il impliquait. Ils ont ensuite discuté et cherché à améliorer le *tiru guollu*, en tirant des leçons d'autres expériences de la RNA pour maximiser les progrès de la fertilité du sol et de la production des cultures, de fourrage, de fruits, de noix, et de bois pour le chauffage et la construction. On peut compter parmi les principales pratiques améliorées : la nette augmentation de la densité des arbres qui peuvent être exploités dans des fermes qui continuent à produire simultanément des aliments (ce qui n'était pas habituel auparavant) ; la taille de ces arbres de manière à soutenir leur coexistence avec les cultures ; l'utilisation de la matière organique et du bois de feu sur les fermes et dans les ménages ; et l'apprentissage de l'usage et des valeurs de ces différentes espèces d'arbres.

Les communautés ont recruté des paysans en tant que Volontaires pour la Promotion des Arbres (VPA), en donnant la priorité aux femmes et aux hommes intéressés par l'expérimentation, qui avaient accès à la terre nécessaire, et qui étaient motivés pour mener des formations de paysan à paysan. Ils ont organisé des échanges et des rendez-vous sur le terrain entre paysans, durant lesquels des groupes de visiteurs paysans pouvaient apprendre des

Visite de terrain dans une ferme agro-écologique pratiquant la RNA, haut Ghana occidental.
Crédit Photo: Daniel Banouko

expériences des autres paysans. Cela a conduit à la création d'un réseau de dirigeants et bénévoles faisant la promotion de l'agroécologie et de la RNA de paysan à paysan, à travers les districts de Lawra et de Nandom.

Nous avons aussi adopté plusieurs autres approches pour renforcer la capacité endogène de promotion de l'agroécologie. Les VPA ont présenté des expositions et ont partagé de l'information sur les grands principes et pratiques, dans les festivals communautaires traditionnels à Kobine et Kakube. Les festivals sont très populaires et représentent une opportunité d'atteindre rapidement une grande masse de personnes, y compris en provenance de communautés qui ne sont pas directement impliquées dans le programme. Le CIKOD a également travaillé en étroite collaboration avec l'Association des Agricultrices Rurales du Ghana (RUWFAG), qui est constituée de plus de 5000 membres de la région du Haut Ghana Occidental, afin de leur permettre d'enseigner et d'impliquer d'autres femmes dans leurs communautés. Nous avons encouragé les jeunes à former des clubs de RNA dans les écoles, à planter des arbres, et à inventer des chansons éducatives et des sketches pour les présenter dans les festivals. Notre programme a aidé à renforcer les dispositifs traditionnels de gouvernance permettant de contrôler les feux de brousse. De plus, le CIKOD a travaillé avec des dirigeants locaux afin d'aider à produire des émissions de radio en langue locale, pour informer les membres des communautés au sujet des techniques agro-écologiques, et encourager les débats téléphoniques avec le public. Enfin, à travers la radio et des réunions communautaires, nous avons organisé des compétitions et décerné des prix aux meilleurs producteurs agro-écologiques.

Les Résultats de la Diffusion Horizontale

Suite aux deux premières années du programme, la collaboration entre le CIKOD et les communautés rurales dans la promotion de l'agroécologie présentent déjà des résultats significatifs. Les VPA ont inventé leurs propres chansons sur le tiru guollu, qu'ils chantent habituellement en taillant les arbres en groupe. La chanson la plus populaire est «Tikon sage, ti sagkebo», qui se traduit par : «Nous ne permettrons pas que notre terre se dégrade. Pourquoi le devrions-nous ?» Cette chanson a déjà été intégrée à des airs de xylophone traditionnels joués lors d'évènements culturels dans les 34 villages. La seconde année, les agriculteurs se sont organisés en quatre groupes «Tikon Sage» («nous ne le permettrons pas») dans les régions claniques de Gbengbe, Tanchara, Ko et Sibr Tang. Le slogan est devenu l'emblème du mouvement local en progression qui vise à promouvoir la RNA dans la région et à éviter la dégradation qui a eu lieu dans d'autres régions.

Comme résultats supplémentaires du programme, on peut citer :

- Les deux chefs suprêmes ainsi que dix chefs divisionnaires — à qui le CIKOD a enseigné les bénéfices de l'agroécologie et de l'agroforesterie — soutiennent activement ces pratiques dans leurs régions claniques traditionnelles.

- Des agriculteurs de deux villages supplémentaires (en dehors des 34 qui sont directement impliqués dans le programme) ont commencé par eux-mêmes à adopter et à diffuser les pratiques principales. Avec leur aide, et celle d'autres paysans, nous prévoyons d'étendre le programme à 60 villages dans ces dix prochaines années.

- Des communautés ont sélectionné 157 Volontaires pour la Promotion des Arbres — CIKOD a aidé à les former — qui défendent maintenant activement la RNA ainsi que d'autres techniques agro-écologiques.

- Nous prévoyons de former 785 agriculteurs supplémentaires (cinq par VPA) la troisième année du programme.

- Le programme a atteint plus de 1200 ménages, dont plus de 89% d'agriculteurs qui testent et adoptent des formes améliorées de la RNA et d'autres pratiques agro-écologiques.

- Les agriculteurs ont mesuré une augmentation de 60% de la densité des arbres sur leur ferme, dont 90% d'arbres régénérés à partir de souches existantes sur leurs terres.

- Les autorités traditionnelles ont soutenu les femmes pour qu'elles gagnent l'accès à 50 acres de terre, en étant garanties d'un fermage de trois à cinq ans, pour faire passer ces terres en gestion agro-écologique améliorée, et qu'elles produisent des arachides pour augmenter leurs ressources.

- Les agriculteurs ont établi 43 champs de démonstration de «slash and mulch» (taillage et paillis) dans les 34 villages, et quatre champs de multiplication des semences.

- L'expérimentation agricole a mené à des innovations, simples et poursuivies, permettant d'adapter la RNA et l'agroécologie au contexte local.

- Un concours a été organisé à la fin de l'année 2015 pour reconnaître et célébrer les réussites des meilleurs agriculteurs de la RNA.

Témoignage d'Agricultrice: Amata Domo[9]

« Avant je produisais sans tailler. Je déracinais les arbres que je trouvais sur ma ferme et les brûlais. Toutefois, depuis que j'ai adopté et mis en pratique les technologies de taille de la RNA, il y a toujours sur ma ferme des arbres aux rameaux droits que je peux utiliser pour construire quelque chose. Il y a toujours du bois de chauffage disponible à partir des branches coupées. Cela me fait gagner le temps et les ressources que je consacrais à aller chercher le bois pour mon foyer. J'ai même planté des arachides dans la terre où j'ai utilisé les feuilles des arbres taillés comme paillis, et j'ai fait la même chose [sur la terre] sans appliquer de paillis, pour tester. J'ai été bouleversée par le résultat, puisque celui avec le paillis s'est avéré meilleur. J'ai donc recommandé l'agroforesterie et la RNA à une amie qui a intercalé dans son champ des cultures de gombos et des arbres taillés. Elle a été très reconnaissante de pouvoir facilement utiliser les arbres aux tiges droites pour construire, au lieu d'aller chercher des arbres droits ailleurs et de les acheter, ce qui a représenté un gain de temps et d'argent. »

Témoignage d'agriculteur : Kelle Gregory[10]

«Avant le programme, ma ferme ne produisait pas. Au moment des récoltes je n'avais presque aucun rendement. Toutefois, après avoir adopté et mis en pratique les technologies de la RNA, je produis plus et mes rendements sont meilleurs (à noter que le nombre d'arbres est passé de 80 à environ 300 arbres sur les 3,5 acres de la ferme de Gregory). Je les combine avec des techniques traditionnelles comme celle des billons cloisonnés. En 2013, j'ai seulement récolté cinq sacs, mais en 2014 j'en ai récolté sept, même si la pluie était mauvaise. Ma femme n'a pas à s'embêter avec le bois de feu puisque je garde les branches taillées pour elle. Cela lui évite aussi de déraciner et d'abattre des arbres sur la ferme pour obtenir du bois. Je partage ce savoir de la RNA avec ma famille et avec trois de mes amis qui la pratiquent sur leur ferme. Nous devons remercier nos aînés de nous guider continuellement malgré les obstacles économiques. C'est toujours mieux de garder l'espoir et de faire son possible pour donner à nos enfants l'environnement dans lequel ils méritent de vivre.»

Les Perceptions des Agriculteurs

Le CIKOD a conduit un sondage en 2015 pour comprendre les perceptions des agriculteurs vis-à-vis des aspects positifs, des défis et des recommandations permettant d'améliorer l'agroécologie et le travail de la RNA. Voici ce qu'ont rapporté les agriculteurs :

- La technique a amélioré le système traditionnel de régénération des arbres. C'est un mode de production durable qui permet d'accroître les rendements.
- La biomasse de feuilles obtenue à partir du taillage d'arbre (comme le montre le Graphique 2) augmente la matière organique du sol, la fertilité, et les rendements, et particulièrement lorsqu'elle est employée pour produire du compost.
- Il y a une augmentation de l'humidité contenue par le sol, grâce à certaines techniques telles que l'usage de billons cloisonnés qui empêchent l'écoulement de l'eau de pluie.
- Il y a une amélioration de la structure du sol et des organismes vivant dans le sol, en comparaison avec la méthode de mise en jachère.
- Le bois de chauffage et les «fruits de la faim», tels que les baies, sont plus disponibles sur les fermes pour les femmes. Les femmes ont des sources de revenu supplémentaires.
- Les arbres taillés ont des tiges droites qui peuvent être ensuite utilisées dans la construction.
- Les communautés réduisent l'abattage inconsidéré de bois.

Stratégies Permettant de Créer une Politique Environnementale Favorable à l'Agroécologie

A travers le CIKOD nous nous sommes efforcés de lier le travail communautaire (le déploiement horizontal de paysan à paysan) à des efforts visant à créer un contexte institutionnel et des politiques plus favorables pour permettre la diffusion verticale de l'agroécologie. Ces stratégies se chevauchent de manière importante. Dans le contexte ghanéen, le premier obstacle rencontré par le CIKOD et les communautés rurales a été de développer une alternative agro-écologique à la «modernisation agricole», et de démontrer son caractère viable et pratique. Une fois que cela a été engagé dans 36 communautés de la région du haut Ghana occidental, le CIKOD, des groupes de paysans, et d'autres alliés ont utilisé cette expérience pour influencer d'autres acteurs dans les districts de Lawra et de Nandom, dans les 15 autres districts du haut Ghana occidental, et au plan national.

Au Niveau du District et de la Région Occidentale du Ghana

Dans les deux districts et plus largement la région du Haut Ghana Occidental, nous avons utilisé diverses stratégies pour créer un environnement plus favorable. En **promouvant et en communiquant un savoir culturel traditionnel** à travers des festivals traditionnels et la radio en langue locale, nous avons instruit un large public. Dans les deux districts, le CIKOD a également aidé à organiser des **réunions** de sensibilisation **des Assemblées de Districts**, avec des agriculteurs expérimentés qui témoignent et présentent des vidéos illustrant les pratiques communautaires. Cela a permis de convaincre des responsables élus de l'efficacité de la RNA et de l'agroécologie, par rapport à la «nouvelle révolution verte» du gouvernement et aux initiatives de plantation d'arbres.

Nous avons encouragé des exercices avec les membres des communautés afin de développer des **cartes institutionnelles** de tous les principaux acteurs et institutions impliqués dans l'agriculture, la sécurité alimentaire, l'adaptation au changement climatique, et la gestion des ressources naturelles. Cela

Témoignage : Lawra Naa Puowelw Karbo III, Chef Suprême de la Région Traditionnelle de Lawra[12]

« J'étais le président de la plateforme du CCFAS à Lawra, qui a débuté en 2014. Nous avons organisé des réunions et des programmes qui visaient particulièrement à sensibiliser les 30 communautés du district au changement climatique… Pour que les gens comprennent le changement climatique, ils doivent accepter l'idée et voir l'impact et la différence qu'il implique, et s'apercevoir que le changement climatique est réel, et que ce n'est pas une blague de certains météorologistes. Nous avons accordé de l'importance aux rôles des indigènes dans les communautés, et c'est à travers cela qu'ils ont créé des arrêtés pour interrompre les incendies, protéger les buissons, et gérer le système hydraulique. En tant qu'ancien directeur de la planification du Ghana, je me suis rendu compte qu'il y avait un grand écart à combler entre les gens et le gouvernement. L'implantation et l'application des lois locales ne peuvent se faire qu'à travers une approche ascendante, et non descendante. Le rôle du conseil traditionnel dans chaque communauté est le chaînon manquant. Si les communautés, avec l'aide de leurs autorités traditionnelles, élaborent des arrêtés pour elles-mêmes, ce sera plus simple pour l'Assemblée de les appliquer et de les adopter. Cela peut ensuite être porté au niveau national.»

a permis d'identifier les opportunités et les obstacles, et dans certains cas, de nouer des alliances et des collaborations. Par exemple, nous avons développé une collaboration étroite avec le Service d'Incendie du Ghana afin d'offrir une formation aux bénévoles communautaires pour éviter les feux de brousse. Le chef de la brigade des sapeurs-pompiers de Nandom a déclaré : «le CIKOD nous a offert tout le soutien nécessaire pour que l'on puisse former des groupes de brigades de pompiers dans les trois communautés bénéficiaires de Goziir, Ko et Monyupelle. Cette formation sur la prévention des feux de brousse a créé un environnement favorable pour que la RNA et l'agroécologie prospèrent dans le district. En termes de prise de conscience, les trois communautés sont convaincues que la plupart des feux de brousses ne sont pas causés par des gnomes, comme la tradition le fait croire ».[11]

D'autre part, le CIKOD a été invité à rejoindre une plateforme multi-acteurs initiée par l'initiative de recherche CCAFS (Initiative sur le Changement Climatique et la Sécurité Alimentaire), qui a pour objectif d'aider les petits paysans à s'adapter au changement climatique. Nous avons aidé à financer et à organiser un atelier consultatif avec de multiples agences, huit chefs traditionnels et femmes dirigeantes, et des fonctionnaires du gouvernement local. Cela a permis d'harmoniser et d'articuler les interventions d'ONG dans le District de Lawra à l'intérieur d'un plan consolidé, offrant une réponse collective au changement climatique et à la

Variétés de graines locales lors d'une foire aux semences organisée par le CIKOD et l'Association d'Agricultrices Rurales du Ghana. Crédit Photo: Daniel Banuoko.

sécurité alimentaire, en employant des approches agro-écologiques associées. Le CIKOD a également utilisé un **réseau médiatique** construit sur de bons rapports avec les différents journaux et les institutions de radio des deux districts, ce qui a permis une couverture favorable et étendue de l'agroécologie et de l'initiative de la RNA.

Enfin, le CIKOD a mis la priorité sur la compréhension et le soutien des **chefs traditionnels**. Nous avons organisé un atelier à la fois pour les chefs et les femmes dirigeantes traditionnelles dans les districts de Lawra et de Nandom, et plus tard dans la maison régionale des chefs, afin de sensibiliser à l'agroécologie et à l'initiative de la RNA, et de susciter une perspective critique sur les politiques et les pratiques agricoles existantes. Cela a été suivi d'un atelier pour les représentants des 17 Assemblées de Districts de la région du Haut Ghana Occidental.

Au Niveau National

Outre son travail dans la région du Haut Ghana Occidental, le CIKOD a dirigé et soutenu une coalition nationale émergente en plaidant plus largement pour la souveraineté alimentaire et l'agroécologie au Ghana. Un facteur stimulant a été le «Plant Breeders' Bill» (loi sur les obtentions végétales) qui a été rédigé par le Parlement et les alliés internationaux, et mis en avant en vue d'être approuvé, avec une compréhension du public, une discussion et un débat démocratique limités. Ayant fini par comprendre le contenu du Plant Breeder's Bill, les paysans ont commencé à se préoccuper du fait que leurs droits de conserver et de reproduire les semences de variétés locales pourraient être réduits, et des impacts que pourraient avoir l'autorisation et la promotion des OGM (organismes génétiquement modifiés) au Ghana. Une coalition a été formée — composée d'organisations de la société civile, de groupes de femmes et de paysans, d'églises, et de scientifiques — pour demander que plus de temps soit accordé à un débat public informé, comme l'exige la loi ghanéenne. Le CIKOD a collaboré avec cette coalition en contribuant au développement d'une stratégie à l'éducation, à la sensibilisation et au travail médiatique. « En général, a remarqué Bern Guri, nous cherchons non seulement à nous opposer aux directions négatives et aux mauvaises solutions apportées par les OGM et les technologies de la «nouvelle révolution verte», mais aussi à construire et à renforcer le système agricole positif dont notre pays a besoin. Nous nous centrons sur un message «pro-agroécologie», et sur les bénéfices que cela pourrait apporter au bien-être national »[13]

La campagne comportait différentes activités essentielles permettant d'éduquer le public et d'encourager le débat démocratique. Par exemple, le

CIKOD a collaboré avec le Daily Graphic, le journal le plus important du Ghana, afin d'organiser un atelier d'information d'une journée, destiné au personnel de 40 sociétés de presse dans la capitale Accra. Cela s'est traduit par une large couverture médiatique à la télévision nationale, à la radio, et dans les journaux.

La coalition pour la souveraineté alimentaire au Ghana a aussi mené une manifestation publique le 28 Janvier 2014, pour demander aux Parlementaires la non-approbation du Plant Breeders' Bill (PBB). Cela a permis de sensibiliser davantage et de générer des pétitions en provenance d'autres organisations de la société civile et confessionnelles. La coalition entre ActionAid au Ghana, l'Association des Paysans du Ghana (PFAG), et le CIKOD, a reçu une bourse de la part de la fondation de financement STAR Ghana pour favoriser et promouvoir la participation démocratique de la société civile et des organisations agricoles dans la révision du PBB. Le CIKOD a organisé une série d'ateliers avec les membres de la PFAG dans les régions nord et sud du Ghana pour fournir plus d'informations sur la RNA et l'agroécologie, en renforçant l'implication de l'Association des Agricultrices Rurales du Ghana (RUWFAG) avec leur campagne «We are the Solution» (*Nous sommes la solution*).

« Auparavant, même si nous nous centrions tous les deux sur les petits paysans, nous ne collaborions pas avec la PFAG, a dit Bern Guri. Nous en sommes venus à construire une relation et une collaboration vitale, puisque nous avons appris l'un de l'autre et nous avons travaillé à des buts communs. Aucun secteur ou organisation ne peut le faire tout seul. Nous pensons que cette collaboration avec l'Association des Paysans du Ghana, et avec l'Association Agricole des Femmes Rurales du Ghana, était une stratégie essentielle pour la création d'un mouvement plus large dans le sens d'un changement positif ».[14]

D'autre part, le CIKOD a travaillé avec le très respecté Dr. Kofi Boa afin d'éditer et de diffuser un rapport sur ses tests expérimentaux appliqués aux approches agro-écologiques et à l'agriculture de conservation dans le sud du Ghana, rapport qui souligne l'efficacité de ces stratégies, et contribue à les promouvoir auprès d'un plus grand nombre de personnes.

Résultats des Efforts pour Créer un Contexte Propice

Bien qu'il s'agisse d'un combat difficile, le travail communautaire soutenant les agriculteurs dans l'expérimentation et la diffusion de la RNA et des pratiques agro-écologiques, ainsi que la campagne plus vaste visant à instruire un large public et à créer des politiques favorables, ont eu des résultats positifs au niveau local et du district, aussi bien que nationalement.

Au niveau du district et du Haut Ghana Occidental

D'un bout à l'autre de la région du Haut Ghana Occidental, ce travail a sensibilisé la population, a construit une coalition d'alliés en plein essor, et a commencé à influencer et à créer une conception et une mise en application plus favorables des programmes, des plans et des politiques. Les agriculteurs, les femmes, les citoyens, et les chefs traditionnels ont développé des moyens d'implication plus efficaces. Lors de la Journée Nationale de l'Environnement à Lawra, l'Agence de Protection de l'Environnement (EPA) a invité le CIKOD à rendre compte des stratégies de niveau communautaire, et des résultats de l'initiative en faveur de la RNA/agroécologie. Obtenir des ressources financières adaptées reste un défi, mais les districts de Lawra et de Nandom — qui recouvrent les 34 villages impliqués dans le programme à l'origine — tiennent maintenant compte de la RNA et de l'agroécologie dans leurs plans de développement et leurs budgets. Les 34 villages ont tous créé des brigades de pompiers et ont renforcé les arrêtés communautaires traditionnels permettant de contrôler les feux de brousse.

GRAPHIQUE 2: La Couverture Médiatique a Aidé à Informer le Public sur le Débat Relatif au Plant Breeders' Bill et l'introduction Proposée des OGM au Ghana. Source: *The Graphic,* 25 mars 2014.

En 2015, le gouvernement de la région du Haut Ghana Occidental a invité CIKOD à participer à un atelier régional de planification. Suite à cela, la RNA a été insérée avec succès dans le plan de développement et de sécurité alimentaire à cinq ans de la région du Haut Ghana Occidental, en tant que démarche essentielle. Ce mandat a permis au CIKOD et à d'autres partenaires de soutenir la RNA dans les plans de développement et les budgets des 17 assemblées de districts, qui se trouvent à une échelle inférieure. Il est déterminant d'influencer les plans de développement et de s'assurer de l'inclusion de la RNA dans les budgets.

À la suite des premiers succès de communication de la RNA et des technologies agro-écologiques aux festivals traditionnels de Kobine et de Kakube, les deux chefs suprêmes des districts ont demandé que des expositions soient intégrées aux festivals chaque année. Le CIKOD a également travaillé en étroite collaboration avec RUWFAG pour intégrer la RNA et l'agroécologie à leur travail dans les districts de Lawra et de Nandom. « Il est crucial de travailler avec des femmes, a dit Bern Guri, car elles possèdent de grandes responsabilités dans l'agriculture, mais sont aussi souvent impliquées dans la déforestation à travers la collecte non durable du bois de feu. Elles en ont besoin pour en faire usage à la maison et pour générer un revenu, et en général elles manquent d'alternatives viables. En même temps, les femmes ont un rôle essentiel dans l'alimentation de leur famille. En application du programme, RUWFAG dispose maintenant de 133 Volontaires pour la Promotion des Arbres, qui enseignent la RNA à d'autres femmes. Nous travaillons ensemble afin de développer des stratégies alternatives de génération de revenu, comme l'élevage de petit bétail, l'horticulture, le renforcement de l'épargne et des groupes de crédit, pour que les femmes aient des alternatives à l'abattage d'arbres.» 15 Le programme concerne aussi les jeunes. Plus de 1800 jeunes élèves ont créé la Fédération de la Jeunesse de Tanchara, qui enseigne et promeut la RNA à travers la poésie, le théâtre, la protection et la plantation d'arbres.

Au Niveau National

Au niveau national, la stratégie de campagne a transmis un message puissant au Parlement, en déclarant que le public était conscient et préoccupé par le Plant Breeders' Bill et par les directions dans lesquelles il conduisait le Ghana. Cela a contraint le Président du Parlement à suspendre de manière permanente en 2015 les discussions sur le projet de loi, et à demander aux commissions parlementaires responsables d'engager de nouvelles consultations avec la société civile et le public, avant de reprendre son examen. Bien que le Ghana ait été le premier pays africain à signer le protocole de

Manifestation contre le Plant Breeders' Bill. Crédit Photo: Daniel Banuoko

l'Organisation Régionale Africaine sur la Propriété Intellectuelle (ARIPO), adopté à Arusha en Tanzanie en 2016 afin «d'harmoniser» les lois sur les semences, en Septembre 2016 le Parlement ghanéen n'a toujours pas mené le débat et la ratification nécessaire en raison des grandes manifestations des organisations de la société civile et des paysans.

Le CIKOD, l'Association des Paysans du Ghana, ActionAid, et d'autres groupes d'agriculteurs, de femmes, et des organisations de la société civile ont lancé une plateforme nationale de soutien à la production agro-écologique. Cela créera un espace de dialogue continu avec des décideurs nationaux majeurs, sur la manière de promouvoir la production agro-écologique et de répondre aux préoccupations liées à certains problèmes tels que le Biosafety Act en faveur de l'introduction des OGM, le Plant Breeder' Bill, et la participation du Ghana dans la Nouvelle Alliance du G8 pour la Sécurité Alimentaire et la Nutrition.

« On observe quelques progrès importants que l'on n'envisageait pas au début, a déclaré Bern Guri. Lorsqu'on est entré en relation avec PFAG pour la première fois, ils recommandaient aux agriculteurs des subventions du gouvernement en faveur des engrais chimiques. C'est le programme et la stratégie auxquels ils se sont habitués. Après avoir discuté et appris mutuellement, ils se centrent maintenant sur la diffusion des approches agro-écologiques afin de gérer la fertilité du sol et ne soutiennent plus les subventions aux engrais chimiques. Comme on a discuté du problème des subventions aux engrais chimiques au niveau national, le gouvernement a accepté d'accorder des subventions en faveur du compost et des engrais biologiques. En 2016, l'entreprise nationale d'élimination des déchets, Zoomlion, a profité de ces subsides pour lancer un business de tri des déchets biologiques, de production d'engrais biologiques, et de transport pour qu'ils soient employés dans les champs des agriculteurs du Haut Ghana Occidental, et ailleurs ».[16]

Prochaines Étapes et Leçons pour la Régénération Agricole

Bien que ce travail soit relativement nouveau, d'importantes avancées ont été réalisées en termes de développement de stratégies pour la diffusion de la production agro-écologique dans la région du Haut Ghana Occidental, et en termes de contribution aux coalitions régionale et nationale pour mettre en application les programmes actuels de manière efficace et créer des politiques et des partenariats plus favorables à l'agroécologie. L'environnement politique du Ghana continue de présenter des contraintes majeures à la diffusion de l'agroécologie, même si ce travail a démontré qu'il était possible de réellement lier les stratégies locales (horizontales) et nationales (verticales) pour promouvoir un changement positif. Le CIKOD va continuer à travailler avec les groupes de paysans et de femmes et leurs principaux partenaires — tels que Groundswell international —, à la poursuite du développement de ces stratégies et à l'extension de ces premiers progrès.

Notre expérience révèle un certain nombre de leçons et d'éléments clés de réussite, qui reprennent en échos les expériences de promotion de l'agroécologie et de développement local positif, en cours partout dans le monde. Premièrement, il est essentiel de **renforcer le développement endogène** en valorisant la culture locale, le savoir, et le leadership traditionnels, et en les utilisant comme points d'appui. Notre programme fonctionne avec des agriculteurs pour comprendre leurs méthodes agricoles traditionnelles à partir de leurs propres perspectives. Celles-ci sont souvent fondées sur des principes agro-écologiques. Il est important de comprendre les termes et le langage que les paysans ont utilisés pour décrire ces méthodes, et d'amalgamer la compréhension traditionnelle et les nouvelles leçons et pratiques, dans l'expression culturelle coutumière à travers des chansons, du théâtre, la radio en langue locale, et les festivals traditionnels.

Dans la recherche de l'amélioration des stratégies de production agro-écologique pour faire face aux difficultés et aux crises locales, il est essentiel de commencer par **identifier des pratiques agro-écologiques performantes** et appropriées au contexte. Cela s'est fait en apprenant des agriculteurs innovants déjà impliqués dans les pratiques de production agro-écologiques, installés dans des écosystèmes similaires et confrontés à des défis similaires, à travers le partage d'information et des séjours éducatifs dans des villages, des districts avoisinants, et même dans des pays voisins.

Après cette identification, la **diffusion** de stratégies performantes **de paysan à paysan** est une étape essentielle. Pour cela, il est important d'impliquer des chefs traditionnels et des responsables du gouvernement ; de former des bénévoles locaux ; et de se centrer sur les femmes et les jeunes pour tenir les rôles de leadership.

De plus, nous reconnaissons l'importance de la décentralisation du pouvoir et de la prise de décision au niveau local dans la création de grandes opportunités de participation citoyenne au Ghana, ce qui suppose que les groupes de paysans et de femmes aient de la place pour développer des propositions et des alternatives viables.

Enfin, nous avons appris un certain nombre de leçons sur la construction d'alliances et de mouvements plus larges. Premièrement, il a été important **d'identifier et de repérer les acteurs** qui influencent l'agriculture et les systèmes alimentaires localement et nationalement, afin de comprendre les contraintes et les opportunités permettant de former des partenariats, et d'aider des alliés à intégrer l'agroécologie dans des mandats et des programmes plus larges. **Développer des relations collaboratives fortes avec les médias** est essentiel pour éduquer à la fois les médias et le public en général. D'autre part, parvenir à réunir des décideurs offre des plateformes et des opportunités pour que les agriculteurs et les organisations de la société civile s'informent et partagent leurs expériences.

En travaillant à la construction plus large de **mouvements sociaux** pour la souveraineté alimentaire et l'agroécologie, nous collaborons avec un cercle plus vaste d'acteurs et nous nous impliquons dans le travail parfois difficile de construction d'alliances étendues. Des paysans tels que Abubakar Sadique Haruna — le distributeur d'intrants qui a introduit ce chapitre —, ainsi que les paysans de PFAG, RUWFAG, nos chefs traditionnels et nos dirigeantes femmes, les responsables du gouvernement, et une large série d'acteurs de la société civile, ne soutiennent peut-être pas encore l'agroécologie, mais rencontrent les mêmes obstacles et opportunités dans la construction d'un Ghana désirable à l'avenir. Nous nous fonderons sur la sagesse et la tradition de nos ancêtres, tout en nous efforçant de créer des alternatives viables et fécondes permettant de répondre à la crise d'aujourd'hui, et au nom de nos enfants demain.

Références

1. Oppong-Ansah, Albert. 2012. "Surviving on a Meal a Day in Ghana's Savannah Zone." Inter-Press Service, 15 août. Accédé le 7 novembre 2016, http://www.ipsnews.net/2012/08/surviving-on-a-meal-a-day-in-ghanas-savannah-zone.

2. Hjelm, Lisa and Wuni Dasori. 2012. "Ghana Comprehensive Food Security and Vulnerability Analysis, 2012." World Food Programme, avril.

3. Bureau Régional du Nord du Ministère de l'Alimentation et de l'Agriculture tel que cité dans Oppong-Ansah, "Surviving on a Meal a Day." Op. Cit.

4. Service des Statistiques du Ghana. 2015. "Demographic and Health Survey 2014." Accra, octobre, 155.

5. Guri, Bern. 2015. Groundswell International (rapport interne).

6. Tel que cité par Daniel Banuoko lors du Forum de Désertification National pour la région nord, 17 juin 2015.

7. Gyellpuo, Lagti, interviewé par le CIKOD le 11 juillet 2014.

8. Toboyee, Juliana. 2013. "Report on a Trip to FMNR Sites in Upper East Region, Bolga, Ghana." CIKOD, 20-22 juin.

9. Domo, Amata. 2014. Interview avec Daniel Banuoko, 10 juin.

10. CIKOD. 2015. "The Hope is Now a Reality: FMNR on its Second Year," *FMNR Newsletter*, Vol 2, numéro 1, juillet.

11. Yussif, Mohammed Mudasir and Laminu Moshie-Dayan. 2016. "Evaluation of the 'Eco-agriculture in Sahel Project in Ghana': A report of the findings from quantitative and qualitative fieldwork." Mars, 33.

12. Lawkra Naa Puowelw Karbo III. 2014. Interview avec Daniel Banuoku, novembre.

13. Guri. Internal Report, Op. Cit.

14. Ibid.

15. Ibid.

16. Ibid.

CHAPITRE 10

CHAPITRE 10

L'Agriculture en Circuit Fermé et l'Innovation Coopérative dans les Bois Frisons du Nord en Hollande

Par Leonardo van den Berg, Henk Kieft, et Attje Meekma

Résumé: *Dans un contexte mêlant des systèmes agricoles hautement industrialisés et des régimes de gestion de l'environnement centralisés, les producteurs laitiers hollandais ont créé un espace permettant d'innover et de développer des systèmes agro-écologiques à travers une structure coopérative locale. En organisant et en construisant des alliances avec des scientifiques et d'autres acteurs, ils ont pu innover en créant des pratiques d'entretien du paysage et une production plus appropriées aux conditions locales. Ils ont documenté et diffusé cette approche, et influencé la politique aux niveaux local, national et européen.*

La région des Bois Frisons se trouve au nord des Pays-Bas et recouvre 50 000 hectares. Elle est dotée d'une identité culturelle forte et d'une langue propre. Depuis les années 1990 les producteurs laitiers de cette région ont défié le modèle de production industriel, à travers des pratiques de conservation des haies, l'épandage d'un fumier sain pour le sol au lieu de l'injection de lisier, ainsi que d'autres pratiques conçues pour préserver le paysage traditionnel et la biodiversité de la région tout en développant des systèmes agricoles viables et sains.

Les agriculteurs ont été impliqués dans un processus de développement de solutions agro-écologiques et locales à travers des partenariats avec les chercheurs universitaires. Le processus a été déclenché par un règlement

Gestion de vaches laitières dans le paysage du nord des Bois Frisons.
Crédit Photo: www.duurzamestagehub.nl

gouvernemental sur l'injection du lisier, que les agriculteurs de la région ne considéraient pas adapté à leur contexte particulier. A travers ce processus, ils ont développé un nouveau système de gestion coopérative, et ont été les pionniers de l'innovation agricole. L'économie rurale de la région est donc plus forte, la qualité des produits améliorée, et il y a maintenant une relation de confiance et de coopération plus forte entre les agriculteurs et leur communauté de voisinage. De plus, en reconnaissance de ses caractéristiques uniques, la région a été déclarée «Paysage national» par le gouvernement.

Nourrir la Planète

Après la Seconde Guerre Mondiale, la politique et la science sont devenus les pilotes principaux de la transformation de la campagne européenne vers sa forme actuelle. L'agriculture a été poussée dans la voie de l'industrialisation et de l'extension. Son but ultime était d'augmenter la production afin de, soi-disant, «nourrir la planète». Les monocultures, les engrais chimiques, les variétés et les espèces à haut rendement, et l'alimentation animale importée, sont devenus les moyens d'atteindre cet objectif. Cela a stimulé la croissance des producteurs d'aliments destinés aux animaux, des producteurs d'engrais chimiques, et d'entreprises développant des pesticides et des semences génétiquement modifiées ou hybrides. Leur influence a augmenté et s'est étroitement liée à celle de la politique et de la science.

La production agricole a augmenté et l'Europe a assisté à l'effondrement du nombre d'exploitations en polyculture. Dans les années 1970 et 1980, quand les pluies acides, les surplus de lisier, la pollution du sol et de l'eau de surface, ont menacé plusieurs parties du continent, il est devenu évident que le développement agricole avait un coût. L'Union Européenne (UE) est intervenue en instituant des directives de réduction des émissions d'ammoniac, responsables des pluies acides, de la réduction de la biodiversité, et du lessivage du nitrate dans le sol et l'eau de surface.[1] Par exemple, les paysans n'étaient plus autorisés à épandre du fumier sur la terre comme ils l'avaient toujours fait, mais devaient l'injecter maintenant dans le sol.

Malheureusement, ces réponses politiques s'adressaient aux symptômes plutôt qu'aux causes profondes du déséquilibre écologique, et se trouvaient bien éloignées des réalités de la production sur le terrain. Le respect de ces nouvelles règles et régulations demandait aux agriculteurs d'acheter des machines coûteuses, et menaçait l'avenir de nombreuses fermes, y compris celles qui étaient relativement moins nuisibles pour l'environnement. Les paysans ont été pris au piège dans un réseau de règles restrictives, dont certaines menaçaient leur propre capacité à inventer des solutions durables. Pour nombre d'entre eux, ces régulations environnementales restrictives, associées à la baisse du prix des denrées alimentaires et à la hausse du prix des intrants, les ont amenés à abandonner l'agriculture ou à migrer vers d'autres pays.

Le Commencement : des Coopératives Territoriales pour la Gestion de la Conservation Menée par les Agriculteurs

Bien que la protection de la nature et l'agriculture aient développé leurs propres sphères d'activité — apparemment contradictoires — dans la société et la politique hollandaises, les agriculteurs des Bois Frisons du Nord ont toujours perçu ces deux domaines comme interdépendants. Les champs des petits producteurs de lait dans cette région, au nord des Pays-Bas, sont traditionnellement entourés par des bordures et des haies d'aulnes, de chênes, et de buissons, que les petits paysans se sont efforcés de préserver collectivement à travers les générations, comme une pièce de leur système agricole. A la fin des années 1980, de nouvelles politiques ont défini ces haies comme sensibles aux acides, et de sévères limitations ont été mises en place sur les types d'activités agricoles possibles dans leurs alentours.

Alors que certains agriculteurs ont envisagé de retirer les haies avant que les règles n'entrent en vigueur pour éviter de faire face aux restrictions, de nombreux autres savaient qu'ils pourraient simultanément préserver les haies caractéristiques tout en préservant également leurs opérations agricoles, à *condition* d'avoir le droit d'agir selon leurs propres idées, fondées sur le savoir issu de leurs pratiques de l'environnement et de l'agriculture. Un groupe de producteurs de lait a convaincu les autorités provinciales et municipales de soustraire les haies locales aux nouvelles

Gestion des haies en tant que systèmes agricoles.
Crédit Photo: Noardlike Fryske Walden

régulations. En échange, ils ont promis de préserver et de protéger les haies, les mares, les rangées d'aulnes, et les chemins de terre de la région.

Cela a donné lieu aux deux premières coopératives de producteurs de lait aux Pays-Bas.[i] Quatre autres organisations ont été formées peu après, et en 2002, la coopérative globale *Noardlike Fryske Wâlden* (BFN, Nord des Bois Frisons) a été fondée. Elle bénéficie aujourd'hui de l'adhésion de plus de 1000 producteurs de lait (presque 80% de tous les producteurs de lait de la région), en plus des membres de la communauté qui ne sont pas paysans, et gère environ 45 000 hectares de terre. À leur commencement, les coopératives territoriales avaient une structure organisationnelle unique pour la protection de la nature et la production coordonnées ; aucune autre organisation dans le pays ne gérait l'intégration des deux dimensions à la fois.

La coopérative BFN a pu s'accorder avec des organisations de la société civile, en particulier avec des organisations de conservation de la nature, autour d'un plan présentant deux trajectoires complémentaires. L'une est axée

---

[i] Les noms hollandais de ces organisations sont: Vereniging Eastermars Lânsdouwe et Vereniging Agrarisch Natuur en Landschapsonderhoud Achtkarspelen.

sur l'entretien et l'amélioration du paysage et de la nature d'une manière qui soit compatible avec les bonnes pratiques agricoles, tandis que l'autre trajectoire vise à développer une stratégie de production durable. Pour surmonter les nouvelles barrières législatives, la coopérative et ses nouveaux alliés ont négocié leurs idées avec le gouvernement provincial et ont développé conjointement un plan écologique détaillé de gestion des paysages. Ils ont pu être exemptés de plusieurs dispositifs règlementaires. Cela comprend 1 650 km de bordures boisées d'aulnes et de talus, 400 mares, 6 900 hectares de régions protégées collectivement pour soutenir les oiseaux de prairie, et environ 4 000 hectares pour les oies.[2] La biodiversité est devenue de plus en plus riche, et les paysages attrayants ouvrent de nouvelles opportunités pour les loisirs et le tourisme rural. Par exemple, la coopérative a restauré d'anciens chemins de terre en tant que sentiers pédestres et voies cyclables.

En se concentrant davantage sur l'intégration de la nature, des paysages, et de l'agriculture, les agriculteurs ont aussi trouvé des moyens de renforcer leurs pratiques agricoles. Selon l'un d'entre eux :

« Si vous entretenez bien le paysage, la biodiversité augmente. Vous obtenez, par exemple, plus d'espèces de graminées, ce qui a un effet positif sur la santé des vaches. Et un bon entretien des bordures d'arbres attire plus d'oiseaux. Ils mangent les insectes qui détruisent les racines des touffes d'herbe. Donc plus il y a d'oiseaux, moins on a besoin d'insecticides. L'entretien de la nature et des paysages est donc économiquement avantageux. C'est ce que j'ai appris au cours du temps ».[3]

Un Meilleur Fumier pour de Meilleurs Sols

La gestion du fumier a été au cœur de la lutte entre les agriculteurs des Bois Frisons du Nord et la politique environnementale et agricole dominante. Comme mentionné précédemment, l'une des mesures prises par le gouvernement afin de réduire l'ammoniac et les infiltrations de nitrate dans le sol et l'eau de surface a été d'exiger que les agriculteurs injectent le lisier dans le sol, au lieu d'en répandre à travers leurs champs comme ils le faisaient traditionnellement. Le raisonnement était que l'injection limiterait le ruissellement et les émissions d'ammoniac dans l'air, protégeant ainsi les systèmes écologiques plus larges. Cependant, les producteurs de lait dans la région étaient sceptiques ; avec de petits champs et de hauts niveaux de nappe phréatique au printemps, leur terre n'était pas adaptée aux lourdes machines nécessaires à l'injection. Les nutriments se perdraient aussi à l'intérieur de la

ENCADRE 1: Approches Innovantes de l'Apprentissage

Contrairement aux astuces technologiques et aux mesures dévelop-pées par les agronomes et recommandées aux agriculteurs, la coopé-rative BFN a pris l'initiative de différents modes d'apprentissage qui donnent un rôle central à l'expérience, aux valeurs, et aux aspirations des agriculteurs. De nouvelles connaissances sont acquises et diffusées par les paysans eux-mêmes, à travers une grande variété de méthodes, dont des cours d'entretien du paysage et de conservation de la nature, et des excursions dans d'autres fermes à l'intérieur et à l'extérieur de la région. Les méthodes d'apprentissage sont souvent combinées à des petits groupes d'étude, à l'intérieur desquels les expériences sont échan-gées et les agriculteurs discutent de leurs réussites et de leurs échecs. Une autre méthode innovante est la recherche scientifique menée par les paysans. Les paysans soulèvent le problème, la recherche est menée sur leurs propres fermes, puis les résultats sont discutés entre les paysans et les scientifiques, et entre les communautés de voisinage.

Une grande partie de ce qui est appris dans ces "laboratoires champêtres" est fondé sur du savoir traditionnel, parfois presque "tacite". Pour les paysans, les caractéristiques régionales, telles que les bordures et les talus d'aulnes, ont toujours été une partie évidente de leurs fermes. Le savoir sur les cultures locales et l'élevage de bétail, transmis à travers les généra-tions, est aussi un fondement pour l'agro-biodiversité locale. La coopéra-tive territoriale BFN a profité de la richesse de ce savoir, l'a réévalué, et a créé un système permettant de le diffuser davantage entre les agriculteurs.

nappe souterraine, plutôt que d'être absorbés dans le sol, et de plus en plus d'engrais chimiques seraient nécessaires pour entretenir les pâturages.

Les agriculteurs ont soutenu que l'injection de lisier tuerait la vie du sol, et ils ont eu une meilleure idée : produire du fumier de meilleure qualité. En 1995, la coopérative BFN récemment formée a accepté d'entreprendre une expérience avec le gouvernement pour développer des méthodes alternatives afin de réduire le lessivage de l'azote. Toutefois, le changement politique national en 1998 a exigé que l'expérience soit qualifiée de «recherche scienti-fique» afin de maintenir la dispense permettant de se soustraire à l'injection de lisier. Pour répondre à cette exigence, la coopérative a cherché à collabo-rer avec des chercheurs non conformistes de l'Université de Wageningen. 4 Cela a donné lieu à une expérience sur la gestion de nutriments, réunissant 60 agriculteurs et un petit groupe de scientifiques de différentes disciplines.

L'expérience avec l'université de Wageningen a produit une stratégie non-conventionnelle appelée *kringlooplandbouw*. Le «Closed-loop farming», comme on l'appelle en anglais (ou l'agriculture en circuit fermé), vise à maximiser les cycles de nutrition sur la ferme. [5] Cette recherche est motivée par l'objectif d'amélioration de la qualité du fumier. Les agriculteurs de la BFN donnaient à leur bétail plus d'aliments riches en fibre, comme de l'herbe, et moins de protéine, comme du concentré de soja, que ce qui était typiquement recommandé par l'agriculture industrielle contemporaine. D'autre part, ils ajoutaient au fumier des additifs microbiens et de la paille de leur pâturage. Cela rendait le fumier de meilleure qualité et plus solide, ce qui améliorait les fonctions du sol. Le rapport carbone/azote élevé a fait baisser les émissions d'azote dans l'environnement. Des épandeurs de fumier particuliers, adaptés aux champs de petite taille, ont aussi été développés. Même si les agriculteurs ont réduit leur usage d'engrais chimiques, le rendement des graminées a commencé à augmenter grâce à l'amélioration biologique du sol, effet d'un fumier plus sain. [6]

En 2005, une étude sur les producteurs de lait de la BFN a révélé qu'ils utilisaient 25% d'engrais de moins que leurs homologues conventionnels. [7]

Visite d'étude avec des représentants du Ministère des Affaires Economiques.
Crédit Photo: Noardlike Fryske Walden

D'autres études suggèrent que ces agriculteurs ont un rendement économique plus élevé, car les dépenses de santé pour le bétail sont plus faibles, les coûts d'engrais sont réduits, et les vaches laitières produisent pendant plus longtemps. Bien que les paysans doivent investir plus de temps et de travail dans les systèmes d'agriculture en circuit fermé que dans l'agriculture conventionnelle, de nombreux paysans de la BFN pensent que ces efforts supplémentaires valent la peine, puisqu'ils sont compensés par plus d'autonomie et de bien-être.

Aujourd'hui, cette approche s'est étendue. Comme de nombreux experts et paysans visitent les Bois Frisons du Nord pour se former, la coopérative a maintenant un rôle éducatif et organise régulièrement des visites guidées et des présentations.

ENCADRE 2: Agriculture en Circuit Fermé

Aujourd'hui l'agriculture en circuit fermé (*kringlooplandbouw*) englobe tout un ensemble de pratiques agro-écologiques qui visent à faire le meilleur usage des ressources locales. Alors que l'agronomie divise la ferme en deux entités distinctes, l'agriculture en circuit-fermé utilise une approche circulaire et agro-écologique en mettant l'accent sur la gestion intégrée de différentes parties du système : la qualité du sol, la qualité des aliments, la qualité du pâturage, et la santé des animaux (voir Tableau 1).

Par exemple, dans l'agriculture en circuit fermé, le bétail n'est plus nourri avec des hautes doses de protéines. Au lieu de cela, les animaux sont perçus comme des brouteurs et des ruminants exigeant plus de fibres et d'énergie, ce qui signifie que leur régime contient plus de carbone et moins d'azote. Ce régime améliore la qualité du fumier, qui à son tour améliore le sol, conduisant à l'amélioration du pâturage, à une meilleure santé des troupeaux, et à une plus grande qualité du lait et de la viande. L'agriculture en circuit fermé réduit également les émissions et le lessivage. Cela aide à fermer le cycle du phosphore, ce qui est important, étant donné que les réserves de phosphore sont censées s'épuiser et que le prix du phosphore devrait parvenir à de très hauts niveaux dans 50 à 70 ans. La demande de soja pour nourrir le bétail, souvent associée à la déforestation et à l'accaparement des terres dans les pays du Sud, est aussi réduite. Enfin, la stratégie agro-écologique crée des paysages plus beaux et bio-diversifiés. Le bon fumier attire les mouches, les scarabées, et les larves dont se nourrissent les oiseaux.

Tableau 1. *Kringlooplandbouw* **Comparé aux Pratiques d'Agriculture Conventionnelle**

Principe	Pratiques	Résultats
Qualité des aliments et santé des animaux	Production en propre des cultures fourragères, utilisation du fourrage des stocks naturels, et réduction du contenu du fourrage en protéine brute digestible.	Moins d'importation de fourrage ; vaches plus saines ; moins de jeune bétail puisque les vaches vivent plus longtemps ; lait et qualité de la viande améliorés.
Santé de la terre	Utilisation de machines légères ; moins de labourage ; ensemencement direct dans le sol ; alimentation des champignons et des bactéries dans le sol avec plus de carbone et moins d'azote.	Moins de compactage, plus de matière organique, plus de vie dans le sol ; empêche la minéralisation de la matière organique, perte de nitrates, et émission de CO_2.
Qualité du pâturage	Pâturage plus durable : intégration d'herbes dans le pâturage.	Amélioration de la santé des animaux et du sol.
Efficacité de l'usage des nutriments	Application plus fréquente de petites quantités ; le fumier est séparé des urines dans les étables; application séparée de la fraction liquide et de la fraction solide sur la terre.	Moins de compactage et meilleure structure du sol; niveaux de fertilisation plus bas, lessivage plus faible ; réduction des émissions d'ammoniaque (contient plus de matière organique et libération des minéraux plus lente).

Diffusion et Institutionnalisation

L'agriculture en circuit fermé s'est répandue au-delà des Bois Frisons du Nord et est actuellement pratiquée par 1000 des 18000 producteurs laitiers des Pays-Bas.[9] Ses principes ont été appliqués sur une série d'autres vastes projets dans cinq autres provinces.

Le déploiement, dans ce cas, a outrepassé la diffusion horizontale des pratiques agricoles. Comme l'approche de l'agriculture en circuit fermé a pris de l'importance, elle est maintenant reconnue et institutionnalisée dans une multitude de sphères, démontrant ainsi également la réussite du déploiement sur un axe vertical. Maintenant, le syndicat de paysans conventionnels des Pays-Bas reconnaît, soutient, et défend l'agriculture en circuit fermé. Par conséquent, les entreprises et les services de conseil ont prévu des proportions d'aliments adaptées et des doses d'engrais minéraux plus faibles, et de nombreux vétérinaires observent maintenant le métabolisme carbone/azote (C/A) dans l'estomac des vaches et recommande un rapport C/A plus élevé dans les aliments et le fourrage afin d'améliorer leur santé. Les chercheurs soutiennent les agriculteurs pionniers à une échelle beaucoup plus large qu'avant, et les provinces reconnaissent maintenant que ce type d'agriculture n'est pas contraire, et même qu'elle contribue à la protection de l'environnement, et prévoient de soutenir son expansion.[10]

D'autre part, l'agriculture en circuit fermé est prometteuse pour les paysans, de sorte qu'elle est de plus en plus utilisée dans l'étiquetage des produits régionaux.[ii] Les transformateurs laitiers ont l'intention de payer plus cher le lait produit selon les principes d'agriculture en circuit fermé.[11]

Subventions Européennes pour l'Entretien du Paysage

Bien que les producteurs de lait de la NBF fassent l'expérience des résultats économiques positifs de l'agriculture en circuit fermé, la coopérative n'est pas encore entièrement rémunérée pour son travail d'entretien collectif et agro-écologique du paysage. Ils reçoivent des indemnités de l'UE et du gouvernement provincial, pour environ la moitié de l'aire qui se trouve sous leur contrôle, mais cela paie à peine le temps qu'ils doivent consacrer à ces activités. La plupart des subventions européennes disponibles pour la conservation de la nature sont distribuées à des organisations environnementales, confirmant l'inclination des décideurs politiques et des organisations agricoles dominantes d'ignorer ou de marginaliser l'idée de paysages gérés par les paysans. Toutefois cela a commencé à changer récemment. La coopérative NBF, aux côtés de trois autres coopératives des Pays-Bas, a négocié un meilleur soutien financier, et en 2015, la nouvelle Politique Agricole Commune de l'Union Européenne (2014-2020) a pris des dispositions pour rétribuer les collectifs d'agriculteurs pour leurs services rendus à la société.

Leçons pour l'Innovation Locale

L'expansion de la stratégie agro-écologique d'agriculture en circuit fermé ne répondait pas simplement à une question de promotion d'un ensemble de technologies mis en œuvre par les paysans. Au contraire, cela a évolué dans le temps, puisque les paysans eux-mêmes ont fait l'expérience et ont conçu des solutions en réponse aux obstacles de niveau national et local qui se sont multipliés avec l'expansion de l'agriculture industrialisée.[12] Puisque les

---

[ii] Cela peut s'observer, par exemple, ailleurs en Hollande dans la stratégie de commercialisation de l'association d'agriculteurs-producteurs de fromage CONO.

paysans ont développé des solutions contre l'excès d'effluents et de pollution des sources d'eau, ils en sont venus à progressivement mieux comprendre les interactions et les synergies positives entre les différents éléments de la stratégie de production en circuit fermé. Il est important de noter que les paysans ont créé cet espace d'expérimentation eux-mêmes, à l'origine en opposition aux politiques gouvernementales. Ils ont fait cela en mobilisant d'autres paysans, en articulant collectivement leurs problèmes, en envisageant une voie à suivre, en ancrant les systèmes agricoles dans les écosystèmes locaux, en créant de nouvelles structures organisationnelles, et en persuadant les autorités qu'ils pouvaient atteindre des objectifs politiques s'ils avaient la permission de le faire avec leurs propres moyens.

Les innovations et les solutions ont été fondées sur le savoir, les besoins, les ressources et les aspirations des paysans. Cela garantissait l'ancrage des innovations dans le contexte écologique, économique et culturel local. Les scientifiques ont contribué à ce processus d'apprentissage en s'engageant sur le long terme, plutôt qu'en inventant leurs propres astuces technologiques. Ce processus a généré un grand nombre d'innovations : de l'entretien du sol, du fumier, et des haies, à l'amélioration du fourrage destiné au bétail ; de la création d'une nouvelle structure coopérative pour la gestion intégrée de la conservation de la nature et de l'agriculture, aux nouveaux accords en matière politique, commerciale et institutionnelle. Mais surtout, le processus a abouti à remettre en cause des idées profondément enracinées, sur la façon de fonctionner en agriculture pour "nourrir le monde", ces idées qui avaient conduit à une profonde dichotomie entre nature et agriculture.

Les paysans n'étaient pas capables de faire cela seuls, mais ils se sont organisés et ont construit des alliances, menant à l'articulation d'un nouveau paradigme collectif d'agriculture en circuit fermé basé sur des principes agro-écologiques. Ces alliances forgées avec des scientifiques et d'autres organisations ont eu un rôle important dans le renforcement du processus, et lui ont permis d'atteindre une diffusion et une influence élargies. En documentant les grands bénéfices de ces pratiques pour la société, les paysans et les scientifiques ont renforcé leur argumentaire en faveur d'une diffusion plus large des innovations. Les paysans ont aussi construit et entretenu des relations de travail avec des réseaux au plan régional, national et international, et avec des professeurs d'université qui ont défendu leur cause auprès des instances ministérielles.

À présent, d'autres paysans, ONG, et municipalités en dehors de la région des Bois Frisons du Nord ont été inspirés par l'agriculture en circuit fermé et ont commencé à en faire leur propre expérience. D'autres pays européens, comme le Danemark, ont commencé à manifester leur grand intérêt pour l'apprentissage de cette expérience. Ainsi la coopérative dirigée par des agriculteurs des Bois Frisons du Nord a eu un rôle de premier plan dans le développement des approches agro-écologiques partout en Europe.

Références

[1] Stuiver, Marian. 2008. "Regime Change and Storylines: A sociological analysis of manure practices in contemporary Dutch dairy farming." Wageningen: Université de Wageningen et Centre de Recherche.

[2] Noardlike Fryske Walden. 2014. "Jaarverslag 2013." Burgum.

[3] de Rooij, S. 2010. "Endogenous initiatives as driving forces of sustainable rural development." In Endogenous development in Europe, edité par S. de Rooij, P Milone, J. Tvrdonava et P. Keating, 29. Compas: Leusden.

[4] Verhoeven, F.P.M., J.W. Reijs, J.D. Van Der Ploeg. 2003. "Re-balancing soil-plant-animal interactions: towards reduction of nitrogen losses." *NJAS Wageningen Journal of Life Sciences* 51(1-2):147-164.

[5] Stuiver, "Regime Change and Storylines." Op. Cit.

[6] Verhoeven. "Re-balancing soil-plant-animal interactions." Op. Cit.

[7] Sonneveld, M.P.W. , J.F.F.P. Bos, J.J. Schröder, A. Bleeker, A. Hensen, A. Frumau, J. Roelsma, D.J. Brus, A.J. Schouten, J. Bloem, R. de Goede and J. Bouma. 2009. "Effectiviteit van het Alternatieve Spoor in de Noordelijke Friese Wouden." Wageningen UR.

[8] De Boer, H.C., M.A. Dolman, A.L. Gerritsen, J. Kros, M.P.W. Sonneveld, M. Stuiver, C.J.A.M. Termeer, T.V. Vellinga, W. de Vries & J. Bouma. 2012. "Effecten van kringlooplandbouw op ecosysteemdiensten en milieukwaliteit." Een integrale analyse op People, Planet & Profit, effecten op gebiedsniveau, en potentie voor zelfsturing, met de Noardlike Fryske Wâlden als inspirerend voorbeeld. Wageningen Livestock Research Report.

[9] Holster, H.C, M. van Opheusden, A.L. Gerritsen, H. Kieft, H. Kros, M. Plomp, F. Verhoeven, W. de Vries., E. van Essen, M.P.W. Sonneveld, A. Venekamp. 2014. *Kringlooplandbouw in Noord-Nederland: Van marge naar mainstream.* Wageningen UR: Wageningen.

[10] Ibid.

[11] H. Holster et al. *Kringlooplandbouw.* Op. Cit.

[12] van der Ploeg, J.D. 2008. *The new peasantries: Struggles for autonomy and sustainability in an era of empire and globalisation.* London: Earthscan.

CONCLUSION

Soutenir une Vague d'Innovation Agro-écologique

Par Steve Brescia

A Groundswell International, nous travaillons principalement avec des organisations partenaires et des communautés rurales marginalisées du Sud. Certaines d'entre elles sont présentées dans ce livre. Afin de tirer des leçons d'un ensemble plus vaste d'expériences, nous avons également intégré des chapitres sur le travail des organisations et des partenaires d'autres pays, y compris aux Etats-Unis et aux Pays-Bas qui représentent chacun un contexte du Nord. Les dynamiques globalisées et les impacts de plus en plus importants de notre système agro-alimentaire sont les raisons pour lesquelles nous élargissons ainsi notre vision et prenons en considération des enseignements et des solutions viables provenant de contextes très différents.

Mais il existe des différences profondes entre les réalités du Sud et du Nord. Dans le Sud, les communautés de petits paysans sont souvent confrontées à des questions de vie ou de mort liées à la famine, à l'accès à la terre et à l'eau, aux désastres climatiques, à la migration, et au risque d'expulsion. Elles font souvent face à des systèmes politiques non démocratiques, à un manque de protection des droits humains fondamentaux, et parfois à la violence et à la répression. En général, leurs marges de survie sont plus étroites et leurs conditions de vie plus vulnérables. Compte tenu des écosystèmes fragiles et délaissés qui caractérisent les communautés de petits paysans, et du fait que l'essentiel de la pauvreté et de la faim dans le monde est concentré dans ces communautés, les stratégies de production agro-écologique ont démontré qu'elles étaient hautement efficaces et appropriées à améliorer la vie des paysans dans ces régions.

Dans les chapitres concernant le Nord, les paysans et leurs partenaires sont aussi confrontés à de réels problèmes qui touchent leurs systèmes agro-alimentaires, et ils y répondent de manière créative en recourant à des innovations techniques et institutionnelles. Dans certains cas aux Etats-Unis, aux Pays-Bas, et ailleurs dans des situations similaires, ils agissent généralement dans un contexte de classe moyenne et dans des démocraties libérales. Les systèmes économique et politique tendent à être plus développés et fonctionnels, les droits plus largement respectés, et les paysans possèdent des ressources économiques et de la flexibilité pour organiser, mobiliser et poursuivre des alternatives, ce que les paysans du Sud ne peuvent pas faire. Ils sont, en termes relatifs, moins vulnérable.[i]

Ces différences ont des implications pour les paysans qui travaillent dans chaque contexte, ainsi que pour les partenaires et les organisations qui cherchent à les soutenir. Pourtant, parmi les neuf cas et contextes différents qui composent ce livre, il est également possible d'observer quelques principes communs au déploiement de l'agroécologie parmi les petits paysans. Nous examinons ici certains de ces principes, en convoquant les enseignements pratiques et les voix des personnes impliquées. Nous livrerons à la suite un appendice recensant les stratégies et les méthodologies de renforcement et d'extension de l'agroécologie, telles qu'elles apparaissent dans les chapitres, susceptibles d'être adaptées à différents contextes par les organisations paysannes et les organismes d'aide.

Points de Départ

« L'insuffisance des précipitations et l'appauvrissement du sol sont les principaux défis auxquels nous sommes confrontés », a dit Adjima Thimbiano, cité dans le Chapitre 8. « Comme la fertilité du sol baisse, la production baisse également. Nous n'avons pas autant de cultures que par le passé. Nous sommes 11 personnes à vivre à la maison. Bien sûr que nous sommes inquiets. Si tu es responsable des autres et que tu n'as pas assez à manger, tu es vraiment inquiet ».

Les petits paysans, particulièrement les plus marginalisés économiquement et politiquement, sont généralement tenus de répondre d'abord à leurs besoins immédiats. Ceux-ci comprennent la survie, l'accès à une

---

[i] L'idée n'est pas d'ignorer la réalité des paysans du Nord qui font l'expérience de hauts niveaux de vulnérabilité et de marginalisation dus à la marginalisation économique et à la discrimination raciale. Groundswell s'emploie à développer des stratégies de terrain afin de travailler dans ces contextes aux Etats-Unis, toutefois elles ne sont pas suffisamment développées pour figurer parmi les cas présentés dans ce livre. Pour bien se représenter les expériences agro-écologiques des paysans de couleur aux Etats-Unis, voir : Bowen, Natasha. *The Color of Food: Stories of Race, Resilience, and Farming.* Gabriola Island, British Colombia, Canada: The New Society Publishers, 2015; et Holt-Giménez, Eric et Yi Wang. "Reform or Transformation? The Pivotal Role of Food Justice in the U.S. Food Movement." Race/ Ethnicity: Multidiscliplinary Global Contexts, 5(2011):83-102.

alimentation adaptée, à un salaire, aux soins de santé, à un refuge, et à l'éducation ; et à la nécessité de subvenir aux besoins de leurs familles, leurs communautés, et leurs cultures. Tout cela dans le cadre d'une vision du monde traditionnelle qui détermine ce que le «bien vivre», ou le «buen vivir», comme on dit dans certains endroits, signifie pour eux.[1] Par exemple, Elena Tenelma d'Equateur explique: « Chaque foyer de notre communauté possède des semences locales que nous avons conservées et héritées de nos ancêtres. Pendre soin de notre *Pachamama* (la Mère Nature) est ce qu'il y a de plus important pour nous.» Comme tout le monde, les petits paysans changeront leurs pratiques ou leurs approches lorsqu'ils sentiront que cela leur sera favorable. Des politiques et des mesures d'incitation peuvent influencer leurs décisions. Pour que l'agroécologie soit approfondie, adoptée largement et mise en œuvre par plus de paysans, ils doivent être convaincus qu'elle offre une alternative favorable. Les barrières et les obstacles doivent être supprimés, les facteurs et les incitations positives augmentés.

Les points de départ des paysans varient selon leurs milieux et leurs conditions de vie. Leur cheminement depuis ces points de départ vers des types de production agro-écologiques plus productifs et bénéfiques sont souvent compliqués, et sont rarement réguliers et linéaires. L'exposition à des intrants agricoles conventionnels (semences OGM ou hybrides, intrants chimiques, pesticides et herbicides, etc.) et aux marchés varie pour les petits exploitants, selon des contextes différents. Les paysans indigènes et paysans du Sud font souvent appel à des sources de connaissances historiques profondes sur la production agro-écologique et les pratiques de gestion des ressources naturelles. Toutefois dans bien des cas, ils adoptent certaines combinaisons de pratiques agro-écologiques et conventionnelles. Pendant des décennies, les Ministères de l'agriculture, les subventions du gouvernement, les industries agroalimentaires, les ONG, et les organisations philanthropiques ont encouragé les petits paysans à acheter des intrants agrochimiques. D'autres sont éventuellement en cours de retour à l'agriculture, et cherchent à se réapproprier des pratiques et des connaissances refoulées — par exemple, s'ils ont récemment acquis une terre, ou quitté des régions urbaines pour des régions rurales, ou s'ils ont commencé l'agriculture dans des cadres urbains et péri-urbains.

De nombreux ménages combinent différentes stratégies au sein de leur foyer: il se peut que les femmes, par exemple, conduisent agro-écologiquement une parcelle sur laquelle elles ont plus de contrôle, et qui est consacrée à la consommation domestique, tandis que les hommes recourent à des pratiques conventionnelles sur une parcelle plus grande pour cultiver les céréales de base, probablement sous contrat de fermage monoculturale assorti d'une prescription d'intrants externes. Les familles combinent parfois agriculture et travail non-agricole, avec éventuellement un emploi saisonnier sur des plantations agricoles industrialisées. Dans chaque cas, les paysans et les communautés doivent déterminer de manière réaliste leurs points de départ, difficultés, et intérêts, et développer un processus permettant de passer à l'agroécologie, ou de l'approfondir, de manière à ce que cela ait du sens pour eux.

A l'intérieur de cette réalité complexe, des oasis puissantes de production agro-écologique existent, et certaines pratiques agro-écologiques essentielles prédominent à travers les populations.[ii]

Le défi qui s'impose maintenant est de savoir comment approfondir et diffuser ces principes et ces pratiques agro-écologiques afin d'améliorer le bien-être de manière substantielle. Pour cela il est nécessaire de créer des ponts entre le travail de la base et des mouvements sociaux plus vastes et l'activité de plaidoyer. Cela nécessite de construire des alliances productives entre les organisations paysannes et les mouvements sociaux, les ONG, les scientifiques, le gouvernement, et les entreprises locales. Les fermes modèles et le travail individuel ne suffiront pas.

Une Vision Directrice

En plus d'une critique du *statu quo,* nous avons besoin d'une vision positive qui puisse nous guider puisque nous cherchons à diffuser des solutions agro-écologiques et à tisser de meilleures alternatives pour les générations présentes et futures. En puisant dans les expériences des femmes et des hommes telles qu'elles sont présentées dans ce livre, nous pouvons distinguer quelques éléments essentiels et partagés de cette vision.

Nel, un agriculteur de la zone semi-aride du nord-est du Brésil, a utilisé des techniques qu'il avait apprises en tant que migrant à Sao Paulo, lui permettant de construire un meilleur type de citerne pour stocker l'eau de pluie une fois de retour dans sa communauté. Son innovation était efficace, moins chère que les citernes habituelles, et a répondu à un besoin des populations locales — elle s'est donc répandue. Cela a finalement donné lieu à un mouvement bourgeonnant de construction d'un million de citernes. Cela a également alimenté un nouveau paradigme de «vie en communion avec la zone semi-aride», qui met l'accent sur les solutions générées par les populations locales plutôt que sur celles qu'offre le gouvernement. A Haïti,

---

[ii] Par exemple, en conservant ou en améliorant les variétés de semences locales, ou les cultures intercalaires.

Jean Luis, un agriculteur originaire du Département du Nord, a l'objectif de restaurer les terres de montagne pour que les gens n'aient pas à migrer vers des conditions urbaines dangereuses. Il travaille à la poursuite de cet objectif en aidant à organiser une association paysanne qui relie de multiples villages pour régénérer les liens sociaux, le sol, et les moyens de subsistance agricoles. Au Mali, les leaders de l'association *Barahogon* ont l'objectif de recouvrer leurs rôles traditionnels et leurs connaissances, pour régénérer les arbres sur leurs fermes et leurs jachères, afin d'inverser le cycle croissant de la déforestation, de la désertification, et de la faim. Leur travail contribue maintenant à un mouvement plus vaste visant à reverdir le Sahel. Aux Etats-Unis, Steve Gliessman et Jim Cochran, un scientifique et un paysan, ont commencé à travailler dans l'objectif de résoudre les problèmes de parasites et de maladies associés à la monoculture de fraises, et ont peu à peu développé la perspective de travailler pour une production plus agro-écologique et un système alimentaire plus sain.

Ensemble, les cas rapportés dans ce livre soulignent l'importance de continuer à innover et avancer vers cette vision d'un avenir meilleur, et de faire cela de manière telle que les gens, les petits paysans, les communautés et la régénération des ressources naturelles y tiennent une place centrale. La vision est fondée sur les principes d'organisation locale, de démocratie authentique, et d'équité. Si nous désirons atteindre une telle vision dans l'avenir, à quoi cela pourrait-il ressembler en pratique ?

Premièrement, le contexte sera important. Les gens et les communautés créeront leurs propres visions des «bonnes sociétés», basées sur la culture et le contexte locaux. A travers différents contextes, certains principes et éléments communs peuvent être observés. Les paysans doivent continuellement innover à partir des principes et des pratiques agro-écologiques pour développer des stratégies fructueuses. Le savoir local, l'innovation et l'organisation doivent être encouragés, plutôt que remplacés. Le progrès technologique comptera, mais de telle sorte qu'il soit centré sur les gens, adapté et régénératif. L'apprentissage de paysan à paysan et de communauté à communauté, et les réseaux de partage de connaissances auront un rôle important à jouer dans le soutien à la diffusion de ces principes et pratiques. Etant donné le rythme accéléré des perturbations créées par le changement climatique, il sera important de trouver des moyens d'accélérer parmi les paysans le rythme normal d'innovation et de diffusion de l'agroécologie. Les scientifiques, les Ministères de l'agriculture, et les ONG doivent coopérer pour réaliser ces objectifs aux côtés des paysans, plutôt que de se centrer sur les autorisations de mise sur le marché de paquets technologiques standardisés.

Les paysans doivent continuer à être soutenus, pour améliorer, conserver, et distribuer des variétés de semences locales, diversifiées et de qualité, qui constituent le fondement de la production alimentaire, de la biodiversité, et de la résilience au changement climatique. Les sols, les forêts, et les bassins versants devraient être entretenus de manière durable et régénérative, plutôt qu'extractive. Avec un soutien approprié, les petits paysans peuvent produire et distribuer assez d'aliments sains et diversifiés pour qu'il n'y ait plus de famine ou de malnutrition. Pour ce faire, les paysans devraient aussi avoir des revenus suffisants pour répondre à leurs besoins et poursuivre leurs aspirations. Les économies locales devraient être renforcées, pour que les communautés rurales soient des endroits où les gens pourront mener des vies saines et satisfaisantes, et où les jeunes voudront rester.

Les marchés ont clairement de l'importance pour les petits exploitants agricoles, les communautés rurales, et les consommateurs aussi bien ruraux qu'urbains. Ils devraient être renforcés en accord avec des principes économiques, politiques et sociaux sensés qui mettent l'accent sur des marchés locaux décentralisés, qui fonctionnent bien, réunissant de nombreux paysans, producteurs d'aliments, entreprises locales (dont les entreprises et les coopératives agricoles), et consommateurs locaux. La tendance actuelle de concentration croissante du pouvoir et du contrôle commercial, exercés par un nombre décroissant de firmes agro-alimentaires globalisées, va clairement à l'opposé de ces principes dans une direction malsaine.

Pour que cette vision se réalise, les gouvernements doivent évoluer vers toujours plus de démocratie, en rendant des comptes aux citoyens dans le respect des droits humains. Les petits paysans devraient être autorisés et encouragés à s'impliquer en tant que citoyens actifs. On devrait garantir aux femmes l'égalité des droits, des opportunités, et de l'accès aux ressources. Les sociétés devraient s'assurer qu'elles investissent à la campagne dans des services publics adaptés (santé, éducation, infrastructures, etc.) pour que les régions rurales puissent prospérer et offrir les aliments et la gestion durable des ressources naturelles dont dépendent les nations. Dans l'accomplissement de la souveraineté alimentaire, les nations devraient avoir le pouvoir démocratique de prendre des décisions sur la manière d'assurer la production d'une alimentation abondante, saine, et culturellement appropriée à leurs citoyens.

Une telle vision est-elle réaliste ou fantaisiste ? Si elle n'est pas réaliste, quelle est l'alternative ? Alors qu'il nous reste encore un long chemin avant d'atteindre cette vision, de fait il existe des millions de personnes qui travaillent partout dans le monde pour la réaliser.

Signes de Progrès

Ces 15 dernières années, il y a une reconnaissance croissante et importante de la nécessité de transformer nos systèmes alimentaires et agricoles dysfonctionnels en des systèmes agro-écologiques durables et productifs. Cela s'exprime à un certain degré à travers les institutions dominantes et les accords internationaux.

En Septembre 2014, **l'Organisation pour l'Alimentation et l'Agriculture des Nations Unies (FAO)** a organisé le Colloque International sur l'Agroécologie pour la Sécurité Alimentaire et la Nutrition. La FAO a poursuivi en réunissant trois meetings régionaux en 2015. Lors du meeting de l'Amérique Latine et des Caraïbes (Brasilia, Brésil, juin 2015), les participants sont tombés d'accord sur les recommandations suivantes, destinées à soutenir la transition du système alimentaire industrialisé vers l'agroécologie :

> [Pour] que l'agroécologie améliore le revenu des ménages et les économies nationales, il est essentiel de garantir les droits des petits paysans... Afin de stimuler l'agroécologie et la souveraineté alimentaire face au changement climatique, des politiques publiques devraient être promues, qui soient définies, implantées, contrôlées avec la participation active de mouvements sociaux et de groupes de la société civile, tout en rendant disponibles les ressources nécessaires. Les participants ont aussi appelé à la création des conditions institutionnelles qui sont nécessaires pour restreindre les monocultures, l'usage de pesticides chimiques, la concentration de la terre, avec l'objectif d'augmenter la production agro-écologique de petite échelle dans la région. D'autres propositions visaient à favoriser les dynamiques territoriales de l'innovation et de la technologie sociale, en créant et/ou en renforçant le noyau interdisciplinaire de l'agroécologie par la synergie des processus d'éducation, de recherche, et d'apprentissage ; également, la reconnaissance officielle du savoir local, ancestral et traditionnel, et de l'identité culturelle, en tant que fondements de l'agroécologie. Pour y parvenir, les instituts de recherche publics devraient respecter et valoriser le savoir traditionnel, en soutenant l'échange de connaissances dans leurs programmes de recherche.[3]

En Septembre 2015, un Sommet de l'ONU réunissant les dirigeants du monde a adopté 17 **Objectifs de Développement Durable (ODD)** à atteindre d'ici à 2030. Le second Objectif consiste à : «Éliminer la faim, assurer la sécurité alimentaire, améliorer la nutrition et promouvoir l'agriculture durable.» L'un des huit sous-objectifs est :

> D'ici à 2030, assurer la viabilité des systèmes de production alimentaire et mettre en œuvre des pratiques agricoles résilientes qui permettent d'accroître la productivité et la production, contribuent à la préservation des écosystèmes, renforcent les capacités d'adaptation aux changements climatiques, aux phénomènes météorologiques extrêmes, à la sécheresse, aux inondations et à d'autres catastrophes et améliorent progressivement la qualité des terres et des sols.[4]

En Décembre 2015, l'Accord de Paris sur le Climat a été ratifié par 195 pays, adoptant ainsi le tout premier accord sur le climat juridiquement

TABLEAU 1:

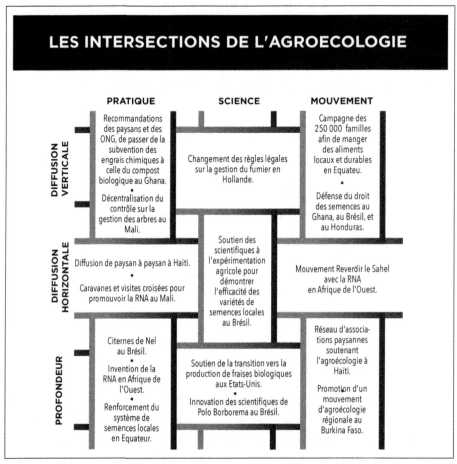

contraignant et universel, avec pour objectif de maintenir l'augmentation moyenne générale de la température sous 1,5 degrés Celsius.[5] Toutefois, malgré le fait que l'agriculture mobilise près de la moitié des terres du monde[6] et qu'elle soit responsable d'au moins un tiers des émissions mondiales de gaz à effet de serre[7], l'alimentation et l'agriculture ont été tenues à l'écart de l'accord principal, qui se centrait principalement sur l'énergie et les transports. Toutefois, les programmes propres à la plupart des pays pour parvenir à l'accord global comportent effectivement des engagements sur l'agriculture. Afin d'atteindre aussitôt que possible les objectifs de l'accord sur la création d'économies à faibles émissions de carbone, voire à zéro carbone, de même que la transition du secteur énergétique vers les énergies renouvelables, il sera nécessaire de soutenir une transition parallèle pour passer d'une agriculture et de systèmes alimentaires dépendants des combustibles fossiles, à une production agro-écologique et à des systèmes alimentaires locaux et durables, intrinsèquement «renouvelables».

Stratégies Clés et Rôles de Soutien

Chaque exemple dans ce livre a pour point commun d'être déclenché par des crises auxquelles les gens sont confrontés dans leurs systèmes agricoles actuels. Ces crises étaient de type et de taille différents. Dans chaque contexte, les gens ont travaillé en vue de créer des solutions pratiques aux défis auxquels ils étaient confrontés. Ce livre souligne les différentes stratégies et les rôles de soutien permettant de travailler avec les communautés agricoles pour développer des solutions, faire avancer et diffuser la transition vers l'agroécologie.

L'agroécologie est une pratique, une science, et un mouvement, et le travail et les stratégies de ces trois courants sont essentiels et interdépendants. De la même façon, le déploiement de l'agroécologie a lieu à trois niveaux : la profondeur, l'étendue, et la verticalité. Chacun des exemples cités dans ce livre fait ressortir deux forces positives qui sont essentielles à l'agroécologie : la capacité d'innovation des paysans et des consommateurs, et le pouvoir régénératif de nos écosystèmes. Une leçon essentielle que nous pouvons en tirer, c'est que nos stratégies devraient renforcer et s'appuyer sur ces forces positives, plutôt que les remplacer et les affaiblir. Une autre leçon est l'importance des différents acteurs et organisations qui travaillent de manière collaborative et synergétique.

Un moyen de représenter et de comprendre les rôles entremêlés, et d'identifier où les écarts, les complémentarités, et les opportunités peuvent exister, est d'utiliser une simple matrice qui prend en compte ces catégories. Dans le

Tableau 1 ci-dessous, nous faisons ressortir un petit nombre d'exemples de ce livre représentant différentes stratégies à l'intérieur de chaque catégorie.

La plupart des initiatives et des programmes abordent certains aspects mieux que d'autres, comme c'est le cas des exemples dans ce livre. Un tel exercice de cartographie peut être appliqué afin d'identifier les écarts, les opportunités de collaboration, et les synergies aux niveaux du territoire, de la nation, ou de la région.

Tisser le Nouveau Paradigme

Nous devons continuer à tisser ces stratégies et créer une agriculture et des systèmes alimentaires plus agro-écologiques et centrés sur les peuples, en partant de la base. Le processus commence avec les actions et l'innovation des paysans, comme le décrit ce livre. Il s'étend à travers des mouvements de paysan à paysan et de paysan à consommateur. Il est fondamental d'instaurer des politiques appropriées et favorables pour que l'agroécologie prospère. Toutefois, comme décrit par les leaders de l'agroécologie, tel Pacho Gangotena en Equateur (voir Chapitre 4), même les gouvernements bien intentionnés ne peuvent pas simplement construire l'agroécologie de manière descendante ; «le changement social en agriculture...proviendra des millions de petits paysans qui commencent à transformer le spectre productif dans sa totalité ».

A la manière des racines tenaces des arbres, dans les paysages sahéliens défrichés en Afrique de l'Ouest, qui survivent sous la surface et qui commencent maintenant à repousser et à guérir la terre, l'agroécologie possède des racines historiques profondes et de riches réserves de sagesse. Nous avons toujours un long chemin à parcourir pour que de cette vision du futur pleine d'espoir devienne une réalité. Le pouvoir créatif des petits paysans, qui innovent avec la nature, est une force puissance et bénéfique qui nous garantit d'y arriver. Nous choisissons de soutenir ce périple.

Références

[1] Kerssen, Tanya. 2015. "Food sovereignty and the quinoa boom: challenges to sustainable re-peasantisation in the southern Altiplano of Bolivia," *Journal of Peasant Studies,* 36:489-507.

[2] Tenelema, Elena. 2012. Interview with EkoRural.

[3] Tel que décrit par TWN. 2014. "FAO Regional Meetings on Agroecology Call for Policy Change to Support Transition." http://www.twn.my/title2/susagri/2016/sa507.htm.

[4] Nations Unies. 2014. "Open Working Group for Sustainable

Development Goals." https://sustainabledevelopment.un.org/index.
php?page=view&type=400&nr=1579&menu=1300.

5 Convention-cadre des Nations Unies sur le changement climatique, Accord
de Paris sur le Climat, 12 Décembre 2015. See: http://ec.europa.eu/clima/
policies/international/negotiations/paris/index_en.htm.

6 Owen, James. 2005. "Farming Claims Almost Half of Earth's Land, New Maps
Show." *National Geographic News*, 9 Décembre.

7 Gilbert, Natasha. 2012. "One-third of our greenhouse gas emissions come
from agriculture." Nature, 31 Octobre.

Quelques Stratégies et Méthodologies pour Renforcer et Déployer l'Agroécologie

Cette annexe résume quelques stratégies et méthodologies, tirées des cas rapportés dans ce livre, qui peuvent être adaptées, utilisées, et améliorées pour approfondir et diffuser l'agroécologie. Nous espérons que cela pourra contribuer au travail des organisations paysannes, des mouvements sociaux, des ONG, des Ministères de l'agriculture, et des organismes de financement et de développement international intéressés par ces objectifs.

Profondeur:

Comment pouvons-nous encourager les paysans à utiliser une ou quelques techniques agro-écologiques pour créer des systèmes agricoles plus développés et agro-écologiques

1. **L'expérimentation menée par les paysans :**[1] Il est essentiel de soutenir des processus d'expérimentation agricole afin de développer des techniques et des stratégies agro-écologiques adaptées et spécifiques à chaque contexte. Les ONG, les scientifiques, et les organisations gouvernementales peuvent soutenir cela de manière productive à travers un «échange de savoirs» entre le savoir traditionnel, la science des gens, et la science formelle. Quelques stratégies efficaces :
   - Identifier les contraintes principales et les facteurs restrictifs
   - Soutenir l'expérimentation en ferme sur une petite portion de parcelles agricoles plus vastes, qui ne mette pas les ménages en danger.
   - Limiter les techniques testées initialement à une ou quelques stratégies complémentaires, pour que les facteurs de succès puissent être identifiés.
   - Autoriser les paysans à utiliser des méthodes et outils simples pour évaluer et comparer les résultats des innovations agro-écologiques à ceux des stratégies existantes.

- Générer des résultats rapides et reconnaissables qui créent des bénéfices précieux pour les ménages, de l'enthousiasme et de la motivation chez les paysans. La capacité à générer la réussite et la motivation des paysans locaux marque une étape essentielle.

2. **L'apprentissage fondé sur la découverte en groupes :** La meilleure expérimentation est celle qui procède d'un cadre collectif, plus efficace pour la co-création et le partage de savoir. En s'appuyant sur le savoir traditionnel, la compréhension que les paysans ont des principes agro-écologiques peut être approfondie.

3. **Remplacer les pratiques conventionnelles par des alternatives agro-écologiques :** Les pratiques existantes des paysans constituent le point de départ. Certaines pratiques traditionnelles des petits paysans sont agro-écologiques, tandis que d'autres ne le sont pas. Des exemples communs de pratiques non durables dans certains contextes sont la culture sur brûlis permettant de défricher les terres pour cultiver, l'absence de conservation du sol et de l'eau, ou l'autorisation du pâturage itinérant du bétail qui complique l'extension de la saison de production agro-écologique pour les paysans. Comme alternatives, les paysans peuvent intégrer des résidus de culture dans le sol, utiliser des cultures de couverture ou de l'engrais vert, utiliser des barrières de protection végétales ou minérales, produire du fourrage et élever du bétail en enclos pour augmenter la production et mieux utiliser le fumier en compost.

4. **Technologies fondamentales :** Tester et diffuser les technologies fondamentales qui répondent aux contraintes généralisées subies par de nombreux paysans. Par exemple, en améliorant la fertilité du sol à travers les barrières de conservation et l'engrais vert/les cultures de couverture, en intégrant des arbres à l'intérieur des systèmes agricoles, ou en intervenant sur la collecte de l'eau. Si elles s'avèrent fructueuses, ces technologies peuvent permettre l'essai et l'adoption d'autres pratiques, telles que la diversification accrue des systèmes agricoles.

5. **Innovation continue pour approfondir la transition vers des systèmes de production agro-écologiques diversifiés :** En général, il n'est pas suffisant d'adopter seulement une ou deux techniques pour garantir des systèmes agricoles régénératifs et résilients. Il est possible de développer des stratégies pour permettre

aux petits paysans, dans un contexte donné, d'effectuer progressivement une transition vers des systèmes de production plus agro-écologiques à travers l'enchaînement et la combinaison de techniques adaptées qui agissent sur la gestion du sol, la gestion des semences, la gestion de l'eau, la gestion de la biodiversité, la gestion du bétail, le stockage après récolte, l'accès aux marchés, etc. Les paysans prendront leurs propres décisions — fondées sur leurs propres perceptions évaluatives de la situation des coûts et bénéfices — concernant les pratiques à utiliser, et à quel moment les utiliser.[2]

6. **Leadership et développement des capacités des femmes et des jeunes, en plus des hommes :** Soutenir l'innovation et le développement organisationnel local pour promouvoir l'agroécologie crée des opportunités pour l'apprentissage et le développement de compétences pratiques et de leadership, en particulier pour ceux qui sont traditionnellement exclus de ces opportunités : les paysans, les peuples indigènes, les femmes, et les jeunes. Toutefois il est essentiel de développer des stratégies explicites pour inclure et habiliter les femmes dans le développement agro-écologique. Cela est avéré à cause d'un certain nombre de facteurs : les femmes ont d'importantes responsabilités dans la production agro-écologique ; elles ont aussi généralement le rôle d'alimenter et de subvenir aux besoins de leurs familles ; les femmes restent souvent en prise avec leur terre, leur famille, et leur communauté, alors que les hommes migrent de manière saisonnière ou non ; et dans plusieurs contextes et cultures les femmes sont dépourvues de pouvoir, de capacité de décision, et d'opportunités. De la même façon, des stratégies explicites devraient être développées pour les jeunes, leur permettant de se créer un avenir viable dans les communautés rurales.

7. **Des activités complémentaires peuvent permettre le succès :** L'approfondissement efficace, l'adoption, et la diffusion de l'agroécologie nécessitent souvent des activités complémentaires qui travaillent en synergie avec les approches agronomiques. Cela peut inclure, par exemple : des groupes d'épargne et de crédit permettant de fournir des ressources et de baisser les coûts des investissements clés ; des banques de semences communautaires ou des

banques d'outillage permettant de garantir un large accès à ces ressources ; la collecte de l'eau ; des réserves de céréales permettant à des groupes de paysans de réduire leur dépendance à l'égard des intermédiaires et de conserver des céréales localement pour la consommation ou la vente lorsque les prix montent ; et des activités de santé communautaire qui préviennent les maladies.

8. **Capacité organisationnelle locale :** L'approfondissement efficace, l'adoption, et la diffusion de l'agroécologie nécessitent souvent des activités complémentaires qui travaillent en synergie avec les approches agronomiques. Cela peut inclure, par exemple : des groupes d'épargne et de crédit permettant de fournir des ressources et de baisser les coûts des investissements clés ; des banques de semences communautaires ou des banques d'outillage permettant de garantir un large accès à ces ressources ; la collecte de l'eau ; des réserves de céréales permettant à des groupes de paysans de réduire leur dépendance à l'égard des intermédiaires et de conserver des céréales localement pour la consommation ou la vente lorsque les prix montent ; et des activités de santé communautaire qui préviennent les maladies.

Diffusion Horizontale

Comment pouvons-nous soutenir la diffusion des principes et des pratiques agro-écologiques auprès d'un plus grand nombre de paysans et de communautés ?

1. **La diffusion de paysan à paysan :** Les paysans qui ont développé avec succès leurs compétences au cours d'innovations agro-écologiques sont les plus aptes à les enseigner aux autres paysans, puisqu'ils peuvent partager leurs connaissances dans leurs propres langues et à l'intérieur de leurs propres contextes culturels et écologiques. Ils utilisent l'exemple de leurs propres fermes, ainsi que leurs connaissances et leurs capacités à communiquer pour enseigner aux autres. Il est difficile pour un paysan qui ne pratique pas l'agroécologie sur sa ferme en obtenant des résultats positifs, de convaincre les autres d'en faire de même.

2. **Apprentissage sur les fermes et dans les communautés :** Il existe différentes stratégies d'apprentissage de paysan à paysan, telles que :
   - Des promoteurs de l'agroécologie issus d'organisations

paysannes. Les promoteurs agricoles peuvent être volontaires, ou peuvent être indemnisés par des organisations paysannes, ou par d'autres paysans, ou en nature, à travers le travail partagé, ou financièrement.

- Un(e) paysan(ne) qui obtient de bons résultats invite un groupe de paysans à visiter sa parcelle ; et offre ensuite un suivi et un soutien de dépannage à ces paysans.

- Des écoles agricoles de terrain, à travers lesquelles un groupe de paysans s'engage systématiquement à agir et à apprendre pour surmonter des difficultés, au cours d'un processus de réunions, d'expérimentations et d'analyses régulières.

- Visites d'échange pédagogiques ou journées organisées sur le terrain où les paysans de différentes communautés se réunissent dans une autre communauté pour découvrir des expériences qui ont connu du succès. Un dialogue participatif est facilité pour qu'ils puissent échanger des idées, apprendre des leçons et identifier les pratiques qu'ils souhaitent tester dans leurs propres fermes et communauté.

- Des appréciations et évaluations participatives, où de multiples intervenants (représentants de différentes communautés, Ministère local de l'agriculture ou représentants du gouvernement, scientifiques, etc.) analysent ensemble une expérience agro-écologique.

- Des structures organisationnelles telles que les associations inter-villageoises, les groupes de femmes, les comités agricoles de village, ou les groupes d'épargne et de crédit, qui peuvent fonctionner comme des espaces d'apprentissage continu.

3. **Travailler avec des mouvements sociaux plus vastes :** La collaboration systématique avec des associations de paysans et de femmes organisées à l'échelle de plus vastes populations peut accélérer l'apprentissage et la diffusion des pratiques agro-écologiques.

4. **Stratégies territoriales et géographiques :** Quand on cherche à diffuser l'innovation agro-écologique sur un territoire qui possède des caractéristiques agricoles, écologiques, et culturelles communes, il peut être intéressant d'élaborer une stratégie de diffusion réfléchie sur une base géographique. Cela peut inclure l'identification de villages «meneurs» dispersés qui sont positionnés stratégiquement pour ensuite atteindre et diffuser des méthodes efficaces à un groupe plus large de villages autour d'eux. De la même

façon, des agriculteurs innovants et hautement motivés peuvent être identifiés au sein de ces villages meneurs en tant qu'expérimentateurs et innovateurs qui peuvent ensuite partager avec les autres. Ce type de «stratégie en cascade» peut être utilisé par les organisations agricoles et les organisations de soutien pour encourager la diffusion de l'agroécologie de manière rentable et rapide.

5. **Communications :** Des méthodes alternatives de communication telles que la radio en langue locale, les vidéos virales, le théâtre communautaire, les concours de «meilleurs agriculteurs», les foires traditionnelles, ou les foires de semences communautaires peuvent aider à diffuser de l'information et à attiser la motivation.

6. **Renforcer la capacité organisationnelle des organisations et des réseaux agricoles :** Une forte capacité organisationnelle des organisations agricoles est essentielle pour conduire des processus continus d'expérimentation, d'innovation et de diffusion des pratiques agro-écologiques. Les ONG peuvent apporter leur soutien, tout en évitant de créer une dépendance, en négociant des stratégies partenaires avec des organisations agricoles pour accompagner et renforcer leurs capacités de gestion spécifique, des problèmes techniques ou méthodologiques, au niveau des villages, des associations inter-villageoises, ou de réseaux plus vastes. Les outils d'auto-évaluation des capacités peuvent aider à identifier les domaines nécessitant soutien et collaboration.

7. **Masse critique :** Si une masse critique de 35-40% d'agriculteurs dans une communauté peut être encouragée — à travers des processus communautaires et formels — à tester et à adopter des principes et des pratiques agro-écologiques qui sont considérés par les agriculteurs comme bénéfiques, alors un effet multiplicateur autonome se produit à travers lequel la majorité des ménages concernés sont atteints.

8. **Permettre la transition sur le long terme :** Une période de transition de 1 à 3 ans et un investissement en temps et en main d'œuvre sont nécessaires pour que les agriculteurs voient les bénéfices croissants et durables de la production agro-écologique. Les processus d'apprentissage et les coûts associés à cette transition peuvent être soutenus via des groupes d'épargne et de crédit, donnant accès au crédit à des taux d'intérêt réduits ; via des

groupes traditionnels de partage du travail (par exemple : kombit à Haïti, minga en Equateur, etc.) contribuant aux travaux intensifs en main d'œuvre tels que la construction de murs de protection ; via les banques de semences communautaires et les banques d'outillage, fonctionnant sur la base du crédit renouvelable, pour réduire les coûts et augmenter l'accès à ces ressources ; via des réserves locales de grains améliorant les revenus des agriculteurs qui sont habituellement dessaisis par les intermédiaires ; et via des citernes d'eau ou des puits de communautés ou de ménages. De telles stratégies peuvent renforcer le capital social et permettre aux agriculteurs de mobiliser et de gérer les ressources locales.

Diffusion Verticale

Comment peut-on soutenir la création d'un contexte favorable à l'agroécologie au niveau des politiques, des institutions, et des marchés ?

1. **Construire des alliances, lier les stratégies de diffusion horizontale et verticale :** Il est mutuellement favorable de relier les processus agro-écologiques forts, fondés sur des expériences au niveau communautaire et de paysan à paysan, avec des organisations plus larges de niveau national et régional, - qu'elles regroupent des paysans ou des femmes, ou qu'il s'agisse de réseaux militant pour la souveraineté alimentaire et le changement politique. Il est fréquent que le travail technique mené au niveau communautaire ne soit pas suffisamment associé à la revendication de politiques favorables, ou que les campagnes de plaidoyer ne soient pas suffisamment enracinées dans les expériences des petits paysans. Ces deux démarches perdent en efficacité lorsqu'elles sont isolées.

2. **Documentation :** Documenter la preuve de l'efficacité des stratégies agro-écologiques, en comparaison par exemple avec les paquets technologiques conventionnels, est un outil important permettant de gagner en influence.

3. **Créer des politiques favorables aux niveaux de la communauté, du territoire, de la région, de la nation et de l'international :** Il est souvent plus simple pour les associations communautaires et paysannes locales de défendre d'abord des changements de politiques et de réglementations à leur niveau, local et territorial. Il peut s'agir de recourir à des lois qui décentralisent la prise de décision et

la budgétisation, mais aussi de négocier pour que les paysans s'emparent des décisions et du contrôle sur la gestion de la terre et des ressources naturelles. Une collaboration et des relations constructives avec le gouvernement local ou les fonctionnaires des ministères de l'Agriculture peuvent être développés. Il est ensuite possible de documenter et d'utiliser des modèles locaux positifs pour une diffusion plus vaste à l'intérieur des pays et au-delà des frontières.

4. **Attirer les décideurs politiques et les leaders d'opinion sur le terrain :** Il faut organiser des «caravanes» ou des visites de terrain multipartites pour que les décideurs politiques, les média et les leaders d'opinion observent des exemples bien développés de production agro-écologique qui démontrent son potentiel d'impact à plus grande échelle. Idéalement, cela inclurait non seulement les questions de techniques agricoles, mais aussi les changements de réglementations locales ou les programmes du gouvernement qui ont contribué au succès, et qui pourraient être appliqués ailleurs.

5. **Des politiques sont nécessaires, mais ne sont pas suffisantes :** Même lorsque des politiques favorables fortes sont lancées, tel que le soutien à la souveraineté alimentaire et à l'agroécologie dans la constitution équatorienne, cela n'est pas suffisant pour assurer la diffusion de la production agro-écologique. Les défenseurs de l'agriculture industrialisée continueront à promouvoir leurs intérêts, et souvent ils accèderont aux législateurs plus facilement que les paysans. Même en supposant l'existence d'un environnement politique très favorable, l'agroécologie ne peut pas être décrétée par le gouvernement, mais dépend de l'organisation, de l'innovation et des pratiques continues des paysans pour la développer et la diffuser dans leur propre contexte.

6. **Renforcer les marchés locaux :** Des liens plus forts avec les marchés locaux et les chaînes de valeur courtes peuvent aider à motiver la production agro-écologique. Cela peut être encouragé à travers des politiques gouvernementales qui garantissent un marché à la production agro-écologique des petits paysans, par exemple la localisation des achats pour l'alimentation scolaire ; à travers le développement de contrats avec les entreprises locales, telles que les hôtels ; à travers des processus d'étiquetage et de certification participatifs qui identifient les produits agro-écologiques et informent

les consommateurs ; ou à travers des transactions commerciales alternatives, telles que les *canastas comunitarias* (Association pour le Maintien d'une Agriculture Paysanne) en Equateur, qui lient directement les consommateurs et les petits paysans. Des campagnes de communication créatives peuvent sensibiliser et mobiliser les consommateurs, en les encourageant à investir leur budget alimentaire dans des produits locaux et sains, ainsi que dans les communautés rurales qui les cultivent, plutôt que dans des aliments étrangers et importés qui sont présentés aux consommateurs comme supérieurs, mais qui souvent sont nutritionnellement inférieurs.

7. **Réformer l'enseignement supérieur agricole et les programmes agricoles de vulgarisation :** Les agronomes et les agents de vulgarisation sont souvent les principaux techniciens qui interagissent avec les paysans au nom des organisations gouvernementales et non-gouvernementales, en faisant la promotion de paquets technologiques déterminés et de méthodes agricoles. Rares sont ceux qui ont appris dans leur formation la science et les principes agro-écologiques, ou les pratiques favorisant l'expérimentation menée par les paysans, ou encore la diffusion d'innovations de paysan à paysan. Les programmes universitaires et les systèmes de vulgarisation devraient être réformés pour former la prochaine génération de praticiens permettant de diffuser les processus et les alternatives agro-écologiques.

8. **Véritable comptabilité des coûts des aliments et de la production :** Il faut développer des politiques et des prix qui assurent la transparence et reflètent dans la société les véritables coûts de la production conventionnelle, et de sa concurrente agro-écologique.

Références

[1] Pour plus d'information, voir: Bunch, Roland. 1985. *Two Ears of Corn.* Oklahoma City: World Neighbors.

[2] Uphoff, Norman, ed. 2002. *Agroecological Innovations: Increasing Food Production with Participatory Development.* London: Earthscan.

ANNEXE 2

Littérature sur l'Agroécologie

On trouvera ci-dessous une liste partielle du dynamique corpus de la littérature publiée en langue anglaise sur l'agroécologie. De nombreux rapports, livres et articles scientifiques supplémentaires ont été produits par des scientifiques et des praticiens de différents pays dans le monde entier, dont ceux présentés dans ce tableau et inclus dans ce livre.

Livres

Titre	Organisation/ Editeur	Auteur	Date de publication
Agroecology: The Ecology of Sustainable Food Systems	CRC Press	Gliessman, Stephen R.	2006
Agroecology: The Science of Sustainable Agriculture, 2nd edn.	Westview Press	Altieri, Miguel A.	1995
Two Ears of Corn: A Guide to People-Centered Agricultural Improvement, 3rd edn.	World Neighbors	Bunch, Roland	1995

Rapports et Articles

Titre	Organisation/ Editeur	Auteur	Année	Lien de publication (pour e-book)
Agroecology: The Bold Future for Africa	AFSA & TOAM	AFSA	2015	http://afsafrica.org/agroecology-the-bold-future-for-africa/
The Future of Food: Seeds of Resilience, A Compendium of Perspectives on Agricultural Biodiversity from Around the World	Global Alliance for the Future of Food	Frison, Emile et al.	2016	http://futureoffood.org/wp-content/uploads/2016/09/Future_of_Food_Seeds_of_Resilience_Report.pdf
From Uniformity to Diversity: A paradigm shift from industrial agriculture to diversified agroecological systems	International Panel of Experts on Sustainable Food Systems (IPES)	Frison, Emile et al.	2016	http://www.ipes-food.org/images/Reports/UniformityToDiversity_FullReport.pdf
Building, Defending and Strengthening Agroecology: A Global Struggle for Food Sovereignty	Centre for Agroecology, Water and Resilience, ILEIA and Coventry University	Anderson, Colin et al.	2015	http://www.agroecologynow.com/wp-content/uploads/2015/05/Farming-Matters-Agroecology-EN.pdf
Agroecology: Putting Food Sovereignty into Action	Why Hunger	Why Hunger	2015	http://www.whyhunger.org/uploads/fileAssets/6ca854_4622aa.pdf
From Vulnerability to Resilience: Agroecology for Sustainable Dryland Management	Planet@Risk	Van Walsum, Edith et al.	2014	https://planet-risk.org/index.php/pr/article/view/46/154

Titre	Organisation/ Editeur	Auteur	Année	Lien de publication (pour e-book)
Scaling-Up Agroecological Approaches: What, Why and How	Oxfam-Solidarity Belgium	Parmentier, Stéphane	2014	http://www.fao.org/fileadmin/templates/agphome/scpi/Agroecology/Agroecology_Scaling-up_agroecology_what_why_and_how_-OxfamSol-FINAL.pdf
Family Farmers: Feeding the world, caring for the earth	Food & Agriculture Organization of the United Nations (FAO)	FAO	2014	http://www.fao.org/docrep/019/mj760e/mj760e.pdf
The Transnational Institute at Voedsel Anders	Voedsel Anders/Food Otherwise Network	Sandwell, Katie et al.	2014	http://groundswell.wpengine.netdna-cdn.com/wp-content/uploads/va_report_final.pdf
Agroecology: What it is and what it has to offer	IIED	Silici, Laura	2014	http://pubs.iied.org/14629IIED/
Final report: The transformative potential of the right to food	United Nations General Assembly	De Schutter, Olivier	2014	http://www.srfood.org/images/stories/pdf/officialreports/20140310_finalreport_en.pdf
Confronting Crisis: Transforming lives through improved resilience	Concern Worldwide	Concern Worldwide	2013	https://doj19z5hov92o.cloudfront.net/sites/default/files/media/resource/confronting_crisis_resilience_report.pdf
Smallholders, food security and the environment	International Fund for Agricultural Development (IFAD) & United Nations Environmental Programme	International Fund for Agricultural Development (IFAD)	2013	http://groundswell.wpengine.netdna-cdn.com/wp-content/uploads/smallholders_report-1.pdf

Rapports et Articles *(suite)*

Titre	Organisation/ Editeur	Auteur	Année	Lien de publication (pour e-book)
The Law of the Seed	Navdanya International	Shiva, Vandana et al.	2013	http://www.navdanya.org/attachments/lawofseed.pdf
Trade and Environment Review 2013: Wake up before it is too late: Make agriculture truly sustainable now for food security in a changing climate	United Nations Conference on Trade and Development (UNCTAD)	Hoffman, Ulrich, et. al.	2013	http://unctad.org/en/publicationslibrary/ditcted2012d3_en.pdf
Agricultural Transition: A different logic	The More and Better Network	Hilmi, Angela	2012	http://www.utviklingsfondet.no/files/uf/documents/Rapporter/Agricultural_Transition_en.pdf
Nourishing the World Sustainably: Scaling Up Agroecology	Ecumenical Advocacy Alliance	Prove, Peter and Sara Speicher, Editors	2012	http://groundswell.wpengine.netdna-cdn.com/wp-content/uploads/Nourishing-the-World-Sustainably_ScalingUpAgroecology_WEB_-copy.pdf
Seed Freedom: A Global Citizens' Report	Navdanya	Shiva, Vandana et al.	2012	http://www.navdanya.org/attachments/Seed%20Freedom_Revised_8-10-2012.pdf
Ending the Everyday Emergency: Resilience and children in the Sahel	Save the Children, World Vision, and members of the Sahel Working Group	Gubbels, Peter	2012	http://www.wvi.org/agriculture-and-food-security/publication/ending-every-day-emergency

Titre	Organisation/ Editeur	Auteur	Année	Lien de publication (pour e-book)
Escaping the Hunger Cycle: Pathways to Resilience in the Sahel	Sahel Working Group	Gubbels, Peter	2011	http://reliefweb.int/sites/reliefweb.int/files/resources/Pathways-to-Resilience-in-the-Sahel.pdf
Smallholder Solutions to Hunger, Poverty and Climate Change	Food First and ActionAid International	Shattuck, Annie and Eric Holt-Giménez	2011	https://foodfirst.org/publication/smallholder-solutions-to-hunger-poverty-and-climate-change/
Agriculture: Investing in Natural Capital	United Nations Environment Programme	Herren, Hans R.	2011	http://web.unep.org/greeneconomy/sites/unep.org.greeneconomy/files/field/image/2.0_agriculture.pdf
Sustainable Intensification of African agriculture	International Journal of Agricultural Sustainability	Pretty, Jules et al.	2011	http://www.tandfonline.com/doi/abs/10.3763/ijas.2010.0583
Report submitted by the Special Rapporteur on the right to food	United Nations General Assembly	De Schutter, Olivier	2010	http://www2.ohchr.org/english/issues/food/docs/A-HRC-16-49.pdf
Synthesis Report: Agriculture at a Crossroads	International Assessment of Agricultural Knowledge, Science and Technology for Development (IAASTD)	McIntyre, Beverly D. et al.	2009	http://www.unep.org/dewa/agassessment/reports/IAASTD/EN/Agriculture%20at%20a%20Crossroads_Synthesis%20Report%20(English).pdf

Rapports et Articles *(suite)*

Titre	Organisation/ Editeur	Auteur	Année	Lien de publication (pour e-book)
Nyéléni Declaration on Food Sovereignty	Vía Campesina	Vía Campesina	2007	https://viacampesina.org/en/index.php/main-issues-mainmenu-27/food-sovereignty-and-trade-mainmenu-38/262-declaration-of-nyi
Agroecological Approaches to Agricultural Development, Background paper for the World Development report 2008	World Bank	Pretty, Jules	2006	https://openknowledge.worldbank.org/bitstream/handle/10986/9044/WDR2008_0031.pdf;sequence=1
Soil Recuperation In Central America: Sustaining Innovation After Intervention	International Institute for Environment and Development (IIED)	Bunch, Roland and Gabinò López	1995	http://pubs.iied.org/pdfs/6069IIED.pdf

A PROPOS DES AUTEURS ET DES ORGANISATIONS PARTENAIRES

Auteurs

Miguel Altieri est professeur d'agroécologie à l'Université de Californie, à Berkeley. Il enseigne à l'Université depuis 1981, et possède une large expérience dans la diffusion d'initiatives positives d'agriculture durable et locale en Afrique, Amérique Latine, et Asie. Il est actuellement conseiller pour le programme FAO-GIAHS (Systèmes Agricoles Traditionnels d'Importance Mondiale). Il est l'auteur de plus de 230 publications et de nombreux livres dont *Agroecology and the Search for a Truly Sustainable Agriculture*. Miguel possède une licence en Agronomie de l'Université du Chili et un doctorat en entomologie de l'Université de Floride.

Cantave Jean-Baptiste est un agronome haïtien et un praticien du développement rural, qui jouit de plus de 30 ans d'expérience dans le développement rural, l'agriculture, la durabilité, et les organisations paysannes. Il est directeur général de Partenariat pour le Développement Local (PDL) à Haïti. Il est diplômé de la Faculté d'Agronomie et de Médecine Vétérinaire, de l'Université d'Etat d'Haïti. Il parle anglais, créole haïtien, espagnol, et français.

Fatoumata Batta est la coordinatrice régionale de Groundswell pour l'Afrique de l'Ouest. Elle est l'une des cofondatrices de Groundswell et est également la fondatrice de l'Association Nourrir Sans Détruire (ANSD), le partenaire local de Groundswell au Burkina Faso. Fatou a travaillé pendant plus de 30 ans dans des communautés rurales. Elle a obtenu son master en santé publique à l'Ecole de Santé Publique et de Médecine Tropicale de l'Université Tulane à La Nouvelle Orléans. Elle a étudié à l'École d'Enseignement Technique de Paris et a obtenu un diplôme en développement participatif au Coady International Institute de l'Université St Francis Xavier.

Daniel Banuoku est le directeur général adjoint du CIKOD (le Centre pour la Connaissance Indigène et le Développement Organisationnel), une ONG basée au Ghana. Il est l'un des membres fondateurs de la Coalition Africaine pour la Redevabilité des Entreprises (ACCA), et représente l'Afrique au Comité de Coordination Internationale de la Conférence Internationale des Populations sur l'Exploitation Minière. Il est membre et président de l'Environnement, de l'Agriculture et de la Sécurité Alimentaire de l'Assemblée du District de Lawra. Daniel est diplômé de l'Université d'Etudes sur le Développement, et s'est spécialisé sur la Gestion de l'Environnement et des Ressources Naturelles. Il a également étudié au Coady International Institute de l'Université St Francis Xavier au Canada.

Million Belay est le fondateur et le directeur de MELCA-Ethiopia, une ONG indigène qui travaille sur l'agroécologie, l'apprentissage intergénérationnel, la préservation des forêts, et l'amélioration des moyens d'existence pour les communautés locales et les peuples indigènes. Il a joué un rôle important dans la mise en place et dans les activités du Réseau sur la Biodiversité d'Afrique (ABN), et est cofondateur et coordinateur de l'Alliance pour la Souveraineté Alimentaire en Afrique (AFSA). Il a gagné le National Green Hero Award d'Ethiopie et d'Addis Abeba en 2008. Il a également été nominé à l'International Forest Hero Award en 2011. Il a un doctorat en Education, une maîtrise en Tourisme et Conservation, et une licence en Biologie.

Ross Mary Borja est directrice générale de l'ONG équatorienne EkoRural. Avant de prendre la tête d'EkoRural, Ross a travaillé comme spécialiste du suivi et de l'évaluation des programmes (PME), sur le programme du World Neighbors Andes, où elle a développé un système de PME global qui a été implanté en Equateur et au Pérou. Elle possède une licence en économie de l'*Universidad Católica del Ecuador* à Quito et une maîtrise en études appliquées du Programme de Développement Rural et Communautaire de l'Université de Cornell en sociologie rurale. Ross est auteur ou co-auteur de nombreux écrits professionnels.

Tsuamba Bourgou est le directeur général de l'*Association Nourrir Sans Détruire* (ANSD) au Burkina Faso. Impliqué dans des projets et des programmes de développement rural depuis 1993, il possède de l'expérience dans le renforcement des capacités organisationnelles des paysans et de leurs organisations, relatives à la planification, à la gestion de projet et au partage d'expérience. Avant de rejoindre l'ANSD, Tsuamba a facilité le processus de planification et a participé à la gestion de plusieurs programmes dont ceux du Conseil Régional des Unions du Sahel (CRUS), de l'Association Tin Tua à l'Est du Burkina Faso, et de World Neighbors au Burkina Faso, au Mali, et au Niger. Tsuamba Bourgou a fait des études de linguistique et est spécialisé dans la formation des adultes.

Steve Brescia est l'un des cofondateurs de Groundswell International et est son directeur général depuis 2009. Steve a soutenu pendant plus de 30 ans le développement rural axé sur les populations, le changement social, et la défense des intérêts populaires en Amérique Latine, Afrique, et Asie. Il a travaillé auparavant pour World Neighbors, d'abord en soutenant des programmes en Amérique Centrale, au Mexique, et à Haïti, puis plus tard, au niveau mondial ; au service du gouvernement haïtien élu démocratiquement après le *coup d'état* de 1991, pour soutenir la restauration de la démocratie constitutionnelle ; et en tant que consultant pour l'InterAmerican Foundation (IAF), en soutien de programmes au Pérou, en Equateur, et en Bolivie. Il possède une maîtrise en Développement International de l'American University.

Pierre Dembélé est le secrétaire exécutif de l'organisation non gouvernementale Sahel Eco qui soutient l'agroécologie, le développement économique local, et la gestion durable des ressources naturelles dans les régions de Mopti et Ségou, au Mali. Il est ingénieur énergéticien et possède 10 ans d'expérience dans le domaine du développement durable, du changement climatique, et de l'énergie, à la fois au niveau politique et au niveau communautaire. Pierre a également coordonné pendant quatre ans le réseau de la Société Civile Malienne, actif dans le domaine du changement climatique.

Edwin Escoto est le Président fondateur de *Vecinos Honduras* et est actuellement coordinateur du projet et du programme. Il est ingénieur agronome et possède plus de 10 ans d'expérience en développement durable rural à la fois au niveau régional et au niveau communautaire en Amérique Centrale, notamment au Honduras, au Guatemala, et au Nicaragua. Edwin a également été pendant quatre ans coordinateur pour l'Organisation des Nations Unies pour l'Alimentation et l'Agriculture (FAO), où il était responsable de l'équipe technique et de toutes les activités en zones rurales à El Paraíso, au Honduras.

Drissa Gana est coordinateur de projet pour l'ONG Sahel Eco au Mali. Il est agronome et possède plus de 20 ans d'expérience dans les domaines de l'agroforesterie, de l'agroécologie, de la gestion intercommunautaire des forêts, de la gestion durable de la terre et de l'eau, et du développement des chaînes de valeur autour des forêts non-arborescentes. Depuis 2003, il coordonne plusieurs projets de développement local.

Steve Gliessman est professeur d'agroécologie au département d'Etudes Environnementales Alfred E. Heller, à l'Université de Santa Cruz, où il enseigne depuis 1981. Il a obtenu un doctorat en écologie végétale à l'Université de Santa Barbara, où il a été directeur fondateur du Programme d'Agroécologie UCSC (maintenant Centre pour les Systèmes d'Agroécologie et d'Alimentation Durable). En 2008, Gliessman est devenu le rédacteur en chef du Journal of *Sustainable Agriculture*, connu mondialement. Il a également fondé et dirigé le *Program in Community and Agroecology* (PICA), un programme expérientiel de vie et d'apprentissage de l'Université de Santa Cruz, et est cofondateur du Réseau d'Agroécologie Communautaire (CAN) avec sa femme Robbie Jaffe. D'autre part, il dirige le Groupe de Recherche en Agroécologie de l'Université de Santa Cruz. Il est l'auteur de *Agroecology: The Ecology of Sustainable Food Systems*, et de nombreux autres livres et articles.

Peter Gubbels travaille pour Groundswell International comme directeur des actions de formation et de plaidoyer pour l'Afrique de l'Ouest, et il est l'un des cofondateurs de Groundswell. Il possède 34 ans d'expérience dans le développement rural, dont plus de 20 ans de vie et de travail en Afrique de l'Ouest. Peter est le co-auteur de *From the Roots Up: Strengthening Organizational Capacity through Guided Self-Assessment*. Peter possède un diplôme en production et gestion agricole, un baccalauréat spécialisé en histoire de l'University of Western Ontario, et une maîtrise en développement rural de l'Université d'East Anglia au Royaume-Uni.

Bernard Guri est le fondateur et le directeur général du CIKOD (le Centre sur la Connaissance Indigène et le Développement Organisationnel). Il possède plus de 25 ans d'expérience dans le secteur du développement, et est également Président de l'Alliance pour la Souveraineté Alimentaire en Afrique (AFSA). Bern possède une licence en agriculture du Ghana, un diplôme supérieur en développement rural, et un master en politique de développement alternatif de l'Institut pour les Etudes de Développement en Hollande. Il poursuit actuellement un doctorat à l'Université de Cape Coast, au Ghana.

Henk Kieft a travaillé pour des ONG dans plusieurs pays et avec plusieurs qualifications, dont l'évaluation du Dutch Fertilizer Aid au Mali, le lancement du Programme de Bois-énergie et d'Agroforesterie au Kenya, et la direction du projet de l'UE «Implantation de centres de démonstration pour l'agriculture durable et l'étude de marché» en Bulgarie, Hongrie et Roumanie. Il a conseillé le Réseau Rural Hollandais et la Commission Européenne sur les Partenariats Européens d'Innovation, ainsi que les programmes de production de lait en circuit fermé dans d'autres provinces hollandaises. Récemment, Henk s'est consacré à l'étude des technologies émergentes fondées sur l'influence de l'électromagnétisme sur les plantes et les animaux, ainsi qu'au besoin de développer l'intuition pour gérer des systèmes agricoles complexes.

Attje Meekma est actuellement Présidente de la coopérative des Bois Frisons du Nord. Accompagnée de son mari et de ses deux fils, elle dirige également une ferme laitière de 105 hectares. Sous leur direction, la période de pâturage extérieur a été étendue, l'usage d'antibiotiques fortement réduit, et la gestion du paysage et de l'avifaune intégrée à la ferme. De 2002 à 2010 elle était membre et présidente du conseil municipal de Dantumadiel, où elle occupait plusieurs fonctions dont la politique foncière, l'agriculture, et la durabilité. Pour son travail dans cette période, elle a été décorée membre de l'ordre d'Orange-Nassau.

Pedro J. Oyarzún possède une large expérience en recherche et en développement rural en Amérique Latine et en Europe. En plus de conduire des recherches au Centre International de la Pomme de Terre, il a dirigé des recherches complexes entre autres sur la vulgarisation agricole, l'amélioration agro-écologique, et plus particulièrement sur le renforcement des organisations de petits paysans et de la sécurité alimentaire. Il a été consultant international pour CGIAR en Equateur, Bolivie, et Pérou. Il travaille actuellement pour EkoRural en tant que conseiller sur l'agriculture durable et les moyens d'existence ruraux. Il est l'auteur de nombreux articles scientifiques dans des revues internationales et a contribué à leur diffusion et leur publication pédagogique. Il possède un doctorat en sciences agronomiques et environnement de l'Université de Wageningen

Paulo Petersen est agronome et directeur général d'*Agricultura Familiar e Agroecologia* (AS-PTA), une ONG brésilienne importante. Il est également vice-président d'*Aba-Agroecologia*, l'Association d'*Agroécologie* Brésilienne, et rédacteur en chef d'*Agriculturas: experiencias em agroecologia*, un magazine engagé dans la promotion des processus d'innovation agro-écologique.

Leonardo van den Berg est le cofondateur de *Toekomstboeren*, une organisation paysanne hollandaise qui fait partie de *Via Campesina*. Il a également travaillé en tant qu'éditeur, journaliste et chercheur pour ILEIA.

Leonardo poursuit actuellement un doctorat à l'Université de Wageningen. Sa recherche porte sur la manière de transformer les frontières existantes entre nature, science et société. Leonardo fait aussi partie du comité de coordination de *Voedsel* Anders, la plateforme d'agroécologie et de souveraineté alimentaire des Pays-Bas, et est le coordinateur de la délégation hollandaise du Forum Européen Nyeleni pour la souveraineté alimentaire.

Organisations Partnenaires

AS-PTA: **aspta.org.br**

Association Nourrir Sans Détruire (ANSD): www.groundswellinternational.org/where-we-work/burkina-faso

Community Agroecology Network (CAN): canunite.org

Centre for Indigenous Knowledge and Organizational Development (CIKOD): www.cikodgh.org

EkoRural: ekorural.org

Groundswell International: www.groundswellinternational.org

ILEIA: www.ileia.org

Northern Frisian Woodlands: **www.noardlikefryskewalden.nl**

Partenariat pour le Développement Local (PDL): www.groundswellinternational.org/where-we-work/haiti

Sahel Eco: www.sahel.org.uk/mali.html

University of California at Berkeley Agroecology Department: food.berkeley.edu/food-and-agriculture-related-programs-at-uc-berkeley

University of California at Santa Cruz Agroecology Department: casfs.ucsc.edu

VECINOS HONDURAS
Sustainable Rural Development

Vecinos Honduras: www.vecinoshonduras.org

Wageningen University: www.wur.nl/en/wageningen-university.htm

CPSIA information can be obtained
at www.ICGtesting.com
Printed in the USA
LVOW03s0114241017
553516LV00003B/4/P